PORTUGIESISCH
WORTSCHATZ

FÜR DAS SELBSTSTUDIUM

DEUTSCH
PORTUGIESISCH

Die nützlichsten Wörter
Zur Erweiterung Ihres Wortschatzes und
Verbesserung der Sprachfertigkeit

9000 Wörter

Wortschatz Deutsch-Brasilianisch Portugiesisch für das Selbststudium - 9000 Wörter

Von Andrey Taranov

T&P Books Vokabelbücher sind dafür vorgesehen, beim Lernen einer Fremdsprache zu helfen, Wörter zu memorieren und zu wiederholen. Das Wörterbuch ist nach Themen aufgeteilt und deckt alle wichtigen Bereiche des täglichen Lebens, Berufs, Wissenschaft, Kultur etc. ab.

Durch das Benutzen der themenbezogenen T&P Books ergeben sich folgende Vorteile für den Lernprozess:

- Sachgemäß geordnete Informationen bestimmen den späteren Erfolg auf den darauffolgenden Stufen der Memorisierung
- Die Verfügbarkeit von Wörtern, die sich aus der gleichen Wurzel ableiten lassen, erlaubt die Memorisierung von Worteinheiten (mehr als bei einzeln stehenden Wörtern)
- Kleine Worteinheiten unterstützen den Aufbauprozess von assoziativen Verbindungen für die Festigung des Wortschatzes
- Die Kenntnis der Sprache kann aufgrund der Anzahl der gelernten Wörter eingeschätzt werden

Copyright © 2019 T&P Books Publishing

Alle Rechte vorbehalten. Auszüge dieses Buches dürfen nicht ohne schriftliche Erlaubnis des Herausgebers abgedruckt oder mit anderen elektronischen oder mechanischen Mitteln, einschließlich Photokopierung, Aufzeichnung oder durch Informationsspeicherung- und Rückgewinnungssysteme, oder in irgendeiner anderen Form verwendet werden.

T&P Books Publishing
www.tpbooks.com

ISBN: 978-1-78767-464-6

Dieses Buch ist auch im E-Book Format erhältlich.
Besuchen Sie uns auch auf www.tpbooks.com oder auf einer der bedeutenden Buchhandlungen online.

WORTSCHATZ DEUTSCH-BRASILIANISCH PORTUGIESISCH
für das Selbststudium

Die Vokabelbücher von T&P Books sind dafür vorgesehen, Ihnen beim Lernen einer Fremdsprache zu helfen, Wörter zu memorieren und zu wiederholen. Der Wortschatz enthält über 9000 häufig gebrauchte, thematisch geordnete Wörter.

- Der Wortschatz enthält die am häufigsten benutzten Wörter
- Eignet sich als Ergänzung zu jedem Sprachkurs
- Erfüllt die Bedürfnisse von Anfängern und fortgeschrittenen Lernenden von Fremdsprachen
- Praktisch für den täglichen Gebrauch, zur Wiederholung und um sich selbst zu testen
- Ermöglicht es, Ihren Wortschatz einzuschätzen

Besondere Merkmale des Wortschatzes:

- Wörter sind entsprechend ihrer Bedeutung und nicht alphabetisch organisiert
- Wörter werden in drei Spalten präsentiert, um das Wiederholen und den Selbstüberprüfungsprozess zu erleichtern
- Wortgruppen werden in kleinere Einheiten aufgespalten, um den Lernprozess zu fördern
- Der Wortschatz bietet eine praktische und einfache Lautschrift jedes Wortes der Fremdsprache

Der Wortschatz hat 256 Themen, einschließlich:

Grundbegriffe, Zahlen, Farben, Monate, Jahreszeiten, Maßeinheiten, Kleidung und Accessoires, Essen und Ernährung, Restaurant, Familienangehörige, Verwandte, Charaktereigenschaften, Empfindungen, Gefühle, Krankheiten, Großstadt, Kleinstadt, Sehenswürdigkeiten, Einkaufen, Geld, Haus, Zuhause, Büro, Import & Export, Marketing, Arbeitssuche, Sport, Ausbildung, Computer, Internet, Werkzeug, Natur, Länder, Nationalitäten und vieles mehr...

INHALT

Leitfaden für die Aussprache 11
Abkürzungen 12

GRUNDBEGRIFFE 13
Grundbegriffe. Teil 1 13

1. Pronomen 13
2. Grüße. Begrüßungen. Verabschiedungen 13
3. Jemanden ansprechen 14
4. Grundzahlen. Teil 1 14
5. Grundzahlen. Teil 2 15
6. Ordnungszahlen 16
7. Zahlen. Brüche 16
8. Zahlen. Grundrechenarten 16
9. Zahlen. Verschiedenes 16
10. Die wichtigsten Verben. Teil 1 17
11. Die wichtigsten Verben. Teil 2 18
12. Die wichtigsten Verben. Teil 3 19
13. Die wichtigsten Verben. Teil 4 20
14. Farben 21
15. Fragen 21
16. Präpositionen 22
17. Funktionswörter. Adverbien. Teil 1 22
18. Funktionswörter. Adverbien. Teil 2 24

Grundbegriffe. Teil 2 26

19. Gegenteile 26
20. Wochentage 28
21. Stunden. Tag und Nacht 28
22. Monate. Jahreszeiten 29
23. Zeit. Verschiedenes 30
24. Linien und Formen 31
25. Maßeinheiten 32
26. Behälter 33
27. Werkstoffe 34
28. Metalle 35

DER MENSCH 36
Der Mensch. Körper 36

29. Menschen. Grundbegriffe 36
30. Anatomie des Menschen 36

31.	Kopf	37
32.	Menschlicher Körper	38

Kleidung & Accessoires 39

33.	Oberbekleidung. Mäntel	39
34.	Herren- & Damenbekleidung	39
35.	Kleidung. Unterwäsche	40
36.	Kopfbekleidung	40
37.	Schuhwerk	40
38.	Textilien. Stoffe	41
39.	Persönliche Accessoires	41
40.	Kleidung. Verschiedenes	42
41.	Kosmetikartikel. Kosmetik	42
42.	Schmuck	43
43.	Armbanduhren Uhren	44

Essen. Ernährung 45

44.	Essen	45
45.	Getränke	46
46.	Gemüse	47
47.	Obst. Nüsse	48
48.	Brot. Süßigkeiten	49
49.	Gerichte	49
50.	Gewürze	50
51.	Mahlzeiten	51
52.	Gedeck	52
53.	Restaurant	52

Familie, Verwandte und Freunde 53

54.	Persönliche Informationen. Formulare	53
55.	Familienmitglieder. Verwandte	53
56.	Freunde. Arbeitskollegen	54
57.	Mann. Frau	55
58.	Alter	55
59.	Kinder	56
60.	Ehepaare. Familienleben	57

Charakter. Empfindungen. Gefühle 58

61.	Empfindungen. Gefühle	58
62.	Charakter. Persönlichkeit	59
63.	Schlaf. Träume	60
64.	Humor. Lachen. Freude	61
65.	Diskussion, Unterhaltung. Teil 1	61
66.	Diskussion, Unterhaltung. Teil 2	62
67.	Diskussion, Unterhaltung. Teil 3	64
68.	Zustimmung. Ablehnung	64
69.	Erfolg. Alles Gute. Misserfolg	65
70.	Streit. Negative Gefühle	66

Medizin	68

71.	Krankheiten	68
72.	Symptome. Behandlungen. Teil 1	69
73.	Symptome. Behandlungen. Teil 2	70
74.	Symptome. Behandlungen. Teil 3	71
75.	Ärzte	72
76.	Medizin. Medikamente. Accessoires	72
77.	Rauchen. Tabakwaren	73

LEBENSRAUM DES MENSCHEN	74
Stadt	74

78.	Stadt. Leben in der Stadt	74
79.	Innerstädtische Einrichtungen	75
80.	Schilder	76
81.	Innerstädtischer Transport	77
82.	Sehenswürdigkeiten	78
83.	Shopping	79
84.	Geld	80
85.	Post. Postdienst	81

Wohnung. Haus. Zuhause	82

86.	Haus. Wohnen	82
87.	Haus. Eingang. Lift	83
88.	Haus. Elektrizität	83
89.	Haus. Türen. Schlösser	83
90.	Landhaus	84
91.	Villa. Schloss	84
92.	Burg. Palast	85
93.	Wohnung	85
94.	Wohnung. Saubermachen	86
95.	Möbel. Innenausstattung	86
96.	Bettwäsche	87
97.	Küche	87
98.	Bad	88
99.	Haushaltsgeräte	89
100.	Reparaturen. Renovierung	89
101.	Rohrleitungen	90
102.	Feuer. Brand	90

AKTIVITÄTEN DES MENSCHEN	92
Beruf. Geschäft. Teil 1	92

103.	Büro. Arbeiten im Büro	92
104.	Geschäftsabläufe. Teil 1	93
105.	Geschäftsabläufe. Teil 2	94
106.	Fertigung. Arbeiten	95
107.	Vertrag. Zustimmung	96
108.	Import & Export	97

109. Finanzen 97
110. Marketing 98
111. Werbung 99
112. Bankgeschäft 99
113. Telefon. Telefongespräche 100
114. Mobiltelefon 101
115. Bürobedarf 101
116. Verschiedene Dokumente 102
117. Geschäftsarten 103

Arbeit, Geschäft, Teil 2 105

118. Show. Ausstellung 105
119. Massenmedien 106
120. Landwirtschaft 107
121. Gebäude. Baubwicklung 108
122. Wissenschaft. Forschung. Wissenschaftler 109

Berufe und Tätigkeiten 110

123. Arbeitsuche. Kündigung 110
124. Geschäftsleute 110
125. Dienstleistungsberufe 111
126. Militärdienst und Ränge 112
127. Beamte. Priester 113
128. Landwirtschaftliche Berufe 113
129. Künstler 114
130. Verschiedene Berufe 114
131. Beschäftigung. Sozialstatus 116

Sport 117

132. Sportarten. Persönlichkeiten des Sports 117
133. Sportarten. Verschiedenes 118
134. Fitnessstudio 118
135. Hockey 119
136. Fußball 119
137. Ski alpin 121
138. Tennis Golf 121
139. Schach 122
140. Boxen 122
141. Sport. Verschiedenes 123

Ausbildung 125

142. Schule 125
143. Hochschule. Universität 126
144. Naturwissenschaften. Fächer 127
145. Schrift Rechtschreibung 127
146. Fremdsprachen 128

147. Märchenfiguren 129
148. Sternzeichen 130

Kunst 131

149. Theater 131
150. Kino 132
151. Gemälde 133
152. Literatur und Dichtkunst 134
153. Zirkus 134
154. Musik. Popmusik 135

Erholung. Unterhaltung. Reisen 137

155. Ausflug. Reisen 137
156. Hotel 137
157. Bücher. Lesen 138
158. Jagen. Fischen 140
159. Spiele. Billard 141
160. Spiele. Kartenspiele 141
161. Kasino. Roulette 141
162. Erholung. Spiele. Verschiedenes 142
163. Fotografie 142
164. Strand. Schwimmen 143

TECHNISCHES ZUBEHÖR. TRANSPORT 145
Technisches Zubehör 145

165. Computer 145
166. Internet. E-Mail 146
167. Elektrizität 147
168. Werkzeug 147

Transport 150

169. Flugzeug 150
170. Zug 151
171. Schiff 152
172. Flughafen 153
173. Fahrrad. Motorrad 154

Autos 155

174. Autotypen 155
175. Autos. Karosserie 155
176. Autos. Fahrgastraum 156
177. Autos. Motor 157
178. Autos. Unfall. Reparatur 158
179. Autos. Straßen 159
180. Verkehrszeichen 160

MENSCHEN. LEBENSEREIGNISSE 161
Lebensereignisse 161

181. Feiertage. Ereignis 161
182. Bestattungen. Begräbnis 162
183. Krieg. Soldaten 162
184. Krieg. Militärische Aktionen. Teil 1 164
185. Krieg. Militärische Aktionen. Teil 2 165
186. Waffen 166
187. Menschen der Antike 168
188. Mittelalter 169
189. Führungspersonen. Chef. Behörden 170
190. Straße. Weg. Richtungen 171
191. Gesetzesverstoß Verbrecher. Teil 1 172
192. Gesetzesbruch. Verbrecher. Teil 2 173
193. Polizei Recht. Teil 1 174
194. Polizei. Recht. Teil 2 175

NATUR 177
Die Erde. Teil 1 177

195. Weltall 177
196. Die Erde 178
197. Himmelsrichtungen 179
198. Meer. Ozean 179
199. Namen der Meere und Ozeane 180
200. Berge 181
201. Namen der Berge 182
202. Flüsse 182
203. Namen der Flüsse 183
204. Wald 183
205. natürliche Lebensgrundlagen 184

Die Erde. Teil 2 186

206. Wetter 186
207. Unwetter Naturkatastrophen 187
208. Geräusche. Klänge 187
209. Winter 188

Fauna 190

210. Säugetiere. Raubtiere 190
211. Tiere in freier Wildbahn 190
212. Haustiere 191
213. Hunde. Hunderassen 192
214. Tierlaute 193
215. Jungtiere 193
216. Vögel 194
217. Vögel. Gesang und Laute 195
218. Fische. Meerestiere 195
219. Amphibien Reptilien 196

220.	Insekten	197
221.	Tiere. Körperteile	197
222.	Tierverhalten	198
223.	Tiere. Lebensräume	199
224.	Tierpflege	199
225.	Tiere. Verschiedenes	200
226.	Pferde	200

Flora 202

227.	Bäume	202
228.	Büsche	202
229.	Pilze	203
230.	Obst. Beeren	203
231.	Blumen. Pflanzen	204
232.	Getreide, Körner	205
233.	Gemüse. Grünzeug	206

REGIONALE GEOGRAPHIE 207
Länder. Nationalitäten 207

234.	Westeuropa	207
235.	Mittel- und Osteuropa	209
236.	Frühere UdSSR Republiken	210
237.	Asien	211
238.	Nordamerika	213
239.	Mittel- und Südamerika	213
240.	Afrika	214
241.	Australien. Ozeanien	215
242.	Städte	215
243.	Politik. Regierung. Teil 1	216
244.	Politik. Regierung. Teil 2	218
245.	Länder. Verschiedenes	219
246.	Wichtige Religionsgruppen. Konfessionen	219
247.	Religionen. Priester	221
248.	Glauben. Christentum. Islam	221

VERSCHIEDENES 224

249.	Verschiedene nützliche Wörter	224
250.	Bestimmungswörter. Adjektive. Teil 1	225
251.	Bestimmungswörter. Adjektive. Teil 2	227

500 WICHTIGE VERBEN 230

252.	Verben A-D	230
253.	Verben E-H	232
254.	Verben I-R	234
255.	Verben S-U	236
256.	Verben V-Z	238

LEITFADEN FÜR DIE AUSSPRACHE

T&P phonetisches Alphabet	Portugiesisch Beispiel	Deutsch Beispiel

Vokale

[a]	baixo [ˈbaɪʃu]	schwarz
[e]	erro [ˈeʀu]	Pferde
[ɛ]	leve [ˈlɛvə]	essen
[i]	lancil [lãˈsil]	ihr, finden
[o], [ɔ]	boca, orar [ˈbokɐ], [ɔˈrar]	wohnen, oft
[u]	urgente [urˈʒẽtə]	kurz
[ã]	toranja [tuˈrãʒɐ]	Nasalvokal [a]
[ẽ]	gente [ˈʒẽtə]	sprengen
[ĩ]	seringa [sɐˈrĩgɐ]	Nasalvokal [i]
[õ]	ponto [ˈpõtu]	Gong
[ũ]	umbigo [ũˈbigu]	Nasalvokal [u]

Konsonanten

[b]	banco [ˈbãku]	Brille
[d]	duche [ˈduʃə]	Detektiv
[dʒ]	abade [aˈbadʒi]	Kambodscha
[f]	facto [ˈfaktu]	fünf
[g]	gorila [guˈrilɐ]	gelb
[j]	feira [ˈfejrɐ]	Jacke
[k]	claro [ˈklaru]	Kalender
[l]	Londres [ˈlõdrəʃ]	Juli
[ʎ]	molho [ˈmoʎu]	Schicksal
[m]	montanha [mõˈtɐɲɐ]	Mitte
[n]	novela [nuˈvɛlɐ]	nicht
[ɲ]	senhora [sɐˈɲorɐ]	Champagner
[ŋ]	marketing [ˈmarkətiŋ]	lang
[p]	prata [ˈpratɐ]	Polizei
[s]	safira [sɐˈfirɐ]	sein
[ʃ]	texto [ˈtɛʃtu]	Chance
[t]	teto [ˈtɛtu]	still
[tʃ]	doente [doˈẽtʃi]	Matsch
[v]	alvo [ˈalvu]	November
[z]	vizinha [viˈziɲɐ]	sein
[ʒ]	juntos [ˈʒũtuʃ]	Regisseur
[w]	sequoia [sɐˈkwɔjɐ]	schwanger

ABKÜRZUNGEN
die im Vokabular verwendet werden

Deutsch. Abkürzungen

Adj	-	Adjektiv
Adv	-	Adverb
Amtsspr.	-	Amtssprache
f	-	Femininum
f, n	-	Femininum, Neutrum
Fem.	-	Femininum
m	-	Maskulinum
m, f	-	Maskulinum, Femininum
m, n	-	Maskulinum, Neutrum
Mask.	-	Maskulinum
n	-	Neutrum
pl	-	Plural
Sg.	-	Singular
ugs.	-	umgangssprachlich
unzähl.	-	unzählbar
usw.	-	und so weiter
v mod	-	Modalverb
vi	-	intransitives Verb
vi, vt	-	intransitives, transitives Verb
vt	-	transitives Verb
zähl.	-	zählbar
z.B.	-	zum Beispiel

Portugiesisch. Abkürzungen

f	-	Femininum
f pl	-	Femininum plural
m	-	Maskulinum
m pl	-	Maskulinum plural
m, f	-	Maskulinum, Femininum
pl	-	Plural
v aux	-	Hilfsverb
vi	-	intransitives Verb
vi, vt	-	intransitives, transitives Verb
vr	-	reflexives Verb
vt	-	transitives Verb

GRUNDBEGRIFFE

Grundbegriffe. Teil 1

1. Pronomen

ich	eu	['ew]
du	você	[vɔ'se]
er	ele	['ɛli]
sie	ela	['ɛla]
wir	nós	[nɔs]
ihr	vocês	[vɔ'ses]
sie (Mask.)	eles	['ɛlis]
sie (Fem.)	elas	['ɛlas]

2. Grüße. Begrüßungen. Verabschiedungen

Hallo! (ugs.)	Oi!	[ɔj]
Hallo! (Amtsspr.)	Olá!	[o'la]
Guten Morgen!	Bom dia!	[bõ 'dʒia]
Guten Tag!	Boa tarde!	['boa 'tardʒi]
Guten Abend!	Boa noite!	['boa 'nojtʃi]
grüßen (vi, vt)	cumprimentar (vt)	[kũprimẽ'tar]
Hallo! (ugs.)	Oi!	[ɔj]
Gruß (m)	saudação (f)	[sawda'sãw]
begrüßen (vt)	saudar (vt)	[saw'dar]
Wie geht es Ihnen?	Como você está?	['kɔmu vo'se is'ta]
Wie geht's dir?	Como vai?	['kɔmu 'vaj]
Was gibt es Neues?	E aí, novidades?	[a a'i novi'dadʒis]
Auf Wiedersehen!	Tchau!	['tʃaw]
Bis bald!	Até breve!	[a'tɛ 'brɛvi]
Lebe wohl! Leben Sie wohl!	Adeus!	[a'dews]
sich verabschieden	despedir-se (vr)	[dʒispe'dʒirsi]
Tschüs!	Até mais!	[a'tɛ majs]
Danke!	Obrigado! -a!	[obri'gadu, -a]
Dankeschön!	Muito obrigado! -a!	['mwĩtu obri'gadu, -a]
Bitte (Antwort)	De nada	[de 'nada]
Keine Ursache.	Não tem de quê	['nãw tẽj de ke]
Nichts zu danken.	Não foi nada!	['nãw foj 'nada]
Entschuldige!	Desculpa!	[dʒis'kuwpa]
Entschuldigung!	Desculpe!	[dʒis'kuwpe]

13

entschuldigen (vt)	desculpar (vt)	[dʒiskuw'par]
sich entschuldigen	desculpar-se (vr)	[dʒiskuw'parsi]
Verzeihung!	Me desculpe	[mi dʒis'kuwpe]
Es tut mir leid!	Desculpe!	[dʒis'kuwpe]
verzeihen (vt)	perdoar (vt)	[per'dwar]
Das macht nichts!	Não faz mal	['nãw fajʒ maw]
bitte (Die Rechnung, ~!)	por favor	[por fa'vor]
Nicht vergessen!	Não se esqueça!	['nãw si is'kesa]
Natürlich!	Com certeza!	[kõ ser'teza]
Natürlich nicht!	Claro que não!	['klaru ki 'nãw]
Gut! Okay!	Está bem! De acordo!	[is'ta bẽj], [de a'kordu]
Es ist genug!	Chega!	['ʃega]

3. Jemanden ansprechen

Entschuldigen Sie!	Desculpe ...	[dʒis'kuwpe]
Herr	senhor	[se'ɲor]
Frau	senhora	[se'ɲora]
Frau (Fräulein)	senhorita	[seɲo'rita]
Junger Mann	jovem	['ʒɔvẽ]
Junge	menino	[me'ninu]
Mädchen	menina	[me'nina]

4. Grundzahlen. Teil 1

null	zero	['zɛru]
eins	um	[ũ]
zwei	dois	['dojs]
drei	três	[tres]
vier	quatro	['kwatru]
fünf	cinco	['sĩku]
sechs	seis	[sejs]
sieben	sete	['sɛtʃi]
acht	oito	['ojtu]
neun	nove	['nɔvi]
zehn	dez	[dɛz]
elf	onze	['õzi]
zwölf	doze	['dozi]
dreizehn	treze	['trezi]
vierzehn	catorze	[ka'torzi]
fünfzehn	quinze	['kĩzi]
sechzehn	dezesseis	[deze'sejs]
siebzehn	dezessete	[dezi'setʃi]
achtzehn	dezoito	[dʒi'zojtu]
neunzehn	dezenove	[deze'nɔvi]
zwanzig	vinte	['vĩtʃi]
einundzwanzig	vinte e um	['vĩtʃi i ũ]

zweiundzwanzig	vinte e dois	['vĩtʃi i 'dojs]
dreiundzwanzig	vinte e três	['vĩtʃi i 'tres]
dreißig	trinta	['trĩta]
einunddreißig	trinta e um	['trĩta i 'ũ]
zweiunddreißig	trinta e dois	['trĩta i 'dojs]
dreiunddreißig	trinta e três	['trĩta i 'tres]
vierzig	quarenta	[kwa'rẽta]
einundvierzig	quarenta e um	[kwa'rẽta i 'ũ]
zweiundvierzig	quarenta e dois	[kwa'rẽta i 'dojs]
dreiundvierzig	quarenta e três	[kwa'rẽta i 'tres]
fünfzig	cinquenta	[sĩ'kwẽta]
einundfünfzig	cinquenta e um	[sĩ'kwẽta i 'ũ]
zweiundfünfzig	cinquenta e dois	[sĩ'kwẽta i 'dojs]
dreiundfünfzig	cinquenta e três	[sĩ'kwẽta i 'tres]
sechzig	sessenta	[se'sẽta]
einundsechzig	sessenta e um	[se'sẽta i 'ũ]
zweiundsechzig	sessenta e dois	[se'sẽta i 'dojs]
dreiundsechzig	sessenta e três	[se'sẽta i 'tres]
siebzig	setenta	[se'tẽta]
einundsiebzig	setenta e um	[se'tẽta i 'ũ]
zweiundsiebzig	setenta e dois	[se'tẽta i 'dojs]
dreiundsiebzig	setenta e três	[se'tẽta i 'tres]
achtzig	oitenta	[oj'tẽta]
einundachtzig	oitenta e um	[oj'tẽta i 'ũ]
zweiundachtzig	oitenta e dois	[oj'tẽta i 'dojs]
dreiundachtzig	oitenta e três	[oj'tẽta i 'tres]
neunzig	noventa	[no'vẽta]
einundneunzig	noventa e um	[no'vẽta i 'ũ]
zweiundneunzig	noventa e dois	[no'vẽta i 'dojs]
dreiundneunzig	noventa e três	[no'vẽta i 'tres]

5. Grundzahlen. Teil 2

einhundert	cem	[sẽ]
zweihundert	duzentos	[du'zẽtus]
dreihundert	trezentos	[tre'zẽtus]
vierhundert	quatrocentos	[kwatro'sẽtus]
fünfhundert	quinhentos	[ki'ɲẽtus]
sechshundert	seiscentos	[sej'sẽtus]
siebenhundert	setecentos	[sete'sẽtus]
achthundert	oitocentos	[ojtu'sẽtus]
neunhundert	novecentos	[nove'sẽtus]
eintausend	mil	[miw]
zweitausend	dois mil	['dojs miw]
dreitausend	três mil	['tres miw]

zehntausend	dez mil	['dɛz miw]
hunderttausend	cem mil	[sẽ miw]
Million (f)	um milhão	[ũ mi'ʎãw]
Milliarde (f)	um bilhão	[ũ bi'ʎãw]

6. Ordnungszahlen

der erste	primeiro	[pri'mejru]
der zweite	segundo	[se'gũdu]
der dritte	terceiro	[ter'sejru]
der vierte	quarto	['kwartu]
der fünfte	quinto	['kĩtu]
der sechste	sexto	['sestu]
der siebte	sétimo	['sɛtʃimu]
der achte	oitavo	[oj'tavu]
der neunte	nono	['nonu]
der zehnte	décimo	['dɛsimu]

7. Zahlen. Brüche

Bruch (m)	fração (f)	[fra'sãw]
Hälfte (f)	um meio	[ũ 'meju]
Drittel (n)	um terço	[ũ 'tersu]
Viertel (n)	um quarto	[ũ 'kwartu]
Achtel (m, n)	um oitavo	[ũ oj'tavu]
Zehntel (n)	um décimo	[ũ 'dɛsimu]
zwei Drittel	dois terços	['dojs 'tersus]
drei Viertel	três quartos	[tres 'kwartus]

8. Zahlen. Grundrechenarten

Subtraktion (f)	subtração (f)	[subtra'sãw]
subtrahieren (vt)	subtrair (vi, vt)	[subtra'ir]
Division (f)	divisão (f)	[dʒivi'zãw]
dividieren (vt)	dividir (vt)	[dʒivi'dʒir]
Addition (f)	adição (f)	[adʒi'sãw]
addieren (vt)	somar (vt)	[so'mar]
hinzufügen (vt)	adicionar (vt)	[adʒisjo'nar]
Multiplikation (f)	multiplicação (f)	[muwtʃiplika'sãw]
multiplizieren (vt)	multiplicar (vt)	[muwtʃipli'kar]

9. Zahlen. Verschiedenes

| Ziffer (f) | algarismo, dígito (m) | [awga'rizmu], ['dʒiʒitu] |
| Zahl (f) | número (m) | ['numeru] |

Zahlwort (n)	numeral (m)	[nume'raw]
Minus (n)	sinal (m) de menos	[si'naw de 'menus]
Plus (n)	mais (m)	[majs]
Formel (f)	fórmula (f)	['fɔrmula]

Berechnung (f)	cálculo (m)	['kawkulu]
zählen (vt)	contar (vt)	[kõ'tar]
berechnen (vt)	calcular (vt)	[kawku'lar]
vergleichen (vt)	comparar (vt)	[kõpa'rar]

Wie viel?	Quanto?	['kwãtu]
Wie viele?	Quantos? -as?	['kwãtus, -as]

Summe (f)	soma (f)	['sɔma]
Ergebnis (n)	resultado (m)	[hezuw'tadu]
Rest (m)	resto (m)	['hɛstu]

einige (~ Tage)	alguns, algumas ...	[aw'gũs], [aw'gumas]
einige, ein paar	poucos, poucas	['pokus], ['pokas]
wenig (es kostet ~)	um pouco ...	[ũ 'poku]
Übrige (n)	resto (m)	['hɛstu]
anderthalb	um e meio	[ũ i 'meju]
Dutzend (n)	dúzia (f)	['duzja]

entzwei (Adv)	ao meio	[aw 'meju]
zu gleichen Teilen	em partes iguais	[ẽ 'partʃis i'gwais]
Hälfte (f)	metade (f)	[me'tadʒi]
Mal (n)	vez (f)	[vez]

10. Die wichtigsten Verben. Teil 1

abbiegen (nach links ~)	virar (vi)	[vi'rar]
abschicken (vt)	enviar (vt)	[ẽ'vjar]
ändern (vt)	mudar (vt)	[mu'dar]
andeuten (vt)	dar uma dica	[dar 'uma 'dʒika]
Angst haben	ter medo	[ter 'medu]

ankommen (vi)	chegar (vi)	[ʃe'gar]
antworten (vi)	responder (vt)	[hespõ'der]
arbeiten (vi)	trabalhar (vi)	[traba'ʎar]
auf ... zählen	contar com ...	[kõ'tar kõ]
aufbewahren (vt)	guardar (vt)	[gwar'dar]

aufschreiben (vt)	anotar (vt)	[ano'tar]
ausgehen (vi)	sair (vi)	[sa'ir]
aussprechen (vt)	pronunciar (vt)	[pronũ'sjar]
bedauern (vt)	arrepender-se (vr)	[ahepẽ'dersi]
bedeuten (vt)	significar (vt)	[signifi'kar]
beenden (vt)	acabar, terminar (vt)	[aka'bar], [termi'nar]

befehlen (Milit.)	ordenar (vt)	[orde'nar]
befreien (Stadt usw.)	libertar, liberar (vt)	[liber'tar], [libe'rar]
beginnen (vt)	começar (vt)	[kome'sar]
bemerken (vt)	perceber (vt)	[perse'ber]

beobachten (vt)	observar (vt)	[obser'var]
berühren (vt)	tocar (vt)	[to'kar]
besitzen (vt)	possuir (vt)	[po'swir]
besprechen (vt)	discutir (vt)	[dʒisku'tʃir]
bestehen auf	insistir (vi)	[ĩsis'tʃir]
bestellen (im Restaurant)	pedir (vt)	[pe'dʒir]

bestrafen (vt)	punir (vt)	[pu'nir]
beten (vi)	rezar, orar (vi)	[he'zar], [o'rar]
bitten (vt)	pedir (vt)	[pe'dʒir]
brechen (vt)	quebrar (vt)	[ke'brar]
denken (vi, vt)	pensar (vi, vt)	[pẽ'sar]

drohen (vi)	ameaçar (vt)	[amea'sar]
Durst haben	ter sede	[ter 'sedʒi]
einladen (vt)	convidar (vt)	[kõvi'dar]
einstellen (vt)	cessar (vt)	[se'sar]
einwenden (vt)	objetar (vt)	[obʒe'tar]
empfehlen (vt)	recomendar (vt)	[hekomẽ'dar]

erklären (vt)	explicar (vt)	[ispli'kar]
erlauben (vt)	permitir (vt)	[permi'tʃir]
ermorden (vt)	matar (vt)	[ma'tar]
erwähnen (vt)	mencionar (vt)	[mẽsjo'nar]
existieren (vi)	existir (vi)	[ezis'tʃir]

11. Die wichtigsten Verben. Teil 2

fallen (vi)	cair (vi)	[ka'ir]
fallen lassen	deixar cair (vt)	[dej'ʃar ka'ir]
fangen (vt)	pegar (vt)	[pe'gar]
finden (vt)	encontrar (vt)	[ẽkõ'trar]
fliegen (vi)	voar (vi)	[vo'ar]

folgen (Folge mir!)	seguir ...	[se'gir]
fortsetzen (vt)	continuar (vt)	[kõtʃi'nwar]
fragen (vt)	perguntar (vt)	[pergũ'tar]
frühstücken (vi)	tomar café da manhã	[to'mar ka'fɛ da ma'ɲã]
geben (vt)	dar (vt)	[dar]

gefallen (vi)	gostar (vt)	[gos'tar]
gehen (zu Fuß gehen)	ir (vi)	[ir]
gehören (vi)	pertencer (vt)	[pertẽ'ser]
graben (vt)	cavar (vt)	[ka'var]

haben (vt)	ter (vt)	[ter]
helfen (vi)	ajudar (vt)	[aʒu'dar]
herabsteigen (vi)	descer (vi)	[de'ser]
hereinkommen (vi)	entrar (vi)	[ẽ'trar]

hoffen (vi)	esperar (vi, vt)	[ispe'rar]
hören (vt)	ouvir (vt)	[o'vir]
hungrig sein	ter fome	[ter 'fɔmi]
informieren (vt)	informar (vt)	[ĩfor'mar]

jagen (vi)	caçar (vt)	[ka'sar]
kennen (vt)	conhecer (vt)	[koɲe'ser]
klagen (vi)	queixar-se (vr)	[kej'ʃarsi]
können (v mod)	poder (vi)	[po'der]
kontrollieren (vt)	controlar (vt)	[kõtro'lar]
kosten (vt)	custar (vt)	[kus'tar]
kränken (vt)	insultar (vt)	[ĩsuw'tar]
lächeln (vi)	sorrir (vi)	[so'hir]
lachen (vi)	rir (vi)	[hir]
laufen (vi)	correr (vi)	[ko'her]
leiten (Betrieb usw.)	dirigir (vt)	[dʒiri'ʒir]
lernen (vt)	estudar (vt)	[istu'dar]
lesen (vi, vt)	ler (vt)	[ler]
lieben (vt)	amar (vt)	[a'mar]
machen (vt)	fazer (vt)	[fa'zer]
mieten (Haus usw.)	alugar (vt)	[alu'gar]
nehmen (vt)	pegar (vt)	[pe'gar]
noch einmal sagen	repetir (vt)	[hepe'tʃir]
nötig sein	ser necessário	[ser nese'sarju]
öffnen (vt)	abrir (vt)	[a'brir]

12. Die wichtigsten Verben. Teil 3

planen (vt)	planejar (vt)	[plane'ʒar]
prahlen (vi)	gabar-se (vr)	[ga'barsi]
raten (vt)	aconselhar (vt)	[akõse'ʎar]
rechnen (vt)	contar (vt)	[kõ'tar]
reservieren (vt)	reservar (vt)	[hezer'var]
retten (vt)	salvar (vt)	[saw'var]
richtig raten (vt)	adivinhar (vt)	[adʒivi'ɲar]
rufen (um Hilfe ~)	chamar (vt)	[ʃa'mar]
sagen (vt)	dizer (vt)	[dʒi'zer]
schaffen (Etwas Neues zu ~)	criar (vt)	[krjar]
schelten (vt)	ralhar, repreender (vt)	[ha'ʎar], [heprjẽ'der]
schießen (vi)	disparar, atirar (vi)	[dʒispa'rar], [atʃi'rar]
schmücken (vt)	decorar (vt)	[deko'rar]
schreiben (vi, vt)	escrever (vt)	[iskre'ver]
schreien (vi)	gritar (vi)	[gri'tar]
schweigen (vi)	ficar em silêncio	[fi'kar ẽ si'lẽsju]
schwimmen (vi)	nadar (vi)	[na'dar]
schwimmen gehen	ir nadar	[ir na'dar]
sehen (vi, vt)	ver (vt)	[ver]
sein (Lehrer ~)	ser (vi)	[ser]
sein (müde ~)	estar (vi)	[is'tar]
sich beeilen	apressar-se (vr)	[apre'sarsi]
sich entschuldigen	desculpar-se (vr)	[dʒiskuw'parsi]
sich interessieren	interessar-se (vr)	[ĩtere'sarsi]

sich irren	errar (vi)	[e'har]
sich setzen	sentar-se (vr)	[sẽ'tarsi]
sich weigern	negar-se (vt)	[ne'garsi]
spielen (vi, vt)	brincar, jogar (vi, vt)	[brĩ'kar], [ʒo'gar]
sprechen (vi)	falar (vi)	[fa'lar]
staunen (vi)	surpreender-se (vr)	[surprjẽ'dersi]
stehlen (vt)	roubar (vt)	[ho'bar]
stoppen (vt)	parar (vi)	[pa'rar]
suchen (vt)	buscar (vt)	[bus'kar]

13. Die wichtigsten Verben. Teil 4

täuschen (vt)	enganar (vt)	[ẽga'nar]
teilnehmen (vi)	participar (vi)	[partʃisi'par]
übersetzen (Buch usw.)	traduzir (vt)	[tradu'zir]
unterschätzen (vt)	subestimar (vt)	[subestʃi'mar]
unterschreiben (vt)	assinar (vt)	[asi'nar]
vereinigen (vt)	unir (vt)	[u'nir]
vergessen (vt)	esquecer (vt)	[iske'ser]
vergleichen (vt)	comparar (vt)	[kõpa'rar]
verkaufen (vt)	vender (vt)	[vẽ'der]
verlangen (vt)	exigir (vt)	[ezi'ʒir]
versäumen (vt)	faltar a ...	[faw'tar a]
versprechen (vt)	prometer (vt)	[prome'ter]
verstecken (vt)	esconder (vt)	[iskõ'der]
verstehen (vt)	entender (vt)	[ẽtẽ'der]
versuchen (vt)	tentar (vt)	[tẽ'tar]
verteidigen (vt)	defender (vt)	[defẽ'der]
vertrauen (vi)	confiar (vt)	[kõ'fjar]
verwechseln (vt)	confundir (vt)	[kõfũ'dʒir]
verzeihen (vi, vt)	desculpar (vt)	[dʒiskuw'par]
verzeihen (vt)	perdoar (vt)	[per'dwar]
voraussehen (vt)	prever (vt)	[pre'ver]
vorschlagen (vt)	propor (vt)	[pro'por]
vorziehen (vt)	preferir (vt)	[prefe'rir]
wählen (vt)	escolher (vt)	[isko'ʎer]
warnen (vt)	advertir (vt)	[adʒiver'tʃir]
warten (vi)	esperar (vt)	[ispe'rar]
weinen (vi)	chorar (vi)	[ʃo'rar]
wissen (vt)	saber (vt)	[sa'ber]
Witz machen	brincar (vi)	[brĩ'kar]
wollen (vt)	querer (vt)	[ke'rer]
zahlen (vt)	pagar (vt)	[pa'gar]
zeigen (jemandem etwas)	mostrar (vt)	[mos'trar]
zu Abend essen	jantar (vi)	[ʒã'tar]
zu Mittag essen	almoçar (vi)	[awmo'sar]
zubereiten (vt)	preparar (vt)	[prepa'rar]

zustimmen (vi)	concordar (vi)	[kõkor'dar]
zweifeln (vi)	duvidar (vt)	[duvi'dar]

14. Farben

Farbe (f)	cor (f)	[kɔr]
Schattierung (f)	tom (m)	[tõ]
Farbton (m)	tonalidade (m)	[tonali'dadʒi]
Regenbogen (m)	arco-íris (m)	['arku 'iris]
weiß	branco	['brãku]
schwarz	preto	['pretu]
grau	cinza	['sĩza]
grün	verde	['verdʒi]
gelb	amarelo	[ama'rɛlu]
rot	vermelho	[ver'meʎu]
blau	azul	[a'zuw]
hellblau	azul claro	[a'zuw 'klaru]
rosa	rosa	['hɔza]
orange	laranja	[la'rãʒa]
violett	violeta	[vjo'leta]
braun	marrom	[ma'hõ]
golden	dourado	[do'radu]
silbrig	prateado	[pra'tʃjadu]
beige	bege	['bɛʒi]
cremefarben	creme	['krɛmi]
türkis	turquesa	[tur'keza]
kirschrot	vermelho cereja	[ver'meʎu se'reʒa]
lila	lilás	[li'las]
himbeerrot	carmim	[kah'mĩ]
hell	claro	['klaru]
dunkel	escuro	[is'kuru]
grell	vivo	['vivu]
Farb- (z.B. -stifte)	de cor	[de kɔr]
Farb- (z.B. -film)	a cores	[a 'kores]
schwarz-weiß	preto e branco	['pretu i 'brãku]
einfarbig	de uma só cor	[de 'uma sɔ kɔr]
bunt	multicolor	[muwtʃiko'lor]

15. Fragen

Wer?	Quem?	[kẽj]
Was?	O que?	[u ki]
Wo?	Onde?	['õdʒi]
Wohin?	Para onde?	['para 'õdʒi]
Woher?	De onde?	[de 'õdʒi]

Wann?	Quando?	['kwãdu]
Wozu?	Para quê?	['para ke]
Warum?	Por quê?	[por 'ke]
Wofür?	Para quê?	['para ke]
Wie?	Como?	['kɔmu]
Welcher?	Qual?	[kwaw]
Wem?	A quem?	[a kẽj]
Über wen?	De quem?	[de kẽj]
Wovon? (~ sprichst du?)	Do quê?	[du ke]
Mit wem?	Com quem?	[kõ kẽj]
Wie viele?	Quantos? -as?	['kwãtus, -as]
Wie viel?	Quanto?	['kwãtu]
Wessen?	De quem?	[de kẽj]

16. Präpositionen

mit (Frau ~ Katzen)	com	[kõ]
ohne (~ Dich)	sem	[sẽ]
nach (~ London)	a ..., para ...	[a], ['para]
über (~ Geschäfte sprechen)	sobre ...	['sobri]
vor (z.B. ~ acht Uhr)	antes de ...	['ãtʃis de]
vor (z.B. ~ dem Haus)	em frente de ...	[ẽ 'frẽtʃi de]
unter (~ dem Schirm)	debaixo de ...	[de'baɪʃu de]
über (~ dem Meeresspiegel)	sobre ..., em cima de ...	['sobri], [ẽ 'sima de]
auf (~ dem Tisch)	em ..., sobre ...	[ẽ], ['sobri]
aus (z.B. ~ München)	de ...	[de]
aus (z.B. ~ Porzellan)	de ...	[de]
in (~ zwei Tagen)	em ...	[ẽ]
über (~ zaun)	por cima de ...	[por 'sima de]

17. Funktionswörter. Adverbien. Teil 1

Wo?	Onde?	['õdʒi]
hier	aqui	[a'ki]
dort	lá, ali	[la], [a'li]
irgendwo	em algum lugar	[ẽ aw'gũ lu'gar]
nirgends	em lugar nenhum	[ẽ lu'gar ne'ɲũ]
an (bei)	perto de ...	['pɛrtu de]
am Fenster	perto da janela	['pɛrtu da ʒa'nɛla]
Wohin?	Para onde?	['para 'õdʒi]
hierher	aqui	[a'ki]
dahin	para lá	['para la]
von hier	daqui	[da'ki]
von da	de lá, dali	[de la], [da'li]

nah (Adv)	perto	['pɛrtu]
weit, fern (Adv)	longe	['lõʒi]
in der Nähe von ...	perto de ...	['pɛrtu de]
in der Nähe	à mão, perto	[a mãw], ['pɛrtu]
unweit (~ unseres Hotels)	não fica longe	['nãw 'fika 'lõʒi]
link (Adj)	esquerdo	[is'kerdu]
links (Adv)	à esquerda	[a is'kerda]
nach links	para a esquerda	['para a is'kerda]
recht (Adj)	direito	[dʒi'rejtu]
rechts (Adv)	à direita	[a dʒi'rejta]
nach rechts	para a direita	['para a dʒi'rejta]
vorne (Adv)	em frente	[ẽ 'frẽtʃi]
Vorder-	da frente	[da 'frẽtʃi]
vorwärts	adiante	[a'dʒjãtʃi]
hinten (Adv)	atrás de ...	[a'trajs de]
von hinten	de trás	[de trajs]
rückwärts (Adv)	para trás	['para trajs]
Mitte (f)	meio (m), metade (f)	['meju], [me'tadʒi]
in der Mitte	no meio	[nu 'meju]
seitlich (Adv)	do lado	[du 'ladu]
überall (Adv)	em todo lugar	[ẽ 'todu lu'gar]
ringsherum (Adv)	por todos os lados	[por 'todus os 'ladus]
von innen (Adv)	de dentro	[de 'dẽtru]
irgendwohin (Adv)	para algum lugar	['para aw'gũ lu'gar]
geradeaus (Adv)	diretamente	[dʒireta'mẽtʃi]
zurück (Adv)	de volta	[de 'vɔwta]
irgendwoher (Adv)	de algum lugar	[de aw'gũ lu'gar]
von irgendwo (Adv)	de algum lugar	[de aw'gũ lu'gar]
erstens	em primeiro lugar	[ẽ pri'mejru lu'gar]
zweitens	em segundo lugar	[ẽ se'gũdu lu'gar]
drittens	em terceiro lugar	[ẽ ter'sejru lu'gar]
plötzlich (Adv)	de repente	[de he'pẽtʃi]
zuerst (Adv)	no início	[nu i'nisju]
zum ersten Mal	pela primeira vez	['pɛla pri'mejra 'vez]
lange vor...	muito antes de ...	['mwĩtu 'ãtʃis de]
von Anfang an	de novo	[de 'novu]
für immer	para sempre	['para 'sẽpri]
nie (Adv)	nunca	['nũka]
wieder (Adv)	de novo	[de 'novu]
jetzt (Adv)	agora	[a'gɔra]
oft (Adv)	frequentemente	[frekwẽtʃi'mẽtʃi]
damals (Adv)	então	[ẽ'tãw]
dringend (Adv)	urgentemente	[urʒẽte'mẽtʃi]
gewöhnlich (Adv)	normalmente	[nɔrmaw'mẽtʃi]

Deutsch	Portugiesisch	Aussprache
übrigens, ...	a propósito, ...	[a pro'pɔzitu]
möglicherweise (Adv)	é possível	[ɛ po'sivew]
wahrscheinlich (Adv)	provavelmente	[provavɛw'mẽtʃi]
vielleicht (Adv)	talvez	[taw'vez]
außerdem ...	além disso, ...	[a'lẽj 'dʒisu]
deshalb ...	por isso ...	[por 'isu]
trotz ...	apesar de ...	[ape'zar de]
dank ...	graças a ...	['grasas a]
was (~ ist denn?)	que	[ki]
das (~ ist alles)	que	[ki]
etwas	algo	[awgu]
irgendwas	alguma coisa	[aw'guma 'kojza]
nichts	nada	['nada]
wer (~ ist ~?)	quem	[kẽj]
jemand	alguém	[aw'gẽj]
irgendwer	alguém	[aw'gẽj]
niemand	ninguém	[nĩ'gẽj]
nirgends	para lugar nenhum	['para lu'gar ne'ɲũ]
niemandes (~ Eigentum)	de ninguém	[de nĩ'gẽj]
jemandes	de alguém	[de aw'gẽj]
so (derart)	tão	[tãw]
auch	também	[tã'bẽj]
ebenfalls	também	[tã'bẽj]

18. Funktionswörter. Adverbien. Teil 2

Deutsch	Portugiesisch	Aussprache
Warum?	Por quê?	[por 'ke]
aus irgendeinem Grund	por alguma razão	[por aw'guma ha'zãw]
weil ...	porque ...	[por'ke]
zu irgendeinem Zweck	por qualquer razão	[por kwaw'ker ha'zãw]
und	e	[i]
oder	ou	['o]
aber	mas	[mas]
für (präp)	para	['para]
zu (~ viele)	muito, demais	['mwĩtu], [dʒi'majs]
nur (~ einmal)	só, somente	[sɔ], [sɔ'mẽtʃi]
genau (Adv)	exatamente	[ɛzata'mẽtʃi]
etwa	cerca de ...	['serka de]
ungefähr (Adv)	aproximadamente	[aprosimada'mẽti]
ungefähr (Adj)	aproximado	[aprosi'madu]
fast	quase	['kwazi]
Übrige (n)	resto (m)	['hɛstu]
der andere	o outro	[u 'otru]
andere	outro	['otru]
jeder (~ Mann)	cada	['kada]
beliebig (Adj)	qualquer	[kwaw'ker]

viel (zähl.)	muitos, muitas	['mwĩtos], ['mwĩtas]
viel (unzähl.)	muito	['mwĩtu]
viele Menschen	muitas pessoas	['mwĩtas pe'soas]
alle (wir ~)	todos	['todus]
im Austausch gegen ...	em troca de ...	[ẽ 'trɔka de]
dafür (Adv)	em troca	[ẽ 'trɔka]
mit der Hand (Hand-)	à mão	[a mãw]
schwerlich (Adv)	pouco provável	['poku pro'vavew]
wahrscheinlich (Adv)	provavelmente	[provavɛw'mẽtʃi]
absichtlich (Adv)	de propósito	[de pro'pɔzitu]
zufällig (Adv)	por acidente	[por asi'dẽtʃi]
sehr (Adv)	muito	['mwĩtu]
zum Beispiel	por exemplo	[por e'zẽplu]
zwischen	entre	['ẽtri]
unter (Wir sind ~ Mördern)	entre, no meio de ...	['ẽtri], [nu 'meju de]
so viele (~ Ideen)	tanto	['tãtu]
besonders (Adv)	especialmente	[ispesjal'mẽte]

Grundbegriffe. Teil 2

19. Gegenteile

reich (Adj)	rico	['hiku]
arm (Adj)	pobre	['pɔbri]
krank (Adj)	doente	[do'ẽtʃi]
gesund (Adj)	bem	[bẽj]
groß (Adj)	grande	['grãdʒi]
klein (Adj)	pequeno	[pe'kenu]
schnell (Adv)	rapidamente	[hapida'mẽtʃi]
langsam (Adv)	lentamente	[lẽta'mẽtʃi]
schnell (Adj)	rápido	['hapidu]
langsam (Adj)	lento	['lẽtu]
froh (Adj)	alegre, feliz	[a'lɛgri], [fe'liz]
traurig (Adj)	triste	['tristʃi]
zusammen	juntos	['ʒũtus]
getrennt (Adv)	separadamente	[separada'mẽtʃi]
laut (~ lesen)	em voz alta	[ẽ vɔz 'awta]
still (~ lesen)	para si	['para si]
hoch (Adj)	alto	['awtu]
niedrig (Adj)	baixo	['baɪʃu]
tief (Adj)	profundo	[pro'fũdu]
flach (Adj)	raso	['hazu]
ja	sim	[sĩ]
nein	não	[nãw]
fern (Adj)	distante	[dʒis'tãtʃi]
nah (Adj)	próximo	['prɔsimu]
weit (Adv)	longe	['lõʒi]
nebenan (Adv)	perto	['pɛrtu]
lang (Adj)	longo	['lõgu]
kurz (Adj)	curto	['kurtu]
gut (gütig)	bom, bondoso	[bõ], [bõ'dozu]
böse (der ~ Geist)	mal	[maw]

verheiratet (Ehemann)	casado	[ka'zadu]
ledig (Adj)	solteiro	[sow'tejru]
verbieten (vt)	proibir (vt)	[proi'bir]
erlauben (vt)	permitir (vt)	[permi'tʃir]
Ende (n)	fim (m)	[fĩ]
Anfang (m)	início (m)	[i'nisju]
link (Adj)	esquerdo	[is'kerdu]
recht (Adj)	direito	[dʒi'rejtu]
der erste	primeiro	[pri'mejru]
der letzte	último	['uwtʃimu]
Verbrechen (n)	crime (m)	['krimi]
Bestrafung (f)	castigo (m)	[kas'tʃigu]
befehlen (vt)	ordenar (vt)	[orde'nar]
gehorchen (vi)	obedecer (vt)	[obede'ser]
gerade (Adj)	reto	['hɛtu]
krumm (Adj)	curvo	['kurvu]
Paradies (n)	paraíso (m)	[para'izu]
Hölle (f)	inferno (m)	[ĩ'fɛrnu]
geboren sein	nascer (vi)	[na'ser]
sterben (vi)	morrer (vi)	[mo'her]
stark (Adj)	forte	['fortʃi]
schwach (Adj)	fraco, débil	['fraku], ['debiw]
alt	velho, idoso	['vɛʎu], [i'dozu]
jung (Adj)	jovem	['ʒɔvẽ]
alt (Adj)	velho	['vɛʎu]
neu (Adj)	novo	['novu]
hart (Adj)	duro	['duru]
weich (Adj)	macio	[ma'siu]
warm (Adj)	quente	['kẽtʃi]
kalt (Adj)	frio	['friu]
dick (Adj)	gordo	['gordu]
mager (Adj)	magro	['magru]
eng (Adj)	estreito	[is'trejtu]
breit (Adj)	largo	['largu]
gut (Adj)	bom	[bõ]
schlecht (Adj)	mau	[maw]
tapfer (Adj)	valente, corajoso	[va'lẽtʃi], [kora'ʒozu]
feige (Adj)	covarde	[ko'vardʒi]

20. Wochentage

Montag (m)	segunda-feira (f)	[se'gũda-'fejra]
Dienstag (m)	terça-feira (f)	['tersa 'fejra]
Mittwoch (m)	quarta-feira (f)	['kwarta-'fejra]
Donnerstag (m)	quinta-feira (f)	['kĩta-'fejra]
Freitag (m)	sexta-feira (f)	['sesta-'fejra]
Samstag (m)	sábado (m)	['sabadu]
Sonntag (m)	domingo (m)	[do'mĩgu]

heute	hoje	['oʒi]
morgen	amanhã	[ama'ɲã]
übermorgen	depois de amanhã	[de'pojs de ama'ɲã]
gestern	ontem	['õtẽ]
vorgestern	anteontem	[ãtʃi'õtẽ]

Tag (m)	dia (m)	['dʒia]
Arbeitstag (m)	dia (m) de trabalho	['dʒia de tra'baʎu]
Feiertag (m)	feriado (m)	[fe'rjadu]
freier Tag (m)	dia (m) de folga	['dʒia de 'fowga]
Wochenende (n)	fim (m) de semana	[fĩ de se'mana]

den ganzen Tag	o dia todo	[u 'dʒia 'todu]
am nächsten Tag	no dia seguinte	[nu 'dʒia se'gĩtʃi]
zwei Tage vorher	há dois dias	[a 'dojs 'dʒias]
am Vortag	na véspera	[na 'vɛspera]
täglich (Adj)	diário	['dʒjarju]
täglich (Adv)	todos os dias	['todus us 'dʒias]

Woche (f)	semana (f)	[se'mana]
letzte Woche	na semana passada	[na se'mana pa'sada]
nächste Woche	semana que vem	[se'mana ke vẽj]
wöchentlich (Adj)	semanal	[sema'naw]
wöchentlich (Adv)	toda semana	['tɔda se'mana]
zweimal pro Woche	duas vezes por semana	['duas 'vezis por se'mana]
jeden Dienstag	toda terça-feira	['tɔda tersa 'fejra]

21. Stunden. Tag und Nacht

Morgen (m)	manhã (f)	[ma'ɲã]
morgens	de manhã	[de ma'ɲã]
Mittag (m)	meio-dia (m)	['meju 'dʒia]
nachmittags	à tarde	[a 'tardʒi]

Abend (m)	tardinha (f)	[tar'dʒiɲa]
abends	à tardinha	[a tar'dʒiɲa]
Nacht (f)	noite (f)	['nojtʃi]
nachts	à noite	[a 'nojtʃi]
Mitternacht (f)	meia-noite (f)	['meja 'nojtʃi]

Sekunde (f)	segundo (m)	[se'gũdu]
Minute (f)	minuto (m)	[mi'nutu]
Stunde (f)	hora (f)	['ɔra]

eine halbe Stunde	meia hora (f)	['meja 'ɔra]
Viertelstunde (f)	quarto (m) de hora	['kwartu de 'ɔra]
fünfzehn Minuten	quinze minutos	['kĩzi mi'nutus]
Tag und Nacht	vinte e quatro horas	['vĩtʃi i 'kwatru 'ɔras]
Sonnenaufgang (m)	nascer (m) do sol	[na'ser du sɔw]
Morgendämmerung (f)	amanhecer (m)	[amaɲe'ser]
früher Morgen (m)	madrugada (f)	[madru'gada]
Sonnenuntergang (m)	pôr-do-sol (m)	[por du 'sɔw]
früh am Morgen	de madrugada	[de madru'gada]
heute Morgen	esta manhã	['ɛsta ma'ɲã]
morgen früh	amanhã de manhã	[ama'ɲã de ma'ɲã]
heute Mittag	esta tarde	['ɛsta 'tardʒi]
nachmittags	à tarde	[a 'tardʒi]
morgen Nachmittag	amanhã à tarde	[ama'ɲã a 'tardʒi]
heute Abend	esta noite, hoje à noite	['ɛsta 'nojtʃi], ['oʒi a 'nojtʃi]
morgen Abend	amanhã à noite	[ama'ɲã a 'nojtʃi]
Punkt drei Uhr	às três horas em ponto	[as tres 'ɔras ẽ 'põtu]
gegen vier Uhr	por volta das quatro	[por 'vɔwta das 'kwatru]
um zwölf Uhr	às doze	[as 'dozi]
in zwanzig Minuten	em vinte minutos	[ẽ 'vĩtʃi mi'nutus]
in einer Stunde	em uma hora	[ẽ 'uma 'ɔra]
rechtzeitig (Adv)	a tempo	[a 'tẽpu]
Viertel vor ...	... um quarto para	[... ũ 'kwartu 'para]
innerhalb einer Stunde	dentro de uma hora	['dẽtru de 'uma 'ɔra]
alle fünfzehn Minuten	a cada quinze minutos	[a 'kada 'kĩzi mi'nutus]
Tag und Nacht	as vinte e quatro horas	[as 'vĩtʃi i 'kwatru 'ɔras]

22. Monate. Jahreszeiten

Januar (m)	janeiro (m)	[ʒa'nejru]
Februar (m)	fevereiro (m)	[feve'rejru]
März (m)	março (m)	['marsu]
April (m)	abril (m)	[a'briw]
Mai (m)	maio (m)	['maju]
Juni (m)	junho (m)	['ʒuɲu]
Juli (m)	julho (m)	['ʒuʎu]
August (m)	agosto (m)	[a'gostu]
September (m)	setembro (m)	[se'tẽbru]
Oktober (m)	outubro (m)	[o'tubru]
November (m)	novembro (m)	[no'vẽbru]
Dezember (m)	dezembro (m)	[de'zẽbru]
Frühling (m)	primavera (f)	[prima'vɛra]
im Frühling	na primavera	[na prima'vɛra]
Frühlings-	primaveril	[primave'riw]
Sommer (m)	verão (m)	[ve'rãw]

im Sommer	no verão	[nu ve'rãw]
Sommer-	de verão	[de ve'rãw]
Herbst (m)	outono (m)	[o'tɔnu]
im Herbst	no outono	[nu o'tɔnu]
Herbst-	outonal	[oto'naw]
Winter (m)	inverno (m)	[ĩ'vɛrnu]
im Winter	no inverno	[nu ĩ'vɛrnu]
Winter-	de inverno	[de ĩ'vɛrnu]
Monat (m)	mês (m)	[mes]
in diesem Monat	este mês	['estʃi mes]
nächsten Monat	mês que vem	['mes ki vẽj]
letzten Monat	no mês passado	[no mes pa'sadu]
vor einem Monat	um mês atrás	[ũ 'mes a'trajs]
über eine Monat	em um mês	[ẽ ũ mes]
in zwei Monaten	em dois meses	[ẽ dojs 'mezis]
den ganzen Monat	um mês inteiro	[ũ mes ĩ'tejru]
monatlich (Adj)	mensal	[mẽ'saw]
monatlich (Adv)	mensalmente	[mẽsaw'mẽtʃi]
jeden Monat	todo mês	['todu 'mes]
zweimal pro Monat	duas vezes por mês	['duas 'vezis por mes]
Jahr (n)	ano (m)	['anu]
dieses Jahr	este ano	['estʃi 'anu]
nächstes Jahr	ano que vem	['anu ki vẽj]
voriges Jahr	no ano passado	[nu 'anu pa'sadu]
vor einem Jahr	há um ano	[a ũ 'anu]
in einem Jahr	em um ano	[ẽ ũ 'anu]
in zwei Jahren	dentro de dois anos	['dẽtru de 'dojs 'anus]
das ganze Jahr	um ano inteiro	[ũ 'anu ĩ'tejru]
jedes Jahr	cada ano	['kada 'anu]
jährlich (Adj)	anual	[a'nwaw]
jährlich (Adv)	anualmente	[anwaw'mẽte]
viermal pro Jahr	quatro vezes por ano	['kwatru 'vezis por 'anu]
Datum (heutige ~)	data (f)	['data]
Datum (Geburts-)	data (f)	['data]
Kalender (m)	calendário (m)	[kalẽ'darju]
ein halbes Jahr	meio ano	['meju 'anu]
Halbjahr (n)	seis meses	[sejs 'mezis]
Saison (f)	estação (f)	[ista'sãw]
Jahrhundert (n)	século (m)	['sɛkulu]

23. Zeit. Verschiedenes

Zeit (f)	tempo (m)	['tẽpu]
Augenblick (m)	momento (m)	[mo'mẽtu]

Deutsch	Portugiesisch	Aussprache
Moment (m)	instante (m)	[ĩs'tãtʃi]
augenblicklich (Adj)	instantâneo	[ĩstã'tanju]
Zeitspanne (f)	lapso (m) de tempo	['lapsu de 'tẽpu]
Leben (n)	vida (f)	['vida]
Ewigkeit (f)	eternidade (f)	[eterni'dadʒi]
Epoche (f)	época (f)	['ɛpoka]
Ära (f)	era (f)	['ɛra]
Zyklus (m)	ciclo (m)	['siklu]
Periode (f)	período (m)	[pe'riodu]
Frist (äußerste ~)	prazo (m)	['prazu]
Zukunft (f)	futuro (m)	[fu'turu]
zukünftig (Adj)	futuro	[fu'turu]
nächstes Mal	da próxima vez	[da 'prɔsima vez]
Vergangenheit (f)	passado (m)	[pa'sadu]
vorig (Adj)	passado	[pa'sadu]
letztes Mal	na última vez	[na 'uwtʃima 'vez]
später (Adv)	mais tarde	[majs 'tardʒi]
danach	depois	[de'pojs]
zur Zeit	atualmente	[atwaw'mẽtʃi]
jetzt	agora	[a'gɔra]
sofort	imediatamente	[imedʒata'mẽtʃi]
bald	em breve	[ẽ 'brɛvi]
im Voraus	de antemão	[de ante'mãw]
lange her	há muito tempo	[a 'mwĩtu 'tẽpu]
vor kurzem	recentemente	[hesẽtʃi'mẽtʃi]
Schicksal (n)	destino (m)	[des'tʃinu]
Erinnerungen (pl)	recordações (f pl)	[hekorda'sõjs]
Archiv (n)	arquivo (m)	[ar'kivu]
während ...	durante ...	[du'rãtʃi]
lange (Adv)	durante muito tempo	[du'rãtʃi 'mwĩtu 'tẽpu]
nicht lange (Adv)	pouco tempo	['poku 'tẽpu]
früh (~ am Morgen)	cedo	['sedu]
spät (Adv)	tarde	['tardʒi]
für immer	para sempre	['para 'sẽpri]
beginnen (vt)	começar (vt)	[kome'sar]
verschieben (vt)	adiar (vt)	[a'dʒjar]
gleichzeitig	ao mesmo tempo	['aw 'mezmu 'tẽpu]
ständig (Adv)	permanentemente	[permanẽtʃi'mẽtʃi]
konstant (Adj)	constante	[kõs'tãtʃi]
zeitweilig (Adj)	temporário	[tẽpo'rarju]
manchmal	às vezes	[as 'vezis]
selten (Adv)	raras vezes, raramente	['harus 'vezis]' [hara'mẽtʃi]
oft	frequentemente	[frekwẽtʃi'mẽtʃi]

24. Linien und Formen

Quadrat (n)	quadrado (m)	[kwa'dradu]
quadratisch	quadrado	[kwa'dradu]

Kreis (m)	círculo (m)	['sirkulu]
rund	redondo	[he'dõdu]
Dreieck (n)	triângulo (m)	['trjãgulu]
dreieckig	triangular	[trjãgu'lar]
Oval (n)	oval (f)	[o'vaw]
oval	oval	[o'vaw]
Rechteck (n)	retângulo (m)	[he'tãgulu]
rechteckig	retangular	[hetãgu'lar]
Pyramide (f)	pirâmide (f)	[pi'ramidʒi]
Rhombus (m)	losango (m)	[lo'zãgu]
Trapez (n)	trapézio (m)	[tra'pɛzju]
Würfel (m)	cubo (m)	['kubu]
Prisma (n)	prisma (m)	['prizma]
Kreis (m)	circunferência (f)	[sirkũfe'rẽsja]
Sphäre (f)	esfera (f)	[is'fɛra]
Kugel (f)	globo (m)	['globu]
Durchmesser (m)	diâmetro (m)	['dʒjametru]
Radius (m)	raio (m)	['haju]
Umfang (m)	perímetro (m)	[pe'rimetru]
Zentrum (n)	centro (m)	['sẽtru]
waagerecht (Adj)	horizontal	[orizõ'taw]
senkrecht (Adj)	vertical	[vertʃi'kaw]
Parallele (f)	paralela (f)	[para'lɛla]
parallel (Adj)	paralelo	[para'lɛlu]
Linie (f)	linha (f)	['liɲa]
Strich (m)	traço (m)	['trasu]
Gerade (f)	reta (f)	['hɛta]
Kurve (f)	curva (f)	['kurva]
dünn (schmal)	fino	['finu]
Kontur (f)	contorno (m)	[kõ'tornu]
Schnittpunkt (m)	interseção (f)	[ĩterse'sãw]
rechter Winkel (m)	ângulo (m) reto	[ãgulu 'hɛtu]
Segment (n)	segmento (m)	[sɛ'gmẽtu]
Sektor (m)	setor (m)	[sɛ'tor]
Seite (f)	lado (m)	['ladu]
Winkel (m)	ângulo (m)	[ãgulu]

25. Maßeinheiten

Gewicht (n)	peso (m)	['pezu]
Länge (f)	comprimento (m)	[kõpri'mẽtu]
Breite (f)	largura (f)	[lar'gura]
Höhe (f)	altura (f)	[aw'tura]
Tiefe (f)	profundidade (f)	[profũdʒi'dadʒi]
Volumen (n)	volume (m)	[vo'lumi]
Fläche (f)	área (f)	['arja]
Gramm (n)	grama (m)	['grama]
Milligramm (n)	miligrama (m)	[mili'grama]

Kilo (n)	quilograma (m)	[kilo'grama]
Tonne (f)	tonelada (f)	[tune'lada]
Pfund (n)	libra (f)	['libra]
Unze (f)	onça (f)	['õsa]
Meter (m)	metro (m)	['mɛtru]
Millimeter (m)	milímetro (m)	[mi'limetru]
Zentimeter (m)	centímetro (m)	[sẽ'tʃimetru]
Kilometer (m)	quilômetro (m)	[ki'lometru]
Meile (f)	milha (f)	['miʎa]
Zoll (m)	polegada (f)	[pole'gada]
Fuß (m)	pé (m)	[pɛ]
Yard (n)	jarda (f)	['ʒarda]
Quadratmeter (m)	metro (m) quadrado	['mɛtru kwa'dradu]
Hektar (n)	hectare (m)	[ek'tari]
Liter (m)	litro (m)	['litru]
Grad (m)	grau (m)	[graw]
Volt (n)	volt (m)	['vɔwtʃi]
Ampere (n)	ampère (m)	[ã'pɛri]
Pferdestärke (f)	cavalo (m) de potência	[ka'valu de po'tẽsja]
Anzahl (f)	quantidade (f)	[kwãtʃi'dadʒi]
etwas ...	um pouco de ...	[ũ 'poku de]
Hälfte (f)	metade (f)	[me'tadʒi]
Dutzend (n)	dúzia (f)	['duzja]
Stück (n)	peça (f)	['pɛsa]
Größe (f)	tamanho (m), dimensão (f)	[ta'maɲu], [dʒimẽ'sãw]
Maßstab (m)	escala (f)	[is'kala]
minimal (Adj)	mínimo	['minimu]
der kleinste	menor, mais pequeno	[me'nɔr], [majs pe'kenu]
mittler, mittel-	médio	['mɛdʒju]
maximal (Adj)	máximo	['masimu]
der größte	maior, mais grande	[ma'jɔr], [majs 'grãdʒi]

26. Behälter

Glas (Einmachglas)	pote (m) de vidro	['pɔtʃi de 'vidru]
Dose (z.B. Bierdose)	lata (f)	['lata]
Eimer (m)	balde (m)	['bawdʒi]
Fass (n), Tonne (f)	barril (m)	[ba'hiw]
Waschschüssel (n)	bacia (f)	[ba'sia]
Tank (m)	tanque (m)	['tãki]
Flachmann (m)	cantil (m) de bolso	[kã'tʃiw dʒi 'bowsu]
Kanister (m)	galão (m) de gasolina	[ga'lãw de gazo'lina]
Zisterne (f)	cisterna (f)	[sis'tɛrna]
Kaffeebecher (m)	caneca (f)	[ka'nɛka]
Tasse (f)	xícara (f)	['ʃikara]

Untertasse (f)	pires (m)	['piris]
Wasserglas (n)	copo (m)	['kɔpu]
Weinglas (n)	taça (f) de vinho	['tasa de 'viɲu]
Kochtopf (m)	panela (f)	[pa'nɛla]
Flasche (f)	garrafa (f)	[ga'hafa]
Flaschenhals (m)	gargalo (m)	[gar'galu]
Karaffe (f)	jarra (f)	['ʒaha]
Tonkrug (m)	jarro (m)	['ʒahu]
Gefäß (n)	recipiente (m)	[hesi'pjẽtʃi]
Tontopf (m)	pote (m)	['pɔtʃi]
Vase (f)	vaso (m)	['vazu]
Flakon (n)	frasco (m)	['frasku]
Fläschchen (n)	frasquinho (m)	[fras'kiɲu]
Tube (z.B. Zahnpasta)	tubo (m)	['tubu]
Sack (~ Kartoffeln)	saco (m)	['saku]
Tüte (z.B. Plastiktüte)	sacola (f)	[sa'kɔla]
Schachtel (z.B. Zigaretten~)	maço (m)	['masu]
Karton (z.B. Schuhkarton)	caixa (f)	['kaɪʃa]
Kiste (z.B. Bananenkiste)	caixote (m)	[kaj'ʃɔtʃi]
Korb (m)	cesto (m)	['sestu]

27. Werkstoffe

Stoff (z.B. Baustoffe)	material (m)	[mate'rjaw]
Holz (n)	madeira (f)	[ma'dejra]
hölzern	de madeira	[de ma'dejra]
Glas (n)	vidro (m)	['vidru]
gläsern, Glas-	de vidro	[de 'vidru]
Stein (m)	pedra (f)	['pɛdra]
steinern	de pedra	[de 'pɛdra]
Kunststoff (m)	plástico (m)	['plastʃiku]
Kunststoff-	plástico	['plastʃiku]
Gummi (n)	borracha (f)	[bo'haʃa]
Gummi-	de borracha	[de bo'haʃa]
Stoff (m)	tecido, pano (m)	[te'sidu], ['panu]
aus Stoff	de tecido	[de te'sidu]
Papier (n)	papel (m)	[pa'pɛw]
Papier-	de papel	[de pa'pɛw]
Pappe (f)	papelão (m)	[pape'lãw]
Pappen-	de papelão	[de pape'lãw]
Polyäthylen (n)	polietileno (m)	[poljetʃi'lɛnu]

Zellophan (n)	celofane (m)	[selo'fani]
Linoleum (n)	linóleo (m)	[li'nɔlju]
Furnier (n)	madeira (f) compensada	[ma'dejra kõpẽ'sada]
Porzellan (n)	porcelana (f)	[porse'lana]
aus Porzellan	de porcelana	[de porse'lana]
Ton (m)	argila (f), barro (m)	[ar'ʒila], ['bahu]
Ton-	de barro	[de 'bahu]
Keramik (f)	cerâmica (f)	[se'ramika]
keramisch	de cerâmica	[de se'ramika]

28. Metalle

Metall (n)	metal (m)	[me'taw]
metallisch, Metall-	metálico	[me'taliku]
Legierung (f)	liga (f)	['liga]
Gold (n)	ouro (m)	['oru]
golden	de ouro	[de 'oru]
Silber (n)	prata (f)	['prata]
silbern, Silber-	de prata	[de 'prata]
Eisen (n)	ferro (m)	['fɛhu]
eisern, Eisen-	de ferro	[de 'fɛhu]
Stahl (m)	aço (m)	['asu]
stählern	de aço	[de 'asu]
Kupfer (n)	cobre (m)	['kɔbri]
kupfern, Kupfer-	de cobre	[de 'kɔbri]
Aluminium (n)	alumínio (m)	[alu'minju]
Aluminium-	de alumínio	[de alu'minju]
Bronze (f)	bronze (m)	['brõzi]
bronzen	de bronze	[de 'brõzi]
Messing (n)	latão (m)	[la'tãw]
Nickel (n)	níquel (m)	['nikew]
Platin (n)	platina (f)	[pla'tʃina]
Quecksilber (n)	mercúrio (m)	[mer'kurju]
Zinn (n)	estanho (m)	[is'taɲu]
Blei (n)	chumbo (m)	['ʃũbu]
Zink (n)	zinco (m)	['zĩku]

DER MENSCH

Der Mensch. Körper

29. Menschen. Grundbegriffe

Mensch (m)	ser (m) humano	[ser u'manu]
Mann (m)	homem (m)	['ɔmẽ]
Frau (f)	mulher (f)	[mu'ʎer]
Kind (n)	criança (f)	['krjãsa]
Mädchen (n)	menina (f)	[me'nina]
Junge (m)	menino (m)	[me'ninu]
Teenager (m)	adolescente (m)	[adole'sẽtʃi]
Greis (m)	velho (m)	['vɛʎu]
alte Frau (f)	velha (f)	['vɛʎa]

30. Anatomie des Menschen

Organismus (m)	organismo (m)	[orga'nizmu]
Herz (n)	coração (m)	[kora'sãw]
Blut (n)	sangue (m)	['sãgi]
Arterie (f)	artéria (f)	[ar'tɛrja]
Vene (f)	veia (f)	['veja]
Gehirn (n)	cérebro (m)	['sɛrebru]
Nerv (m)	nervo (m)	['nervu]
Nerven (pl)	nervos (m pl)	['nervus]
Wirbel (m)	vértebra (f)	['vɛrtebra]
Wirbelsäule (f)	coluna (f) vertebral	[ko'luna verte'braw]
Magen (m)	estômago (m)	[is'tomagu]
Gedärm (n)	intestinos (m pl)	[ĩtes'tʃinus]
Darm (z.B. Dickdarm)	intestino (m)	[ĩtes'tʃinu]
Leber (f)	fígado (m)	['figadu]
Niere (f)	rim (m)	[hĩ]
Knochen (m)	osso (m)	['osu]
Skelett (n)	esqueleto (m)	[iske'letu]
Rippe (f)	costela (f)	[kos'tɛla]
Schädel (m)	crânio (m)	['kranju]
Muskel (m)	músculo (m)	['muskulu]
Bizeps (m)	bíceps (m)	['biseps]
Trizeps (m)	tríceps (m)	['triseps]
Sehne (f)	tendão (m)	[tẽ'dãw]
Gelenk (n)	articulação (f)	[artʃikula'sãw]

Lungen (pl)	pulmões (m pl)	[puw'mãws]
Geschlechtsorgane (pl)	órgãos (m pl) genitais	['ɔrgãws ʒeni'tajs]
Haut (f)	pele (f)	['pɛli]

31. Kopf

Kopf (m)	cabeça (f)	[ka'besa]
Gesicht (n)	rosto, cara (f)	['hostu], ['kara]
Nase (f)	nariz (m)	[na'riz]
Mund (m)	boca (f)	['boka]

Auge (n)	olho (m)	['oʎu]
Augen (pl)	olhos (m pl)	['oʎus]
Pupille (f)	pupila (f)	[pu'pila]
Augenbraue (f)	sobrancelha (f)	[sobrã'seʎa]
Wimper (f)	cílio (f)	['silju]
Augenlid (n)	pálpebra (f)	['pawpebra]

Zunge (f)	língua (f)	['lĩgwa]
Zahn (m)	dente (m)	['dẽtʃi]
Lippen (pl)	lábios (m pl)	['labjus]
Backenknochen (pl)	maçãs (f pl) do rosto	[ma'sãs du 'hostu]
Zahnfleisch (n)	gengiva (f)	[ʒẽ'ʒiva]
Gaumen (m)	palato (m)	[pa'latu]

Nasenlöcher (pl)	narinas (f pl)	[na'rinas]
Kinn (n)	queixo (m)	['kejʃu]
Kiefer (m)	mandíbula (f)	[mã'dʒibula]
Wange (f)	bochecha (f)	[bo'ʃeʃa]

Stirn (f)	testa (f)	['tɛsta]
Schläfe (f)	têmpora (f)	['tẽpora]
Ohr (n)	orelha (f)	[o'reʎa]
Nacken (m)	costas (f pl) da cabeça	['kɔstas da ka'besa]
Hals (m)	pescoço (m)	[pes'kosu]
Kehle (f)	garganta (f)	[gar'gãta]

Haare (pl)	cabelo (m)	[ka'belu]
Frisur (f)	penteado (m)	[pẽ'tʃjadu]
Haarschnitt (m)	corte (m) de cabelo	['kɔrtʃi de ka'belu]
Perücke (f)	peruca (f)	[pe'ruka]

Schnurrbart (m)	bigode (m)	[bi'gɔdʒi]
Bart (m)	barba (f)	['barba]
haben (einen Bart ~)	ter (vt)	[ter]
Zopf (m)	trança (f)	['trãsa]
Backenbart (m)	suíças (f pl)	['swisas]

rothaarig	ruivo	['hwivu]
grau	grisalho	[gri'zaʎu]
kahl	careca	[ka'rɛka]
Glatze (f)	calva (f)	['kawvu]
Pferdeschwanz (m)	rabo-de-cavalo (m)	['habu-de-ka'valu]
Pony (Ponyfrisur)	franja (f)	['frãʒa]

32. Menschlicher Körper

| Hand (f) | mão (f) | [mãw] |
| Arm (m) | braço (m) | ['brasu] |

Finger (m)	dedo (m)	['dedu]
Zehe (f)	dedo (m) do pé	['dedu du pɛ]
Daumen (m)	polegar (m)	[pole'gar]
kleiner Finger (m)	dedo (m) mindinho	['dedu mĩ'dʒiɲu]
Nagel (m)	unha (f)	['uɲa]

Faust (f)	punho (m)	['puɲu]
Handfläche (f)	palma (f)	['pawma]
Handgelenk (n)	pulso (m)	['puwsu]
Unterarm (m)	antebraço (m)	[ãtʃi'brasu]
Ellbogen (m)	cotovelo (m)	[koto'velu]
Schulter (f)	ombro (m)	['õbru]

Bein (n)	perna (f)	['pɛrna]
Fuß (m)	pé (m)	[pɛ]
Knie (n)	joelho (m)	[ʒo'eʎu]
Wade (f)	panturrilha (f)	[pãtu'hiʎa]
Hüfte (f)	quadril (m)	[kwa'driw]
Ferse (f)	calcanhar (m)	[kawka'ɲar]

Körper (m)	corpo (m)	['korpu]
Bauch (m)	barriga (f), ventre (m)	[ba'higa], ['vẽtri]
Brust (f)	peito (m)	['pejtu]
Busen (m)	seio (m)	['seju]
Seite (f), Flanke (f)	lado (m)	['ladu]
Rücken (m)	costas (f pl)	['kɔstas]
Kreuz (n)	região (f) lombar	[he'ʒjãw lõ'bar]
Taille (f)	cintura (f)	[sĩ'tura]

Nabel (m)	umbigo (m)	[ũ'bigu]
Gesäßbacken (pl)	nádegas (f pl)	['nadegas]
Hinterteil (n)	traseiro (m)	[tra'zejru]

Leberfleck (m)	sinal (m), pinta (f)	[si'naw], ['pĩta]
Muttermal (n)	sinal (m) de nascença	[si'naw de na'sẽsa]
Tätowierung (f)	tatuagem (f)	[ta'twaʒẽ]
Narbe (f)	cicatriz (f)	[sika'triz]

Kleidung & Accessoires

33. Oberbekleidung. Mäntel

Kleidung (f)	roupa (f)	['hopa]
Oberkleidung (f)	roupa (f) exterior	['hopa iste'rjor]
Winterkleidung (f)	roupa (f) de inverno	['hopa de ĩ'vɛrnu]

Mantel (m)	sobretudo (m)	[sobri'tudu]
Pelzmantel (m)	casaco (m) de pele	[kaz'aku de 'pɛli]
Pelzjacke (f)	jaqueta (f) de pele	[ʒa'keta de 'pɛli]
Daunenjacke (f)	casaco (m) acolchoado	[ka'zaku akow'ʃwadu]

Jacke (z.B. Lederjacke)	casaco (m), jaqueta (f)	[kaz'aku], [ʒa'keta]
Regenmantel (m)	impermeável (m)	[ĩper'mjavew]
wasserdicht	a prova d'água	[a 'prɔva 'dagwa]

34. Herren- & Damenbekleidung

Hemd (n)	camisa (f)	[ka'miza]
Hose (f)	calça (f)	['kawsa]
Jeans (pl)	jeans (m)	['dʒins]
Jackett (n)	paletó, terno (m)	[pale'tɔ], ['tɛrnu]
Anzug (m)	terno (m)	['tɛrnu]

Damenkleid (n)	vestido (m)	[ves'tʃidu]
Rock (m)	saia (f)	['saja]
Bluse (f)	blusa (f)	['bluza]
Strickjacke (f)	casaco (m) de malha	[ka'zaku de 'maʎa]
Jacke (Damen Kostüm)	casaco, blazer (m)	[ka'zaku], ['blejzer]

T-Shirt (n)	camiseta (f)	[kami'zɛta]
Shorts (pl)	short (m)	['ʃortʃi]
Sportanzug (m)	training (m)	['trejnĩŋ]
Bademantel (m)	roupão (m) de banho	[ho'pãw de 'baɲu]
Schlafanzug (m)	pijama (m)	[pi'ʒama]

| Sweater (m) | suéter (m) | ['swɛter] |
| Pullover (m) | pulôver (m) | [pu'lover] |

Weste (f)	colete (m)	[ko'letʃi]
Frack (m)	fraque (m)	['fraki]
Smoking (m)	smoking (m)	[iz'mokĩs]

Uniform (f)	uniforme (m)	[uni'fɔrmi]
Arbeitskleidung (f)	roupa (f) de trabalho	['hopa de tra'baʎu]
Overall (m)	macacão (m)	[maka'kãws]
Kittel (z.B. Arztkittel)	jaleco (m), bata (f)	[ʒa'lɛku], ['bata]

35. Kleidung. Unterwäsche

Unterwäsche (f)	roupa (f) íntima	['hopa 'ĩtʃima]
Herrenslip (m)	cueca boxer (f)	['kwɛka 'bɔkser]
Damenslip (m)	calcinha (f)	[kaw'siɲa]
Unterhemd (n)	camiseta (f)	[kami'zɛta]
Socken (pl)	meias (f pl)	['mejas]
Nachthemd (n)	camisola (f)	[kami'zɔla]
Büstenhalter (m)	sutiã (m)	[su'tʃjã]
Kniestrümpfe (pl)	meias longas (f pl)	['mejas 'lõgas]
Strumpfhose (f)	meias-calças (f pl)	['mejas 'kalsas]
Strümpfe (pl)	meias (f pl)	['mejas]
Badeanzug (m)	maiô (m)	[ma'jo]

36. Kopfbekleidung

Mütze (f)	chapéu (m), touca (f)	[ʃa'pɛw], ['toka]
Filzhut (m)	chapéu (m) de feltro	[ʃa'pɛw de 'fewtru]
Baseballkappe (f)	boné (m) de beisebol	[bo'nɛ de bejsi'bɔw]
Schiebermütze (f)	boina (f)	['bojna]
Baskenmütze (f)	boina (f) francesa	['bojna frã'seza]
Kapuze (f)	capuz (m)	[ka'puz]
Panamahut (m)	chapéu panamá (m)	[ʃa'pɛw pana'ma]
Strickmütze (f)	touca (f)	['toka]
Kopftuch (n)	lenço (m)	['lẽsu]
Damenhut (m)	chapéu (m) feminino	[ʃa'pɛw femi'ninu]
Schutzhelm (m)	capacete (m)	[kapa'setʃi]
Feldmütze (f)	bibico (m)	[bi'biko]
Helm (z.B. Motorradhelm)	capacete (m)	[kapa'setʃi]
Melone (f)	chapéu-coco (m)	[ʃa'pɛw 'koku]
Zylinder (m)	cartola (f)	[kar'tɔla]

37. Schuhwerk

Schuhe (pl)	calçado (m)	[kaw'sadu]
Stiefeletten (pl)	botinas (f pl), sapatos (m pl)	[bo'tʃinas], [sapa'tõjs]
Halbschuhe (pl)	sapatos (m pl)	[sa'patus]
Stiefel (pl)	botas (f pl)	['bɔtas]
Hausschuhe (pl)	pantufas (f pl)	[pã'tufas]
Tennisschuhe (pl)	tênis (m pl)	['tenis]
Leinenschuhe (pl)	tênis (m pl)	['tenis]
Sandalen (pl)	sandálias (f pl)	[sã'dalias]
Schuster (m)	sapateiro (m)	[sapa'tejru]
Absatz (m)	salto (m)	['sawtu]

Paar (n)	par (m)	[par]
Schnürsenkel (m)	cadarço (m)	[ka'darsu]
schnüren (vt)	amarrar os cadarços	[ama'har us ka'darsus]
Schuhlöffel (m)	calçadeira (f)	[kawsa'dejra]
Schuhcreme (f)	graxa (f) para calçado	['graʃa 'para kaw'sadu]

38. Textilien. Stoffe

Baumwolle (f)	algodão (m)	[awgo'dãw]
Baumwolle-	de algodão	[de awgo'dãw]
Leinen (m)	linho (m)	['liɲu]
Leinen-	de linho	[de 'liɲu]

Seide (f)	seda (f)	['seda]
Seiden-	de seda	[de 'seda]
Wolle (f)	lã (f)	[lã]
Woll-	de lã	[de lã]

Samt (m)	veludo (m)	[ve'ludu]
Wildleder (n)	camurça (f)	[ka'mursa]
Cord (m)	veludo (m) cotelê	[ve'ludu kɔte'le]

Nylon (n)	nylon (m)	['najlɔn]
Nylon-	de nylon	[de 'najlɔn]
Polyester (m)	poliéster (m)	[po'ljɛster]
Polyester-	de poliéster	[de po'ljɛster]

Leder (n)	couro (m)	['koru]
Leder-	de couro	[de 'koru]
Pelz (m)	pele (f)	['pɛli]
Pelz-	de pele	[de 'pɛli]

39. Persönliche Accessoires

Handschuhe (pl)	luva (f)	['luva]
Fausthandschuhe (pl)	mitenes (f pl)	[mi'tɛnes]
Schal (Kaschmir-)	cachecol (m)	[kaʃe'kɔw]

Brille (f)	óculos (m pl)	['ɔkulus]
Brillengestell (n)	armação (f)	[arma'sãw]
Regenschirm (m)	guarda-chuva (m)	['gwarda 'ʃuva]
Spazierstock (m)	bengala (f)	[bẽ'gala]
Haarbürste (f)	escova (f) para o cabelo	[is'kova 'para u ka'belu]
Fächer (m)	leque (m)	['lɛki]

Krawatte (f)	gravata (f)	[gra'vata]
Fliege (f)	gravata-borboleta (f)	[gra'vata borbo'leta]
Hosenträger (pl)	suspensórios (m pl)	[suspẽ'sɔrjus]
Taschentuch (n)	lenço (m)	['lẽsu]

Kamm (m)	pente (m)	['pẽtʃi]
Haarspange (f)	fivela (f) para cabelo	[fi'vɛla 'para ka'belu]

Haarnadel (f)	grampo (m)	['grãpu]
Schnalle (f)	fivela (f)	[fi'vɛla]
Gürtel (m)	cinto (m)	['sĩtu]
Umhängegurt (m)	alça (f) de ombro	['awsa de 'õbru]
Tasche (f)	bolsa (f)	['bowsa]
Handtasche (f)	bolsa, carteira (f)	['bowsa], [kar'tejra]
Rucksack (m)	mochila (f)	[mo'ʃila]

40. Kleidung. Verschiedenes

Mode (f)	moda (f)	['mɔda]
modisch	na moda	[na 'mɔda]
Modedesigner (m)	estilista (m)	[istʃi'lista]
Kragen (m)	colarinho (m)	[kola'riɲu]
Tasche (f)	bolso (m)	['bowsu]
Taschen-	de bolso	[de 'bowsu]
Ärmel (m)	manga (f)	['mãga]
Aufhänger (m)	ganchinho (m)	[gã'ʃiɲu]
Hosenschlitz (m)	bragueta (f)	[bra'gwetʃi]
Reißverschluss (m)	zíper (m)	['ziper]
Verschluss (m)	colchete (m)	[kow'ʃetʃi]
Knopf (m)	botão (m)	[bo'tãw]
Knopfloch (n)	botoeira (f)	[bo'twejra]
abgehen (Knopf usw.)	soltar-se (vr)	[sow'tarsi]
nähen (vi, vt)	costurar (vi)	[kostu'rar]
sticken (vt)	bordar (vt)	[bor'dar]
Stickerei (f)	bordado (m)	[bor'dadu]
Nadel (f)	agulha (f)	[a'guʎa]
Faden (m)	fio, linha (f)	['fiu], ['liɲa]
Naht (f)	costura (f)	[kos'tura]
sich beschmutzen	sujar-se (vr)	[su'ʒarsi]
Fleck (m)	mancha (f)	['mãʃa]
sich knittern	amarrotar-se (vr)	[amaho'tarse]
zerreißen (vt)	rasgar (vt)	[haz'gar]
Motte (f)	traça (f)	['trasa]

41. Kosmetikartikel. Kosmetik

Zahnpasta (f)	pasta (f) de dente	['pasta de 'dẽtʃi]
Zahnbürste (f)	escova (f) de dente	[is'kova de 'dẽtʃi]
Zähne putzen	escovar os dentes	[isko'var us 'dẽtʃis]
Rasierer (m)	gilete (f)	[ʒi'lɛtʃi]
Rasiercreme (f)	creme (m) de barbear	['krɛmi de bar'bjar]
sich rasieren	barbear-se (vr)	[bar'bjarsi]
Seife (f)	sabonete (m)	[sabo'netʃi]

Shampoo (n)	xampu (m)	[ʃã'pu]
Schere (f)	tesoura (f)	[te'zora]
Nagelfeile (f)	lixa (f) de unhas	['liʃa de 'uɲas]
Nagelzange (f)	corta-unhas (m)	['kɔrta 'uɲas]
Pinzette (f)	pinça (f)	['pĩsa]

Kosmetik (f)	cosméticos (m pl)	[koz'mɛtʃikus]
Gesichtsmaske (f)	máscara (f)	['maskara]
Maniküre (f)	manicure (f)	[mani'kuri]
Maniküre machen	fazer as unhas	[fa'zer as 'uɲas]
Pediküre (f)	pedicure (f)	[pedi'kure]

Kosmetiktasche (f)	bolsa (f) de maquiagem	['bowsa de ma'kjaʒẽ]
Puder (m)	pó (m)	[pɔ]
Puderdose (f)	pó (m) compacto	[pɔ kõ'paktu]
Rouge (n)	blush (m)	[blaʃ]

Parfüm (n)	perfume (m)	[per'fumi]
Duftwasser (n)	água-de-colônia (f)	['agwa de ko'lonja]
Lotion (f)	loção (f)	[lo'sãw]
Kölnischwasser (n)	colônia (f)	[ko'lonja]

Lidschatten (m)	sombra (f) de olhos	['sõbra de 'oʎus]
Kajalstift (m)	delineador (m)	[delinja'dor]
Wimperntusche (f)	máscara (f), rímel (m)	['maskara], ['himew]

Lippenstift (m)	batom (m)	['batõ]
Nagellack (m)	esmalte (m)	[iz'mawtʃi]
Haarlack (m)	laquê (m), spray fixador (m)	[la'ke], [is'prej fiksa'dor]
Deodorant (n)	desodorante (m)	[dʒizodo'rãtʃi]

Creme (f)	creme (m)	['krɛmi]
Gesichtscreme (f)	creme (m) de rosto	['krɛmi de 'hostu]
Handcreme (f)	creme (m) de mãos	['krɛmi de 'mãws]
Anti-Falten-Creme (f)	creme (m) antirrugas	['krɛmi ãtʃi'hugas]
Tagescreme (f)	creme (m) de dia	['krɛmi de 'dʒia]
Nachtcreme (f)	creme (m) de noite	['krɛmi de 'nojtʃi]
Tages-	de dia	[de 'dʒia]
Nacht-	da noite	[da 'nojtʃi]

Tampon (m)	absorvente (m) interno	[absor'vẽtʃi ĩ'tɛrnu]
Toilettenpapier (n)	papel (m) higiênico	[pa'pɛw i'ʒjeniku]
Föhn (m)	secador (m) de cabelo	[seka'dor de ka'belu]

42. Schmuck

Schmuck (m)	joias (f pl)	['ʒɔjas]
Edel- (stein)	precioso	[pre'sjozu]
Repunze (f)	marca (f) de contraste	['marka de kõ'trastʃi]

Ring (m)	anel (m)	[a'nɛw]
Ehering (m)	aliança (f)	[a'ljãsa]
Armband (n)	pulseira (f)	[puw'sejra]
Ohrringe (pl)	brincos (m pl)	['brĩkus]

Kette (f)	colar (m)	[ko'lar]
Krone (f)	coroa (f)	[ko'roa]
Halskette (f)	colar (m) de contas	[ko'lar de 'kõtas]

Brillant (m)	diamante (m)	[dʒja'mãtʃi]
Smaragd (m)	esmeralda (f)	[izme'rawda]
Rubin (m)	rubi (m)	[hu'bi]
Saphir (m)	safira (f)	[sa'fira]
Perle (f)	pérola (f)	['pɛrola]
Bernstein (m)	âmbar (m)	[ãbar]

43. Armbanduhren Uhren

Armbanduhr (f)	relógio (m) de pulso	[he'lɔʒu de 'puwsu]
Zifferblatt (n)	mostrador (m)	[mostra'dor]
Zeiger (m)	ponteiro (m)	[põ'tejru]
Metallarmband (n)	bracelete (f) em aço	[brase'letʃi ẽ 'asu]
Uhrenarmband (n)	bracelete (f) em couro	[brase'letʃi ẽ 'koru]

Batterie (f)	pilha (f)	['piʎa]
verbraucht sein	acabar (vi)	[aka'bar]
die Batterie wechseln	trocar a pilha	[tro'kar a 'piʎa]
vorgehen (vi)	estar adiantado	[is'tar adʒjã'tadu]
nachgehen (vi)	estar atrasado	[is'tar atra'zadu]

Wanduhr (f)	relógio (m) de parede	[he'lɔʒu de pa'redʒi]
Sanduhr (f)	ampulheta (f)	[ãpu'ʎeta]
Sonnenuhr (f)	relógio (m) de sol	[he'lɔʒu de sɔw]
Wecker (m)	despertador (m)	[dʒisperta'dor]
Uhrmacher (m)	relojoeiro (m)	[helo'ʒwejru]
reparieren (vt)	reparar (vt)	[hepa'rar]

Essen. Ernährung

44. Essen

Fleisch (n)	carne (f)	['karni]
Hühnerfleisch (n)	galinha (f)	[ga'liɲa]
Küken (n)	frango (m)	['frãgu]
Ente (f)	pato (m)	['patu]
Gans (f)	ganso (m)	['gãsu]
Wild (n)	caça (f)	['kasa]
Pute (f)	peru (m)	[pe'ru]
Schweinefleisch (n)	carne (f) de porco	['karni de 'porku]
Kalbfleisch (n)	carne (f) de vitela	['karni de vi'tɛla]
Hammelfleisch (n)	carne (f) de carneiro	['karni de kar'nejru]
Rindfleisch (n)	carne (f) de vaca	['karni de 'vaka]
Kaninchenfleisch (n)	carne (f) de coelho	['karni de ko'eʎu]
Wurst (f)	linguiça (f), salsichão (m)	[lĩ'gwisa], [sawsi'ʃãw]
Würstchen (n)	salsicha (f)	[saw'siʃa]
Schinkenspeck (m)	bacon (m)	['bejkõ]
Schinken (m)	presunto (m)	[pre'zũtu]
Räucherschinken (m)	pernil (m) de porco	[per'niw de 'porku]
Pastete (f)	patê (m)	[pa'te]
Leber (f)	fígado (m)	['figadu]
Hackfleisch (n)	guisado (m)	[gi'zadu]
Zunge (f)	língua (f)	['lĩgwa]
Ei (n)	ovo (m)	['ovu]
Eier (pl)	ovos (m pl)	['ɔvus]
Eiweiß (n)	clara (f) de ovo	['klara de 'ovu]
Eigelb (n)	gema (f) de ovo	['ʒɛma de 'ovu]
Fisch (m)	peixe (m)	['pejʃi]
Meeresfrüchte (pl)	mariscos (m pl)	[ma'riskus]
Krebstiere (pl)	crustáceos (m pl)	[krus'tasjus]
Kaviar (m)	caviar (m)	[ka'vjar]
Krabbe (f)	caranguejo (m)	[karã'geʒu]
Garnele (f)	camarão (m)	[kama'rãw]
Auster (f)	ostra (f)	['ostra]
Languste (f)	lagosta (f)	[la'gosta]
Krake (m)	polvo (m)	['powvu]
Kalmar (m)	lula (f)	['lula]
Störfleisch (n)	esturjão (m)	[istur'ʒãw]
Lachs (m)	salmão (m)	[saw'mãw]
Heilbutt (m)	halibute (m)	[ali'butʃi]
Dorsch (m)	bacalhau (m)	[baka'ʎaw]

Makrele (f)	cavala, sarda (f)	[ka'vala], ['sarda]
Tunfisch (m)	atum (m)	[a'tũ]
Aal (m)	enguia (f)	[ẽ'gia]

Forelle (f)	truta (f)	['truta]
Sardine (f)	sardinha (f)	[sar'dʒiɲa]
Hecht (m)	lúcio (m)	['lusju]
Hering (m)	arenque (m)	[a'rẽki]

Brot (n)	pão (m)	[pãw]
Käse (m)	queijo (m)	['kejʒu]
Zucker (m)	açúcar (m)	[a'sukar]
Salz (n)	sal (m)	[saw]

Reis (m)	arroz (m)	[a'hoz]
Teigwaren (pl)	massas (f pl)	['masas]
Nudeln (pl)	talharim, miojo (m)	[taʎa'rĩ], [mi'oʒu]

Butter (f)	manteiga (f)	[mã'tejga]
Pflanzenöl (n)	óleo (m) vegetal	['ɔlju veʒe'taw]
Sonnenblumenöl (n)	óleo (m) de girassol	['ɔlju de ʒira'sɔw]
Margarine (f)	margarina (f)	[marga'rina]

| Oliven (pl) | azeitonas (f pl) | [azej'tɔnas] |
| Olivenöl (n) | azeite (m) | [a'zejtʃi] |

Milch (f)	leite (m)	['lejtʃi]
Kondensmilch (f)	leite (m) condensado	['lejtʃi kõdẽ'sadu]
Joghurt (m)	iogurte (m)	[jo'gurtʃi]
saure Sahne (f)	creme azedo (m)	['krɛmi a'zedu]
Sahne (f)	creme (m) de leite	['krɛmi de 'lejtʃi]

| Mayonnaise (f) | maionese (f) | [majo'nɛzi] |
| Buttercreme (f) | creme (m) | ['krɛmi] |

Grütze (f)	grãos (m pl) de cereais	['grãws de se'rjajs]
Mehl (n)	farinha (f)	[fa'riɲa]
Konserven (pl)	enlatados (m pl)	[ẽla'tadus]

Maisflocken (pl)	flocos (m pl) de milho	['flɔkus de 'miʎu]
Honig (m)	mel (m)	[mɛw]
Marmelade (f)	geleia (f)	[ʒe'lɛja]
Kaugummi (m, n)	chiclete (m)	[ʃi'klɛtʃi]

45. Getränke

Wasser (n)	água (f)	['agwa]
Trinkwasser (n)	água (f) potável	['agwa pu'tavɛw]
Mineralwasser (n)	água (f) mineral	['agwa mine'raw]

still	sem gás	[sẽ gajs]
mit Kohlensäure	gaseificada	[gazejfi'kadu]
mit Gas	com gás	[kõ gajs]
Eis (n)	gelo (m)	['ʒelu]

mit Eis	com gelo	[kõ 'ʒelu]
alkoholfrei (Adj)	não alcoólico	[nãw aw'kɔliku]
alkoholfreies Getränk (n)	refrigerante (m)	[hefriʒe'rãtʃi]
Erfrischungsgetränk (n)	refresco (m)	[he'fresku]
Limonade (f)	limonada (f)	[limo'nada]
Spirituosen (pl)	bebidas (f pl) alcoólicas	[be'bidas aw'kɔlikas]
Wein (m)	vinho (m)	['viɲu]
Weißwein (m)	vinho (m) branco	['viɲu 'brãku]
Rotwein (m)	vinho (m) tinto	['viɲu 'tʃĩtu]
Likör (m)	licor (m)	[li'kor]
Champagner (m)	champanhe (m)	[ʃã'paɲi]
Wermut (m)	vermute (m)	[ver'mutʃi]
Whisky (m)	uísque (m)	['wiski]
Wodka (m)	vodca (f)	['vɔdʒka]
Gin (m)	gim (m)	[ʒĩ]
Kognak (m)	conhaque (m)	[ko'ɲaki]
Rum (m)	rum (m)	[hũ]
Kaffee (m)	café (m)	[ka'fɛ]
schwarzer Kaffee (m)	café (m) preto	[ka'fɛ 'pretu]
Milchkaffee (m)	café (m) com leite	[ka'fɛ kõ 'lejtʃi]
Cappuccino (m)	cappuccino (m)	[kapu'tʃinu]
Pulverkaffee (m)	café (m) solúvel	[ka'fɛ so'luvew]
Milch (f)	leite (m)	['lejtʃi]
Cocktail (m)	coquetel (m)	[koke'tɛw]
Milchcocktail (m)	batida (f), milkshake (m)	[ba'tʃida], ['milkʃejk]
Saft (m)	suco (m)	['suku]
Tomatensaft (m)	suco (m) de tomate	['suku de to'matʃi]
Orangensaft (m)	suco (m) de laranja	['suku de la'rãʒa]
frisch gepresster Saft (m)	suco (m) fresco	['suku 'fresku]
Bier (n)	cerveja (f)	[ser'veʒa]
Helles (n)	cerveja (f) clara	[ser'veʒa 'klara]
Dunkelbier (n)	cerveja (f) preta	[ser'veʒa 'preta]
Tee (m)	chá (m)	[ʃa]
schwarzer Tee (m)	chá (m) preto	[ʃa 'pretu]
grüner Tee (m)	chá (m) verde	[ʃa 'verdʒi]

46. Gemüse

Gemüse (n)	vegetais (m pl)	[veʒe'tajs]
grünes Gemüse (pl)	verdura (f)	[ver'dura]
Tomate (f)	tomate (m)	[to'matʃi]
Gurke (f)	pepino (m)	[pe'pinu]
Karotte (f)	cenoura (f)	[se'nora]
Kartoffel (f)	batata (f)	[ba'tata]
Zwiebel (f)	cebola (f)	[se'bola]

Knoblauch (m)	alho (m)	['aʎu]
Kohl (m)	couve (f)	['kovi]
Blumenkohl (m)	couve-flor (f)	['kovi 'flɔr]
Rosenkohl (m)	couve-de-bruxelas (f)	['kovi de bru'ʃelas]
Brokkoli (m)	brócolis (m pl)	['brɔkolis]

Rote Bete (f)	beterraba (f)	[bete'haba]
Aubergine (f)	berinjela (f)	[beri̇̃'ʒɛla]
Zucchini (f)	abobrinha (f)	[abo'briɲa]
Kürbis (m)	abóbora (f)	[a'bɔbora]
Rübe (f)	nabo (m)	['nabu]

Petersilie (f)	salsa (f)	['sawsa]
Dill (m)	endro, aneto (m)	['ẽdru], [a'netu]
Kopf Salat (m)	alface (f)	[aw'fasi]
Sellerie (m)	aipo (m)	['ajpu]
Spargel (m)	aspargo (m)	[as'pargu]
Spinat (m)	espinafre (m)	[ispi'nafri]

Erbse (f)	ervilha (f)	[er'viʎa]
Bohnen (pl)	feijão (m)	[fej'ʒãw]
Mais (m)	milho (m)	['miʎu]
weiße Bohne (f)	feijão (m) roxo	[fej'ʒãw 'hoʃu]

Paprika (m)	pimentão (m)	[pimẽ'tãw]
Radieschen (n)	rabanete (m)	[haba'netʃi]
Artischocke (f)	alcachofra (f)	[awka'ʃofra]

47. Obst. Nüsse

Frucht (f)	fruta (f)	['fruta]
Apfel (m)	maçã (f)	[ma'sã]
Birne (f)	pera (f)	['pera]
Zitrone (f)	limão (m)	[li'mãw]
Apfelsine (f)	laranja (f)	[la'rãʒa]
Erdbeere (f)	morango (m)	[mo'rãgu]

Mandarine (f)	tangerina (f)	[tãʒe'rina]
Pflaume (f)	ameixa (f)	[a'mejʃa]
Pfirsich (m)	pêssego (m)	['pesegu]
Aprikose (f)	damasco (m)	[da'masku]
Himbeere (f)	framboesa (f)	[frãbo'eza]
Ananas (f)	abacaxi (m)	[abaka'ʃi]

Banane (f)	banana (f)	[ba'nana]
Wassermelone (f)	melancia (f)	[melã'sia]
Weintrauben (pl)	uva (f)	['uva]
Sauerkirsche (f)	ginja (f)	['ʒĩʒa]
Süßkirsche (f)	cereja (f)	[se'reʒa]
Melone (f)	melão (m)	[me'lãw]

Grapefruit (f)	toranja (f)	[to'rãʒa]
Avocado (f)	abacate (m)	[aba'katʃi]
Papaya (f)	mamão (m)	[ma'mãw]

Mango (f)	manga (f)	['mãga]
Granatapfel (m)	romã (f)	['homa]

rote Johannisbeere (f)	groselha (f) vermelha	[[gro'zeʎa ver'meʎa]
schwarze Johannisbeere (f)	groselha (f) negra	[gro'zeʎa 'negra]
Stachelbeere (f)	groselha (f) espinhosa	[gro'zeʎa ispi'ɲoza]
Heidelbeere (f)	mirtilo (m)	[mih'tʃilu]
Brombeere (f)	amora (f) silvestre	[a'mɔra siw'vɛstri]

Rosinen (pl)	passa (f)	['pasa]
Feige (f)	figo (m)	['figu]
Dattel (f)	tâmara (f)	['tamara]

Erdnuss (f)	amendoim (m)	[amẽdo'ĩ]
Mandel (f)	amêndoa (f)	[a'mẽdwa]
Walnuss (f)	noz (f)	[nɔz]
Haselnuss (f)	avelã (f)	[ave'lã]
Kokosnuss (f)	coco (m)	['koku]
Pistazien (pl)	pistaches (m pl)	[pis'taʃis]

48. Brot. Süßigkeiten

Konditorwaren (pl)	pastelaria (f)	[pastela'ria]
Brot (n)	pão (m)	[pãw]
Keks (m, n)	biscoito (m), bolacha (f)	[bis'kojtu], [bo'laʃa]

Schokolade (f)	chocolate (m)	[ʃoko'latʃi]
Schokoladen-Bonbon (m, n)	de chocolate bala (f)	[de ʃoko'latʃi] ['bala]
Kuchen (m)	doce (m), bolo (m) pequeno	['dosi], ['bolu pe'kenu]
Torte (f)	bolo (m) de aniversário	['bolu de aniver'sarju]

Kuchen (Apfel-)	torta (f)	['tɔrta]
Füllung (f)	recheio (m)	[he'ʃeju]

Konfitüre (f)	geleia (m)	[ʒe'lɛja]
Marmelade (f)	marmelada (f)	[marme'lada]
Waffeln (pl)	wafers (m pl)	['wafers]
Eis (n)	sorvete (m)	[sor'vetʃi]
Pudding (m)	pudim (m)	[pu'dʒĩ]

49. Gerichte

Gericht (n)	prato (m)	['pratu]
Küche (f)	cozinha (f)	[ko'ziɲa]
Rezept (n)	receita (f)	[he'sejta]
Portion (f)	porção (f)	[por'sãw]

Salat (m)	salada (f)	[sa'lada]
Suppe (f)	sopa (f)	['sopa]
Brühe (f), Bouillon (f)	caldo (m)	['kawdu]
belegtes Brot (n)	sanduíche (m)	[sand'wiʃi]

Spiegelei (n)	ovos (m pl) fritos	['ɔvus 'fritus]
Hamburger (m)	hambúrguer (m)	[ã'burger]
Beefsteak (n)	bife (m)	['bifi]

Beilage (f)	acompanhamento (m)	[akõpaɲa'mẽtu]
Spaghetti (pl)	espaguete (m)	[ispa'geti]
Kartoffelpüree (n)	purê (m) de batata	[pu're de ba'tata]
Pizza (f)	pizza (f)	['pitsa]
Brei (m)	mingau (m)	[mĩ'gaw]
Omelett (n)	omelete (f)	[ome'letʃi]

gekocht	fervido	[fer'vidu]
geräuchert	defumado	[defu'madu]
gebraten	frito	['fritu]
getrocknet	seco	['seku]
tiefgekühlt	congelado	[kõʒe'ladu]
mariniert	em conserva	[ẽ kõ'serva]

süß	doce	['dosi]
salzig	salgado	[saw'gadu]
kalt	frio	['friu]
heiß	quente	['kẽtʃi]
bitter	amargo	[a'margu]
lecker	gostoso	[gos'tozu]

kochen (vt)	cozinhar em água fervente	[kozi'ɲar ẽ 'agwa fer'vẽtʃi]
zubereiten (vt)	preparar (vt)	[prepa'rar]
braten (vt)	fritar (vt)	[fri'tar]
aufwärmen (vt)	aquecer (vt)	[ake'ser]

salzen (vt)	salgar (vt)	[saw'gar]
pfeffern (vt)	apimentar (vt)	[apimẽ'tar]
reiben (vt)	ralar (vt)	[ha'lar]
Schale (f)	casca (f)	['kaska]
schälen (vt)	descascar (vt)	[dʒiskas'kar]

50. Gewürze

Salz (n)	sal (m)	[saw]
salzig (Adj)	salgado	[saw'gadu]
salzen (vt)	salgar (vt)	[saw'gar]

schwarzer Pfeffer (m)	pimenta-do-reino (f)	[pi'mẽta-du-hejnu]
roter Pfeffer (m)	pimenta (f) vermelha	[pi'mẽta ver'meʎa]
Senf (m)	mostarda (f)	[mos'tarda]
Meerrettich (m)	raiz-forte (f)	[ha'iz fɔrtʃi]

Gewürz (n)	condimento (m)	[kõdʒi'mẽtu]
Gewürz (n)	especiaria (f)	[ispesja'ria]
Soße (f)	molho (m)	['moʎu]
Essig (m)	vinagre (m)	[vi'nagri]

Anis (m)	anis (m)	[a'nis]
Basilikum (n)	manjericão (m)	[mãʒeri'kãw]

Nelke (f)	cravo (m)	['kravu]
Ingwer (m)	gengibre (m)	[ʒẽ'ʒibri]
Koriander (m)	coentro (m)	[ko'ẽtru]
Zimt (m)	canela (f)	[ka'nɛla]

Sesam (m)	gergelim (m)	[ʒerʒe'lĩ]
Lorbeerblatt (n)	folha (f) de louro	['foʎaʃ de 'loru]
Paprika (m)	páprica (f)	['paprika]
Kümmel (m)	cominho (m)	[ko'miɲu]
Safran (m)	açafrão (m)	[asa'frãw]

51. Mahlzeiten

| Essen (n) | comida (f) | [ko'mida] |
| essen (vi, vt) | comer (vt) | [ko'mer] |

Frühstück (n)	café (m) da manhã	[ka'fɛ da ma'ɲã]
frühstücken (vi)	tomar café da manhã	[to'mar ka'fɛ da ma'ɲã]
Mittagessen (n)	almoço (m)	[aw'mosu]
zu Mittag essen	almoçar (vi)	[awmo'sar]
Abendessen (n)	jantar (m)	[ʒã'tar]
zu Abend essen	jantar (vi)	[ʒã'tar]

| Appetit (m) | apetite (m) | [ape'tʃitʃi] |
| Guten Appetit! | Bom apetite! | [bõ ape'tʃitʃi] |

öffnen (vt)	abrir (vt)	[a'brir]
verschütten (vt)	derramar (vt)	[deha'mar]
verschüttet werden	derramar-se (vr)	[deha'marsi]

kochen (vi)	ferver (vi)	[fer'ver]
kochen (Wasser ~)	ferver (vt)	[fer'ver]
gekocht (Adj)	fervido	[fer'vidu]

| kühlen (vt) | esfriar (vt) | [is'frjar] |
| abkühlen (vi) | esfriar-se (vr) | [is'frjarse] |

| Geschmack (m) | sabor, gosto (m) | [sa'bor], ['gostu] |
| Beigeschmack (m) | fim (m) de boca | [fĩ de 'boka] |

auf Diät sein	emagrecer (vi)	[imagre'ser]
Diät (f)	dieta (f)	['dʒjɛta]
Vitamin (n)	vitamina (f)	[vita'mina]
Kalorie (f)	caloria (f)	[kalo'ria]

| Vegetarier (m) | vegetariano (m) | [veʒeta'rjanu] |
| vegetarisch (Adj) | vegetariano | [veʒeta'rjanu] |

Fett (n)	gorduras (f pl)	[gor'duras]
Protein (n)	proteínas (f pl)	[prote'inas]
Kohlenhydrat (n)	carboidratos (m pl)	[karboi'dratus]
Scheibchen (n)	fatia (f)	[fa'tʃia]
Stück (ein ~ Kuchen)	pedaço (m)	[pe'dasu]
Krümel (m)	migalha (f), farelo (m)	[mi'gaʎa], [fa'rɛlu]

52. Gedeck

Löffel (m)	colher (f)	[ko'ʎer]
Messer (n)	faca (f)	['faka]
Gabel (f)	garfo (m)	['garfu]

Tasse (eine ~ Tee)	xícara (f)	['ʃikara]
Teller (m)	prato (m)	['pratu]
Untertasse (f)	pires (m)	['piris]
Serviette (f)	guardanapo (m)	[gwarda'napu]
Zahnstocher (m)	palito (m)	[pa'litu]

53. Restaurant

Restaurant (n)	restaurante (m)	[hestaw'rätʃi]
Kaffeehaus (n)	cafeteria (f)	[kafete'ria]
Bar (f)	bar (m), cervejaria (f)	[bar], [serveʒa'ria]
Teesalon (m)	salão (m) de chá	[sa'lãw de ʃa]

Kellner (m)	garçom (m)	[gar'sõ]
Kellnerin (f)	garçonete (f)	[garso'netʃi]
Barmixer (m)	barman (m)	[bar'mã]

Speisekarte (f)	cardápio (m)	[kar'dapju]
Weinkarte (f)	lista (f) de vinhos	['lista de 'viɲus]
einen Tisch reservieren	reservar uma mesa	[hezer'var 'uma 'meza]

Gericht (n)	prato (m)	['pratu]
bestellen (vt)	pedir (vt)	[pe'dʒir]
eine Bestellung aufgeben	fazer o pedido	[fa'zer u pe'dʒidu]

Aperitif (m)	aperitivo (m)	[aperi'tʃivu]
Vorspeise (f)	entrada (f)	[ẽ'trada]
Nachtisch (m)	sobremesa (f)	[sobri'meza]

Rechnung (f)	conta (f)	['kõta]
Rechnung bezahlen	pagar a conta	[pa'gar a 'kõta]
das Wechselgeld geben	dar o troco	[dar u 'troku]
Trinkgeld (n)	gorjeta (f)	[gor'ʒeta]

Familie, Verwandte und Freunde

54. Persönliche Informationen. Formulare

Vorname (m)	nome (m)	['nɔmi]
Name (m)	sobrenome (m)	[sobri'nɔmi]
Geburtsdatum (n)	data (f) de nascimento	['data de nasi'mẽtu]
Geburtsort (m)	local (m) de nascimento	[lo'kaw de nasi'mẽtu]
Nationalität (f)	nacionalidade (f)	[nasjonali'dadʒi]
Wohnort (m)	lugar (m) de residência	[lu'gar de hezi'dẽsja]
Land (n)	país (m)	[pa'jis]
Beruf (m)	profissão (f)	[profi'sãw]
Geschlecht (n)	sexo (m)	['sɛksu]
Größe (f)	estatura (f)	[ista'tura]
Gewicht (n)	peso (m)	['pezu]

55. Familienmitglieder. Verwandte

Mutter (f)	mãe (f)	[mãj]
Vater (m)	pai (m)	[paj]
Sohn (m)	filho (m)	['fiʎu]
Tochter (f)	filha (f)	['fiʎa]
jüngste Tochter (f)	caçula (f)	[ka'sula]
jüngste Sohn (m)	caçula (m)	[ka'sula]
ältere Tochter (f)	filha (f) mais velha	['fiʎa majs 'vɛʎa]
älterer Sohn (m)	filho (m) mais velho	['fiʎu majs 'vɛʎu]
Bruder (m)	irmão (m)	[ir'mãw]
älterer Bruder (m)	irmão (m) mais velho	[ir'mãw majs 'vɛʎu]
jüngerer Bruder (m)	irmão (m) mais novo	[ir'mãw majs 'novu]
Schwester (f)	irmã (f)	[ir'mã]
ältere Schwester (f)	irmã (f) mais velha	[ir'mã majs 'vɛʎa]
jüngere Schwester (f)	irmã (f) mais nova	[ir'mã majs 'nɔva]
Cousin (m)	primo (m)	['primu]
Cousine (f)	prima (f)	['prima]
Mama (f)	mamãe (f)	[ma'mãj]
Papa (m)	papai (m)	[pa'paj]
Eltern (pl)	pais (pl)	['pajs]
Kind (n)	criança (f)	['krjãsa]
Kinder (pl)	crianças (f pl)	['krjãsas]
Großmutter (f)	avó (f)	[a'vɔ]
Großvater (m)	avô (m)	[a'vo]
Enkel (m)	neto (m)	['nɛtu]

Enkelin (f)	neta (f)	['nɛta]
Enkelkinder (pl)	netos (pl)	['nɛtus]

Onkel (m)	tio (m)	['tʃiu]
Tante (f)	tia (f)	['tʃia]
Neffe (m)	sobrinho (m)	[so'briɲu]
Nichte (f)	sobrinha (f)	[so'briɲa]

Schwiegermutter (f)	sogra (f)	['sɔgra]
Schwiegervater (m)	sogro (m)	['sogru]
Schwiegersohn (m)	genro (m)	['ʒẽhu]
Stiefmutter (f)	madrasta (f)	[ma'drasta]
Stiefvater (m)	padrasto (m)	[pa'drastu]

Säugling (m)	criança (f) de colo	['krjăsa de 'kɔlu]
Kleinkind (n)	bebê (m)	[be'be]
Kleine (m)	menino (m)	[me'ninu]

Frau (f)	mulher (f)	[mu'ʎer]
Mann (m)	marido (m)	[ma'ridu]
Ehemann (m)	esposo (m)	[is'pozu]
Gemahlin (f)	esposa (f)	[is'poza]

verheiratet (Ehemann)	casado	[ka'zadu]
verheiratet (Ehefrau)	casada	[ka'zada]
ledig	solteiro	[sow'tejru]
Junggeselle (m)	solteirão (m)	[sowtej'rãw]
geschieden (Adj)	divorciado	[dʒivor'sjadu]
Witwe (f)	viúva (f)	['vjuva]
Witwer (m)	viúvo (m)	['vjuvu]

Verwandte (m)	parente (m)	[pa'rẽtʃi]
naher Verwandter (m)	parente (m) próximo	[pa'rẽtʃi 'prɔsimu]
entfernter Verwandter (m)	parente (m) distante	[pa'rẽtʃi dʒis'tãtʃi]
Verwandte (pl)	parentes (m pl)	[pa'rẽtʃis]

Waisenjunge (m)	órfão (m)	['ɔrfãw]
Waisenmädchen (f)	órfã (f)	['ɔrfã]
Vormund (m)	tutor (m)	[tu'tor]
adoptieren (einen Jungen)	adotar (vt)	[ado'tar]
adoptieren (ein Mädchen)	adotar (vt)	[ado'tar]

56. Freunde. Arbeitskollegen

Freund (m)	amigo (m)	[a'migu]
Freundin (f)	amiga (f)	[a'miga]
Freundschaft (f)	amizade (f)	[ami'zadʒi]
befreundet sein	ser amigos	[ser a'migus]

Freund (m)	amigo (m)	[a'migu]
Freundin (f)	amiga (f)	[a'miga]
Partner (m)	parceiro (m)	[par'sejru]
Chef (m)	chefe (m)	['ʃefi]
Vorgesetzte (m)	superior (m)	[supe'rjor]

Besitzer (m)	proprietário (m)	[proprje'tarju]
Untergeordnete (m)	subordinado (m)	[subordʒi'nadu]
Kollege (m), Kollegin (f)	colega (m, f)	[ko'lɛga]

Bekannte (m)	conhecido (m)	[koɲe'sidu]
Reisegefährte (m)	companheiro (m) de viagem	[kõpa'ɲejru de 'vjaʒẽ]
Mitschüler (m)	colega (m) de classe	[ko'lɛga de 'klasi]

Nachbar (m)	vizinho (m)	[vi'ziɲu]
Nachbarin (f)	vizinha (f)	[vi'ziɲa]
Nachbarn (pl)	vizinhos (pl)	[vi'ziɲus]

57. Mann. Frau

Frau (f)	mulher (f)	[mu'ʎer]
Mädchen (n)	menina (f)	[me'nina]
Braut (f)	noiva (f)	['nojva]

schöne	bonita, bela	[bo'nita], ['bɛla]
große	alta	['awta]
schlanke	esbelta	[iz'bɛwta]
kleine (~ Frau)	baixa	['baɪʃa]

| Blondine (f) | loira (f) | ['lojra] |
| Brünette (f) | morena (f) | [mo'rena] |

Damen-	de senhora	[de se'ɲora]
Jungfrau (f)	virgem (f)	['virʒẽ]
schwangere	grávida	['gravida]

Mann (m)	homem (m)	['ɔmẽ]
Blonde (m)	loiro (m)	['lojru]
Brünette (m)	moreno (m)	[mo'renu]
hoch	alto	['awtu]
klein	baixo	['baɪʃu]

grob	rude	['hudʒi]
untersetzt	atarracado	[ataha'kadu]
robust	robusto	[ho'bustu]
stark	forte	['fortʃi]
Kraft (f)	força (f)	['forsa]

dick	gordo	['gordu]
dunkelhäutig	moreno	[mo'renu]
schlank	esbelto	[iz'bɛwtu]
elegant	elegante	[ele'gãtʃi]

58. Alter

Alter (n)	idade (f)	[i'dadʒi]
Jugend (f)	juventude (f)	[ʒuvẽ'tudʒi]
jung	jovem	['ʒɔvẽ]

jünger (~ als Sie)	mais novo	[majs 'novu]
älter (~ als ich)	mais velho	[majs 'vɛʎu]
Junge (m)	jovem (m)	['ʒɔvẽ]
Teenager (m)	adolescente (m)	[adole'sẽtʃi]
Bursche (m)	rapaz (m)	[ha'pajz]
Greis (m)	velho (m)	['vɛʎu]
alte Frau (f)	velha (f)	['vɛʎa]
Erwachsene (m)	adulto	[a'duwtu]
in mittleren Jahren	de meia-idade	[de meja i'dadʒi]
älterer (Adj)	idoso, de idade	[i'dozu], [de i'dade]
alt (Adj)	velho	['vɛʎu]
Ruhestand (m)	aposentadoria (f)	[apozẽtado'ria]
in Rente gehen	aposentar-se (vr)	[apozẽ'tarsi]
Rentner (m)	aposentado (m)	[apozẽ'tadu]

59. Kinder

Kind (n)	criança (f)	['krjãsa]
Kinder (pl)	crianças (f pl)	['krjãsas]
Zwillinge (pl)	gêmeos (m pl), gêmeas (f pl)	['ʒemjus], ['ʒemjas]
Wiege (f)	berço (m)	['bersu]
Rassel (f)	chocalho (m)	[ʃo'kaʎu]
Windel (f)	fralda (f)	['frawda]
Schnuller (m)	chupeta (f), bico (m)	[ʃu'peta], ['biku]
Kinderwagen (m)	carrinho (m) de bebê	[ka'hiɲu de be'be]
Kindergarten (m)	jardim (m) de infância	[ʒar'dʒĩ de ĩ'fãsja]
Kinderfrau (f)	babysitter, babá (f)	[bebi'sitter], [ba'ba]
Kindheit (f)	infância (f)	[ĩ'fãsja]
Puppe (f)	boneca (f)	[bo'nɛka]
Spielzeug (n)	brinquedo (m)	[brĩ'kedu]
Baukasten (m)	jogo (m) de montar	['ʒogu de mõ'tar]
wohlerzogen	bem-educado	[bẽj edu'kadu]
ungezogen	malcriado	[maw'krjadu]
verwöhnt	mimado	[mi'madu]
unartig sein	ser travesso	[ser tra'vɛsu]
unartig	travesso, traquinas	[tra'vɛsu], [tra'kinas]
Unart (f)	travessura (f)	[trave'sura]
Schelm (m)	criança (f) travessa	['krjãsa tra'vɛsa]
gehorsam	obediente	[obe'dʒẽtʃi]
ungehorsam	desobediente	[dʒizobe'dʒẽtʃi]
fügsam	dócil	['dɔsiw]
klug	inteligente	[ĩteli'ʒẽtʃi]
Wunderkind (n)	prodígio (m)	[pro'dʒiʒu]

60. Ehepaare. Familienleben

Deutsch	Portugiesisch	Aussprache
küssen (vt)	beijar (vt)	[bej'ʒar]
sich küssen	beijar-se (vr)	[bej'ʒarsi]
Familie (f)	família (f)	[fa'milja]
Familien-	familiar	[fami'ljar]
Paar (n)	casal (m)	[ka'zaw]
Ehe (f)	matrimônio (m)	[matri'monju]
Heim (n)	lar (m)	[lar]
Dynastie (f)	dinastia (f)	[dʒinas'tʃia]
Rendezvous (n)	encontro (m)	[ẽ'kõtru]
Kuss (m)	beijo (m)	['bejʒu]
Liebe (f)	amor (m)	[a'mor]
lieben (vt)	amar (vt)	[a'mar]
geliebt	amado, querido	[a'madu], [ke'ridu]
Zärtlichkeit (f)	ternura (f)	[ter'nura]
zärtlich	afetuoso	[afe'twozu]
Treue (f)	fidelidade (f)	[fideli'dadʒi]
treu (Adj)	fiel	[fjɛw]
Fürsorge (f)	cuidado (m)	[kwi'dadu]
sorgsam	carinhoso	[kari'ɲozu]
Frischvermählte (pl)	recém-casados (pl)	[he'sẽ-ka'zadus]
Flitterwochen (pl)	lua (f) de mel	['lua de mɛw]
heiraten (einen Mann ~)	casar-se (vr)	[ka'zarsi]
heiraten (ein Frau ~)	casar-se (vr)	[ka'zarsi]
Hochzeit (f)	casamento (m)	[kaza'mẽtu]
goldene Hochzeit (f)	bodas (f pl) de ouro	['bodas de 'oru]
Jahrestag (m)	aniversário (m)	[aniver'sarju]
Geliebte (m)	amante (m)	[a'mãtʃi]
Geliebte (f)	amante (f)	[a'mãtʃi]
Ehebruch (m)	adultério (m), traição (f)	[aduw'tɛrju], [traj'sãw]
Ehebruch begehen	cometer adultério	[kome'ter aduw'tɛrju]
eifersüchtig	ciumento	[sju'mẽtu]
eifersüchtig sein	ser ciumento, -a	[ser sju'mẽtu, -a]
Scheidung (f)	divórcio (m)	[dʒi'vorsju]
sich scheiden lassen	divorciar-se (vr)	[dʒivor'sjarsi]
streiten (vi)	brigar (vi)	[bri'gar]
sich versöhnen	fazer as pazes	[fa'zer as 'pajzis]
zusammen (Adv)	juntos	['ʒũtus]
Sex (m)	sexo (m)	['sɛksu]
Glück (n)	felicidade (f)	[felisi'dadʒi]
glücklich	feliz	[fe'liz]
Unglück (n)	infelicidade (f)	[ĩfelisi'dadʒi]
unglücklich	infeliz	[ĩfe'liz]

Charakter. Empfindungen. Gefühle

61. Empfindungen. Gefühle

Gefühl (n)	sentimento (m)	[sẽtʃi'mẽtu]
Gefühle (pl)	sentimentos (m pl)	[sẽtʃi'mẽtus]
fühlen (vt)	sentir (vt)	[sẽ'tʃir]
Hunger (m)	fome (f)	['fɔmi]
hungrig sein	ter fome	[ter 'fɔmi]
Durst (m)	sede (f)	['sedʒi]
Durst haben	ter sede	[ter 'sedʒi]
Schläfrigkeit (f)	sonolência (f)	[sono'lẽsja]
schlafen wollen	estar sonolento	[is'tar sono'lẽtu]
Müdigkeit (f)	cansaço (m)	[kã'sasu]
müde	cansado	[kã'sadu]
müde werden	ficar cansado	[fi'kar kã'sadu]
Laune (f)	humor (m)	[u'mor]
Langeweile (f)	tédio (m)	['tɛdʒju]
sich langweilen	entediar-se (vr)	[ẽte'dʒjarsi]
Zurückgezogenheit (n)	reclusão (f)	[heklu'zãw]
sich zurückziehen	isolar-se (vr)	[izo'larsi]
beunruhigen (vt)	preocupar (vt)	[preoku'par]
sorgen (vi)	estar preocupado	[is'tar preoku'padu]
Besorgnis (f)	preocupação (f)	[preokupa'sãw]
Angst (~ um …)	ansiedade (f)	[ãsje'dadʒi]
besorgt (Adj)	preocupado	[preoku'padu]
nervös sein	estar nervoso	[is'tar ner'vozu]
in Panik verfallen (vi)	entrar em pânico	[ẽ'trar ẽ 'paniku]
Hoffnung (f)	esperança (f)	[ispe'rãsa]
hoffen (vi)	esperar (vi, vt)	[ispe'rar]
Sicherheit (f)	certeza (f)	[ser'teza]
sicher	certo, seguro de …	['sɛrtu], [se'guru de]
Unsicherheit (f)	indecisão (f)	[ĩdesi'zãw]
unsicher	indeciso	[ĩde'sizu]
betrunken	bêbado	['bebadu]
nüchtern	sóbrio	['sɔbrju]
schwach	fraco	['fraku]
glücklich	feliz	[fe'liz]
erschrecken (vt)	assustar (vt)	[asus'tar]
Wut (f)	fúria (f)	['furja]
Rage (f)	ira, raiva (f)	['ira], ['hajva]
Depression (f)	depressão (f)	[depre'sãw]
Unbehagen (n)	desconforto (m)	[dʒiskõ'fortu]

Komfort (m)	conforto (m)	[kõ'fortu]
bedauern (vt)	arrepender-se (vr)	[ahepẽ'dersi]
Bedauern (n)	arrependimento (m)	[ahepẽdʒi'mẽtu]
Missgeschick (n)	azar (m), má sorte (f)	[a'zar], [ma 'sɔrtʃi]]
Kummer (m)	tristeza (f)	[tris'teza]

Scham (f)	vergonha (f)	[ver'goɲa]
Freude (f)	alegria (f)	[ale'gria]
Begeisterung (f)	entusiasmo (m)	[ẽtu'zjazmu]
Enthusiast (m)	entusiasta (m)	[ẽtu'zjasta]
Begeisterung zeigen	mostrar entusiasmo	[mos'trar ẽtu'zjazmu]

62. Charakter. Persönlichkeit

Charakter (m)	caráter (m)	[ka'rater]
Charakterfehler (m)	falha (f) de caráter	['faʎa de ka'rater]
Verstand (m)	mente (f)	['mẽtʃi]
Vernunft (f)	razão (f)	[ha'zãw]

Gewissen (n)	consciência (f)	[kõ'sjẽsja]
Gewohnheit (f)	hábito, costume (m)	['abitu], [kos'tumi]
Fähigkeit (f)	habilidade (f)	[abili'dadʒi]
können (v mod)	saber (vi)	[sa'ber]

geduldig	paciente	[pa'sjẽtʃi]
ungeduldig	impaciente	[ĩpa'sjẽtʃi]
neugierig	curioso	[ku'rjozu]
Neugier (f)	curiosidade (f)	[kurjozi'dadʒi]

Bescheidenheit (f)	modéstia (f)	[mo'dɛstu]
bescheiden	modesto	[mo'dɛstu]
unbescheiden	imodesto	[imo'dɛstu]

Faulheit (f)	preguiça (f)	[pre'gisa]
faul	preguiçoso	[pregi'sozu]
Faulenzer (m)	preguiçoso (m)	[pregi'sozu]

Listigkeit (f)	astúcia (f)	[as'tusja]
listig	astuto	[as'tutu]
Misstrauen (n)	desconfiança (f)	[dʒiskõ'fjãsa]
misstrauisch	desconfiado	[dʒiskõ'fjadu]

Freigebigkeit (f)	generosidade (f)	[ʒenerozi'dadʒi]
freigebig	generoso	[ʒene'rozu]
talentiert	talentoso	[talẽ'tozu]
Talent (n)	talento (m)	[ta'lẽtu]

tapfer	corajoso	[kora'ʒozu]
Tapferkeit (f)	coragem (f)	[ko'raʒẽ]
ehrlich	honesto	[o'nɛstu]
Ehrlichkeit (f)	honestidade (f)	[onestʃi'dadʒi]

| vorsichtig | prudente, cuidadoso | [pru'dẽtʃi], [kwida'dozu] |
| tapfer | valoroso | [valo'rozu] |

ernst	sério	['sɛrju]
streng	severo	[se'vɛru]
entschlossen	decidido	[desi'dʒidu]
unentschlossen	indeciso	[ĩde'sizu]
schüchtern	tímido	['tʃimidu]
Schüchternheit (f)	timidez (f)	[tʃimi'dez]
Vertrauen (n)	confiança (f)	[kõ'fjãsa]
vertrauen (vi)	confiar (vt)	[kõ'fjar]
vertrauensvoll	crédulo	['krɛdulu]
aufrichtig (Adv)	sinceramente	[sĩsera'mẽtʃi]
aufrichtig (Adj)	sincero	[sĩ'sɛru]
Aufrichtigkeit (f)	sinceridade (f)	[sĩseri'dadʒi]
offen	aberto	[a'bɛrtu]
still (Adj)	calmo	['kawmu]
freimütig	franco	['frãku]
naiv	ingênuo	[ĩ'ʒenwu]
zerstreut	distraído	[dʒistra'idu]
drollig, komisch	engraçado	[ẽgra'sadu]
Gier (f)	ganância (f)	[ga'nãsja]
habgierig	ganancioso	[ganã'sjozu]
geizig	avarento, sovina	[avar'ẽtu], [so'vina]
böse	mal	[maw]
hartnäckig	teimoso	[tej'mozu]
unangenehm	desagradável	[dʒizagra'davew]
Egoist (m)	egoísta (m)	[ego'ista]
egoistisch	egoísta	[ego'ista]
Feigling (m)	covarde (m)	[ko'vardʒi]
feige	covarde	[ko'vardʒi]

63. Schlaf. Träume

schlafen (vi)	dormir (vi)	[dor'mir]
Schlaf (m)	sono (m)	['sɔnu]
Traum (m)	sonho (m)	['sɔɲu]
träumen (im Schlaf)	sonhar (vi)	[so'ɲar]
verschlafen	sonolento	[sono'lẽtu]
Bett (n)	cama (f)	['kama]
Matratze (f)	colchão (m)	[kow'ʃãw]
Decke (f)	cobertor (m)	[kuber'tor]
Kissen (n)	travesseiro (m)	[trave'sejru]
Laken (n)	lençol (m)	[lẽ'sɔw]
Schlaflosigkeit (f)	insônia (f)	[ĩ'sonja]
schlaflos	sem sono	[sẽ 'sɔnu]
Schlafmittel (n)	sonífero (m)	[so'niferu]
Schlafmittel nehmen	tomar um sonífero	[to'mar ũ so'niferu]
schlafen wollen	estar sonolento	[is'tar sono'lẽtu]

gähnen (vi)	bocejar (vi)	[buse'ʒar]
schlafen gehen	ir para a cama	[ir 'para a 'kama]
das Bett machen	fazer a cama	[fa'zer a 'kama]
einschlafen (vi)	adormecer (vi)	[adorme'ser]

Alptraum (m)	pesadelo (m)	[peza'delu]
Schnarchen (n)	ronco (m)	['hõku]
schnarchen (vi)	roncar (vi)	[hõ'kar]

Wecker (m)	despertador (m)	[dʒisperta'dor]
aufwecken (vt)	acordar, despertar (vt)	[akor'dar], [dʒisper'tar]
erwachen (vi)	acordar (vi)	[akor'dar]
aufstehen (vi)	levantar-se (vr)	[levã'tarsi]
sich waschen	lavar-se (vr)	[la'varsi]

64. Humor. Lachen. Freude

Humor (m)	humor (m)	[u'mor]
Sinn (m) für Humor	senso (m) de humor	['sẽsu de u'mor]
sich amüsieren	divertir-se (vr)	[dʒiver'tʃirsi]
froh (Adj)	alegre	[a'lɛgri]
Fröhlichkeit (f)	alegria, diversão (f)	[ale'gria], [dʒiver'sãw]

Lächeln (n)	sorriso (m)	[so'hizu]
lächeln (vi)	sorrir (vi)	[so'hir]
auflachen (vi)	começar a rir	[kome'sar a hir]
lachen (vi)	rir (vi)	[hir]
Lachen (n)	riso (m)	['hizu]

Anekdote, Witz (m)	anedota (f)	[ane'dɔta]
lächerlich	engraçado	[ẽgra'sadu]
komisch	ridículo, cômico	[hi'dʒikulu], ['komiku]

Witz machen	brincar (vi)	[brĩ'kar]
Spaß (m)	piada (f)	['pjada]
Freude (f)	alegria (f)	[ale'gria]
sich freuen	regozijar-se (vr)	[hegozi'ʒarsi]
froh (Adj)	alegre	[a'lɛgri]

65. Diskussion, Unterhaltung. Teil 1

Kommunikation (f)	comunicação (f)	[komunika'sãw]
kommunizieren (vi)	comunicar-se (vr)	[komuni'karse]

Konversation (f)	conversa (f)	[kõ'vɛrsa]
Dialog (m)	diálogo (m)	['dʒjalogu]
Diskussion (f)	discussão (f)	[dʒisku'sãw]
Streitgespräch (n)	debate (m)	[de'batʃi]
streiten (vi)	debater (vt)	[deba'ter]

Gesprächspartner (m)	interlocutor (m)	[ĩterloku'tor]
Thema (n)	tema (m)	['tɛma]

Gesichtspunkt (m)	ponto (m) de vista	['põtu de 'vista]
Meinung (f)	opinião (f)	[opi'njãw]
Rede (f)	discurso (m)	[dʒis'kursu]
Besprechung (f)	discussão (f)	[dʒisku'sãw]
besprechen (vt)	discutir (vt)	[dʒisku'tʃir]
Gespräch (n)	conversa (f)	[kõ'vɛrsa]
Gespräche führen	conversar (vi)	[kõver'sar]
Treffen (n)	reunião (f)	[heu'njãw]
sich treffen	encontrar-se (vr)	[ẽkõ'trarsi]
Sprichwort (n)	provérbio (m)	[pro'vɛrbju]
Redensart (f)	ditado, provérbio (m)	[dʒi'tadu], [pro'vɛrbju]
Rätsel (n)	adivinha (f)	[adʒi'viɲa]
ein Rätsel aufgeben	dizer uma adivinha	[dʒi'zer 'uma adʒi'viɲu]
Parole (f)	senha (f)	['sɛɲa]
Geheimnis (n)	segredo (m)	[se'gredu]
Eid (m), Schwur (m)	juramento (m)	[ʒura'mẽtu]
schwören (vi, vt)	jurar (vi)	[ʒu'rar]
Versprechen (n)	promessa (f)	[pro'mɛsa]
versprechen (vt)	prometer (vt)	[prome'ter]
Rat (m)	conselho (m)	[kõ'seʎu]
raten (vt)	aconselhar (vt)	[akõse'ʎar]
einen Rat befolgen	seguir o conselho	[se'gir u kõ'seʎu]
gehorchen (jemandem ~)	escutar (vt)	[isku'tar]
Neuigkeit (f)	novidade, notícia (f)	[novi'dadʒi], [no'tʃisja]
Sensation (f)	sensação (f)	[sẽsa'sãw]
Informationen (pl)	informação (f)	[ĩforma'sãw]
Schlussfolgerung (f)	conclusão (f)	[kõklu'zãw]
Stimme (f)	voz (f)	[vɔz]
Kompliment (n)	elogio (m)	[elo'ʒiu]
freundlich	amável, querido	[a'mavew], [ke'ridu]
Wort (n)	palavra (f)	[pa'lavra]
Phrase (f)	frase (f)	['frazi]
Antwort (f)	resposta (f)	[hes'pɔsta]
Wahrheit (f)	verdade (f)	[ver'dadʒi]
Lüge (f)	mentira (f)	[mẽ'tʃira]
Gedanke (m)	pensamento (m)	[pẽsa'mẽtu]
Idee (f)	ideia (f)	[i'dɛja]
Phantasie (f)	fantasia (f)	[fãta'zia]

66. Diskussion, Unterhaltung. Teil 2

angesehen (Adj)	estimado, respeitado	[istʃi'madu], [hespej'tadu]
respektieren (vt)	respeitar (vt)	[hespej'tar]
Respekt (m)	respeito (m)	[hes'pejtu]
Sehr geehrter …	Estimado …, Caro …	[istʃi'madu], ['karu]
bekannt machen	apresentar (vt)	[aprezẽ'tar]

kennenlernen (vt)	conhecer (vt)	[koɲe'ser]
Absicht (f)	intenção (f)	[ĩtẽ'sãw]
beabsichtigen (vt)	tencionar (vt)	[tẽsjo'nar]
Wunsch (m)	desejo (m)	[de'zeʒu]
wünschen (vt)	desejar (vt)	[deze'ʒar]
Staunen (n)	surpresa (f)	[sur'preza]
erstaunen (vt)	surpreender (vt)	[surprjẽ'der]
staunen (vi)	surpreender-se (vr)	[surprjẽ'dersi]
geben (vt)	dar (vt)	[dar]
nehmen (vt)	pegar (vt)	[pe'gar]
herausgeben (vt)	devolver (vt)	[devow'ver]
zurückgeben (vt)	retornar (vt)	[hetor'nar]
sich entschuldigen	desculpar-se (vr)	[dʒiskuw'parsi]
Entschuldigung (f)	desculpa (f)	[dʒis'kuwpa]
verzeihen (vt)	perdoar (vt)	[per'dwar]
sprechen (vi)	falar (vi)	[fa'lar]
hören (vt), zuhören (vi)	escutar (vt)	[isku'tar]
sich anhören	ouvir até o fim	[o'vir a'tɛ u fĩ]
verstehen (vt)	entender (vt)	[ẽtẽ'der]
zeigen (vt)	mostrar (vt)	[mos'trar]
ansehen (vt)	olhar para ...	[ɔ'ʎar 'para]
rufen (vt)	chamar (vt)	[ʃa'mar]
belästigen (vt)	perturbar, distrair (vt)	[pertur'bar], [dʒistra'ir]
stören (vt)	perturbar (vt)	[pertur'bar]
übergeben (vt)	entregar (vt)	[ẽtre'gar]
Bitte (f)	pedido (m)	[pe'dʒidu]
bitten (vt)	pedir (vt)	[pe'dʒir]
Verlangen (n)	exigência (f)	[ezi'ʒẽsja]
verlangen (vt)	exigir (vt)	[ezi'ʒir]
necken (vt)	insultar (vt)	[ĩsuw'tar]
spotten (vi)	zombar (vt)	[zõ'bar]
Spott (m)	zombaria (f)	[zõba'ria]
Spitzname (m)	alcunha (f), apelido (m)	[aw'kuɲa], [ape'lidu]
Andeutung (f)	insinuação (f)	[ĩsinwa'sãw]
andeuten (vt)	insinuar (vt)	[ĩsi'nwar]
meinen (vt)	querer dizer	[ke'rer dʒi'zer]
Beschreibung (f)	descrição (f)	[dʒiskri'sãw]
beschreiben (vt)	descrever (vt)	[dʒiskre'ver]
Lob (n)	elogio (m)	[elo'ʒiu]
loben (vt)	elogiar (vt)	[elo'ʒjar]
Enttäuschung (f)	desapontamento (m)	[dʒizapõta'mẽtu]
enttäuschen (vt)	desapontar (vt)	[dʒizapõ'tar]
enttäuscht sein	desapontar-se (vr)	[dʒizapõ'tarsi]
Vermutung (f)	suposição (f)	[supozi'sãw]
vermuten (vt)	supor (vt)	[su'por]

| Warnung (f) | advertência (f) | [adʒiver'tẽsja] |
| warnen (vt) | advertir (vt) | [adʒiver'tʃir] |

67. Diskussion, Unterhaltung. Teil 3

| überreden (vt) | convencer (vt) | [kõvẽ'ser] |
| beruhigen (vt) | acalmar (vt) | [akaw'mar] |

Schweigen (n)	silêncio (m)	[si'lẽsju]
schweigen (vi)	ficar em silêncio	[fi'kar ẽ si'lẽsju]
flüstern (vt)	sussurrar (vi, vt)	[susu'har]
Flüstern (n)	sussurro (m)	[su'suhu]

| offen (Adv) | francamente | [fraka'mẽtʃi] |
| meiner Meinung nach ... | na minha opinião ... | [na 'miɲa opi'njãw] |

Detail (n)	detalhe (m)	[de'taʎi]
ausführlich (Adj)	detalhado	[deta'ʎadu]
ausführlich (Adv)	detalhadamente	[detaʎada'mẽtʃi]

| Tipp (m) | dica (f) | ['dʒika] |
| einen Tipp geben | dar uma dica | [dar 'uma 'dʒika] |

Blick (m)	olhar (m)	[ɔ'ʎar]
anblicken (vt)	dar uma olhada	[dar 'uma o'ʎada]
starr (z.B. -en Blick)	fixo	['fiksu]
blinzeln (mit den Augen)	piscar (vi)	[pis'kar]
zwinkern (mit den Augen)	piscar (vt)	[pis'kar]
nicken (vi)	acenar com a cabeça	[ase'nar kõ a ka'besa]

Seufzer (m)	suspiro (m)	[sus'piru]
aufseufzen (vi)	suspirar (vi)	[suspi'rar]
zusammenzucken (vi)	estremecer (vi)	[istreme'ser]
Geste (f)	gesto (m)	['ʒɛstu]
berühren (vt)	tocar (vt)	[to'kar]
ergreifen (vt)	agarrar (vt)	[aga'har]
klopfen (vt)	bater de leve	[ba'ter de 'lɛvi]

Vorsicht!	Cuidado!	[kwi'dadu]
Wirklich?	Sério?	['sɛrju]
Sind Sie sicher?	Tem certeza?	[tẽj ser'teza]
Viel Glück!	Boa sorte!	['boa 'sɔrtʃi]
Klar!	Entendi!	[ẽtẽ'dʒi]
Schade!	Que pena!	[ki 'pena]

68. Zustimmung. Ablehnung

Einverständnis (n)	consentimento (m)	[kõsẽtʃi'mẽtu]
zustimmen (vi)	consentir (vi)	[kõsẽ'tʃir]
Billigung (f)	aprovação (f)	[aprova'sãw]
billigen (vt)	aprovar (vt)	[apro'var]
Absage (f)	recusa (f)	[he'kuza]

sich weigern	negar-se a ...	[ne'garsi]
Ausgezeichnet!	Ótimo!	['ɔtʃimu]
Ganz recht!	Tudo bem!	['tudu bẽj]
Gut! Okay!	Está bem! De acordo!	[is'ta bẽj], [de a'kordu]
verboten (Adj)	proibido	[proi'bidu]
Es ist verboten	é proibido	[ɛ proi'bidu]
Es ist unmöglich	é impossível	[ɛ ĩpo'sivew]
falsch	incorreto	[ĩko'hɛtu]
ablehnen (vt)	rejeitar (vt)	[heʒej'tar]
unterstützen (vt)	apoiar (vt)	[apo'jar]
akzeptieren (vt)	aceitar (vt)	[asej'tar]
bestätigen (vt)	confirmar (vt)	[kõfir'mar]
Bestätigung (f)	confirmação (f)	[kõfirma'sãw]
Erlaubnis (f)	permissão (f)	[permi'sãw]
erlauben (vt)	permitir (vt)	[permi'tʃir]
Entscheidung (f)	decisão (f)	[desi'zãw]
schweigen (nicht antworten)	não dizer nada	['nãw dʒi'zer 'nada]
Bedingung (f)	condição (f)	[kõdʒi'sãw]
Ausrede (f)	pretexto (m)	[pre'testu]
Lob (n)	elogio (m)	[elo'ʒiu]
loben (vt)	elogiar (vt)	[elo'ʒjar]

69. Erfolg. Alles Gute. Misserfolg

Erfolg (m)	êxito, sucesso (m)	['ezitu], [su'sɛsu]
erfolgreich (Adv)	com êxito	[kõ 'ezitu]
erfolgreich (Adj)	bem sucedido	[bẽj suse'dʒidu]
Glück (Glücksfall)	sorte (f)	['sɔrtʃi]
Viel Glück!	Boa sorte!	['boa 'sɔrtʃi]
Glücks- (z.B. -tag)	de sorte	[de 'sɔrtʃi]
glücklich (Adj)	sortudo, felizardo	[sor'tudu], [feli'zardu]
Misserfolg (m)	fracasso (m)	[fra'kasu]
Missgeschick (n)	pouca sorte (f)	['poka 'sɔrtʃi]
Unglück (n)	azar (m), má sorte (f)	[a'zar], [ma 'sɔrtʃi]]
missglückt (Adj)	mal sucedido	[maw suse'dʒidu]
Katastrophe (f)	catástrofe (f)	[ka'tastrofi]
Stolz (m)	orgulho (m)	[or'guʎu]
stolz	orgulhoso	[orgu'ʎozu]
stolz sein	estar orgulhoso	[is'tar orgu'ʎozu]
Sieger (m)	vencedor (m)	[vẽse'dor]
siegen (vi)	vencer (vi, vt)	[vẽ'ser]
verlieren (Spiel usw.)	perder (vt)	[per'der]
Versuch (m)	tentativa (f)	[tẽta'tʃiva]
versuchen (vt)	tentar (vt)	[tẽ'tar]
Chance (f)	chance (m)	['ʃãsi]

70. Streit. Negative Gefühle

Schrei (m)	grito (m)	['gritu]
schreien (vi)	gritar (vi)	[gri'tar]
beginnen zu schreien	começar a gritar	[kome'sar a gri'tar]

Zank (m)	discussão (f)	[dʒisku'sãw]
sich zanken	brigar (vi)	[bri'gar]
Riesenkrach (m)	escândalo (m)	[is'kãdalu]
Krach haben	criar escândalo	[krjar is'kãdalu]
Konflikt (m)	conflito (m)	[kõ'flitu]
Missverständnis (n)	mal-entendido (m)	[mal ẽtẽ'dʒidu]

Kränkung (f)	insulto (m)	[ĩ'suwtu]
kränken (vt)	insultar (vt)	[ĩsuw'tar]
gekränkt (Adj)	insultado	[ĩsuw'tadu]
Beleidigung (f)	ofensa (f)	[ɔ'fẽsa]
beleidigen (vt)	ofender (vt)	[ofẽ'der]
sich beleidigt fühlen	ofender-se (vr)	[ofẽ'dersi]

Empörung (f)	indignação (f)	[ĩdʒigna'sãw]
sich empören	indignar-se (vr)	[ĩdʒig'narsi]
Klage (f)	queixa (f)	['kejʃa]
klagen (vi)	queixar-se (vr)	[kej'ʃarsi]

Entschuldigung (f)	desculpa (f)	[dʒis'kuwpa]
sich entschuldigen	desculpar-se (vr)	[dʒiskuw'parsi]
um Entschuldigung bitten	pedir perdão	[pe'dʒir per'dãw]

Kritik (f)	crítica (f)	['kritʃika]
kritisieren (vt)	criticar (vt)	[kritʃi'kar]
Anklage (f)	acusação (f)	[akuza'sãw]
anklagen (vt)	acusar (vt)	[aku'zar]

Rache (f)	vingança (f)	[vĩ'gãsa]
rächen (vt)	vingar (vt)	[vĩ'gar]
sich rächen	vingar-se (vr)	[vĩ'garsi]

Verachtung (f)	desprezo (m)	[dʒis'prezu]
verachten (vt)	desprezar (vt)	[dʒispre'zar]
Hass (m)	ódio (m)	['ɔdʒju]
hassen (vt)	odiar (vt)	[o'dʒjar]

nervös	nervoso	[ner'vozu]
nervös sein	estar nervoso	[is'tar ner'vozu]
verärgert	zangado	[zã'gadu]
ärgern (vt)	zangar (vt)	[zã'gar]

Erniedrigung (f)	humilhação (f)	[umiʎa'sãw]
erniedrigen (vt)	humilhar (vt)	[umi'ʎar]
sich erniedrigen	humilhar-se (vr)	[umi'ʎarsi]

Schock (m)	choque (m)	['ʃɔki]
schockieren (vt)	chocar (vt)	[ʃo'kar]
Ärger (m)	aborrecimento (m)	[abohesi'mẽtu]

unangenehm	desagradável	[dʒizagra'davew]
Angst (f)	medo (m)	['medu]
furchtbar (z.B. -e Sturm)	terrível	[te'hivew]
schrecklich	assustador	[asusta'dor]
Entsetzen (n)	horror (m)	[o'hor]
entsetzlich	horrível, terrível	[o'hivew], [te'hivew]
zittern (vi)	começar a tremer	[kome'sar a tre'mer]
weinen (vi)	chorar (vi)	[ʃo'rar]
anfangen zu weinen	começar a chorar	[kome'sar a ʃo'rar]
Träne (f)	lágrima (f)	['lagrima]
Schuld (f)	falta (f)	['fawta]
Schuldgefühl (n)	culpa (f)	['kuwpa]
Schmach (f)	desonra (f)	[dʒi'zõha]
Protest (m)	protesto (m)	[pro'tɛstu]
Stress (m)	estresse (m)	[is'trɛsi]
stören (vt)	perturbar (vt)	[pertur'bar]
sich ärgern	zangar-se com …	[zã'garsi kõ]
ärgerlich	zangado	[zã'gadu]
abbrechen (vi)	terminar (vt)	[termi'nar]
schelten (vi)	praguejar	[prage'ʒar]
erschrecken (vi)	assustar-se	[asus'tarsi]
schlagen (vt)	golpear (vt)	[gow'pjar]
sich prügeln	brigar (vi)	[bri'gar]
beilegen (Konflikt usw.)	resolver (vt)	[hezow'ver]
unzufrieden	descontente	[dʒiskõ'tẽtʃi]
wütend	furioso	[fu'rjozu]
Das ist nicht gut!	Não está bem!	['nãw is'ta bẽj]
Das ist schlecht!	É ruim!	[ɛ hu'ĩ]

Medizin

71. Krankheiten

Krankheit (f)	doença (f)	[do'ẽsa]
krank sein	estar doente	[is'tar do'ẽtʃi]
Gesundheit (f)	saúde (f)	[sa'udʒi]

Schnupfen (m)	nariz (m) escorrendo	[na'riz isko'hẽdu]
Angina (f)	amigdalite (f)	[amigda'litʃi]
Erkältung (f)	resfriado (m)	[hes'frjadu]
sich erkälten	ficar resfriado	[fi'kar hes'frjadu]

Bronchitis (f)	bronquite (f)	[brõ'kitʃi]
Lungenentzündung (f)	pneumonia (f)	[pnewmo'nia]
Grippe (f)	gripe (f)	['gripi]

kurzsichtig	míope	['miopi]
weitsichtig	presbita	[pres'bita]
Schielen (n)	estrabismo (m)	[istra'bizmu]
schielend (Adj)	estrábico, vesgo	[is'trabiku], ['vezgu]
grauer Star (m)	catarata (f)	[kata'rata]
Glaukom (n)	glaucoma (m)	[glaw'koma]

Schlaganfall (m)	AVC (m), apoplexia (f)	[ave'se], [apople'ksia]
Infarkt (m)	ataque (m) cardíaco	[a'taki kar'dʒiaku]
Herzinfarkt (m)	enfarte (m) do miocárdio	[ẽ'fartʃi du mjo'kardʒiu]
Lähmung (f)	paralisia (f)	[parali'zia]
lähmen (vt)	paralisar (vt)	[parali'zar]

Allergie (f)	alergia (f)	[aler'ʒia]
Asthma (n)	asma (f)	['azma]
Diabetes (m)	diabetes (f)	[dʒja'bɛtʃis]

Zahnschmerz (m)	dor (f) de dente	[dor de 'dẽtʃi]
Karies (f)	cárie (f)	['kari]

Durchfall (m)	diarreia (f)	[dʒja'hɛja]
Verstopfung (f)	prisão (f) de ventre	[pri'zãw de 'vẽtri]
Magenverstimmung (f)	desarranjo (m) intestinal	[dʒiza'hãʒu ĩtestʃi'naw]
Vergiftung (f)	intoxicação (f) alimentar	[ĩtoksika'sãw alimẽ'tar]
Vergiftung bekommen	intoxicar-se	[ĩtoksi'karsi]

Arthritis (f)	artrite (f)	[ar'tritʃi]
Rachitis (f)	raquitismo (m)	[haki'tʃizmu]
Rheumatismus (m)	reumatismo (m)	[hewma'tʃizmu]
Atherosklerose (f)	arteriosclerose (f)	[arterjoskle'rɔzi]

Gastritis (f)	gastrite (f)	[gas'tritʃi]
Blinddarmentzündung (f)	apendicite (f)	[apẽdʒi'sitʃi]

| Cholezystitis (f) | colecistite (f) | [kulesi'stʃitʃi] |
| Geschwür (n) | úlcera (f) | ['uwsera] |

Masern (pl)	sarampo (m)	[sa'rãpu]
Röteln (pl)	rubéola (f)	[hu'bɛola]
Gelbsucht (f)	icterícia (f)	[ikte'risja]
Hepatitis (f)	hepatite (f)	[epa'tʃitʃi]

Schizophrenie (f)	esquizofrenia (f)	[iskizofre'nia]
Tollwut (f)	raiva (f)	['hajva]
Neurose (f)	neurose (f)	[new'rɔzi]
Gehirnerschütterung (f)	contusão (f) cerebral	[kõtu'zãw sere'braw]

Krebs (m)	câncer (m)	['kãser]
Sklerose (f)	esclerose (f)	[iskle'rozi]
multiple Sklerose (f)	esclerose (f) múltipla	[iskle'rozi 'muwtʃipla]

Alkoholismus (m)	alcoolismo (m)	[awko'lizmu]
Alkoholiker (m)	alcoólico (m)	[aw'kɔliku]
Syphilis (f)	sífilis (f)	['sifilis]
AIDS	AIDS (f)	['ajdʒs]

Tumor (m)	tumor (m)	[tu'mor]
bösartig	maligno	[ma'lignu]
gutartig	benigno	[be'nignu]

Fieber (n)	febre (f)	['fɛbri]
Malaria (f)	malária (f)	[ma'larja]
Gangrän (f, n)	gangrena (f)	[gã'grena]
Seekrankheit (f)	enjoo (m)	[ẽ'ʒou]
Epilepsie (f)	epilepsia (f)	[epile'psia]

Epidemie (f)	epidemia (f)	[epide'mia]
Typhus (m)	tifo (m)	['tʃifu]
Tuberkulose (f)	tuberculose (f)	[tuberku'lɔzi]
Cholera (f)	cólera (f)	['kɔlera]
Pest (f)	peste (f) bubônica	['pɛstʃi bu'bonika]

72. Symptome. Behandlungen. Teil 1

Symptom (n)	sintoma (m)	[sĩ'tɔma]
Temperatur (f)	temperatura (f)	[tẽpera'tura]
Fieber (n)	febre (f)	['fɛbri]
Puls (m)	pulso (m)	['puwsu]

Schwindel (m)	vertigem (f)	[ver'tʃiʒẽ]
heiß (Stirne usw.)	quente	['kẽtʃi]
Schüttelfrost (m)	calafrio (m)	[kala'friu]
blass (z.B. -es Gesicht)	pálido	['palidu]

Husten (m)	tosse (f)	['tɔsi]
husten (vi)	tossir (vi)	[to'sir]
niesen (vi)	espirrar (vi)	[ispi'har]
Ohnmacht (f)	desmaio (m)	[dʒiz'maju]

ohnmächtig werden	desmaiar (vi)	[dʒizma'jar]
blauer Fleck (m)	mancha (f) preta	['mãʃa 'preta]
Beule (f)	galo (m)	['galu]
sich stoßen	machucar-se (vr)	[maʃu'karsi]
Prellung (f)	contusão (f)	[kõtu'zãw]
sich stoßen	machucar-se (vr)	[maʃu'karsi]
hinken (vi)	mancar (vi)	[mã'kar]
Verrenkung (f)	deslocamento (f)	[dʒizloka'mẽtu]
ausrenken (vt)	deslocar (vt)	[dʒizlo'kar]
Fraktur (f)	fratura (f)	[fra'tura]
brechen (Arm usw.)	fraturar (vt)	[fratu'rar]
Schnittwunde (f)	corte (m)	['kɔrtʃi]
sich schneiden	cortar-se (vr)	[kor'tarsi]
Blutung (f)	hemorragia (f)	[emoha'ʒia]
Verbrennung (f)	queimadura (f)	[kejma'dura]
sich verbrennen	queimar-se (vr)	[kej'marsi]
stechen (vt)	picar (vt)	[pi'kar]
sich stechen	picar-se (vr)	[pi'karsi]
verletzen (vt)	lesionar (vt)	[lezjo'nar]
Verletzung (f)	lesão (m)	[le'zãw]
Wunde (f)	ferida (f), ferimento (m)	[fe'rida], [feri'mẽtu]
Trauma (n)	trauma (m)	['trawma]
irrereden (vi)	delirar (vi)	[deli'rar]
stottern (vi)	gaguejar (vi)	[gage'ʒar]
Sonnenstich (m)	insolação (f)	[insola'sãw]

73. Symptome. Behandlungen. Teil 2

Schmerz (m)	dor (f)	[dor]
Splitter (m)	farpa (f)	['farpa]
Schweiß (m)	suor (m)	[swɔr]
schwitzen (vi)	suar (vi)	[swar]
Erbrechen (n)	vômito (m)	['vomitu]
Krämpfe (pl)	convulsões (f pl)	[kõvuw'sõjs]
schwanger	grávida	['gravida]
geboren sein	nascer (vi)	[na'ser]
Geburt (f)	parto (m)	['partu]
gebären (vt)	dar à luz	[dar a luz]
Abtreibung (f)	aborto (m)	[a'bortu]
Atem (m)	respiração (f)	[hespira'sãw]
Atemzug (m)	inspiração (f)	[ĩspira'sãw]
Ausatmung (f)	expiração (f)	[ispira'sãw]
ausatmen (vt)	expirar (vi)	[ispi'rar]
einatmen (vt)	inspirar (vi)	[ĩspi'rar]
Invalide (m)	inválido (m)	[ĩ'validu]
Krüppel (m)	aleijado (m)	[alej'ʒadu]

Drogenabhängiger (m)	drogado (m)	[dro'gadu]
taub	surdo	['surdu]
stumm	mudo	['mudu]
taubstumm	surdo-mudo	['surdu-'mudu]

verrückt (Adj)	louco, insano	['loku], [ĩ'sanu]
Irre (m)	louco (m)	['loku]
Irre (f)	louca (f)	['loka]
den Verstand verlieren	ficar louco	[fi'kar 'loku]

Gen (n)	gene (m)	['ʒɛni]
Immunität (f)	imunidade (f)	[imuni'dadʒi]
erblich	hereditário	[eredʒi'tarju]
angeboren	congênito	[kõ'ʒenitu]

Virus (m, n)	vírus (m)	['virus]
Mikrobe (f)	micróbio (m)	[mi'krɔbju]
Bakterie (f)	bactéria (f)	[bak'tɛrja]
Infektion (f)	infecção (f)	[ĩfek'sãw]

74. Symptome. Behandlungen. Teil 3

Krankenhaus (n)	hospital (m)	[ospi'taw]
Patient (m)	paciente (m)	[pa'sjẽtʃi]

Diagnose (f)	diagnóstico (m)	[dʒjag'nɔstʃiku]
Heilung (f)	cura (f)	['kura]
Behandlung (f)	tratamento (m) médico	[trata'mẽtu 'mɛdʒiku]
Behandlung bekommen	curar-se (vr)	[ku'rarsi]
behandeln (vt)	tratar (vt)	[tra'tar]
pflegen (Kranke)	cuidar (vt)	[kwi'dar]
Pflege (f)	cuidado (m)	[kwi'dadu]

Operation (f)	operação (f)	[opera'sãw]
verbinden (vt)	enfaixar (vt)	[ẽfaj'ʃar]
Verband (m)	enfaixamento (m)	[bã'daʒãj]

Impfung (f)	vacinação (f)	[vasina'sãw]
impfen (vt)	vacinar (vt)	[vasi'nar]
Spritze (f)	injeção (f)	[ĩnʒe'sãw]
eine Spritze geben	dar uma injeção	[dar 'uma ĩnʒe'sãw]

Anfall (m)	ataque (m)	[a'taki]
Amputation (f)	amputação (f)	[ãputa'sãw]
amputieren (vt)	amputar (vt)	[ãpu'tar]
Koma (n)	coma (f)	['kɔma]
im Koma liegen	estar em coma	[is'tar ẽ 'kɔma]
Reanimation (f)	reanimação (f)	[hianima'sãw]

genesen von ... (vi)	recuperar-se (vr)	[hekupe'rarsi]
Zustand (m)	estado (m)	[i'stadu]
Bewusstsein (n)	consciência (f)	[kõ'sjẽsja]
Gedächtnis (n)	memória (f)	[me'mɔrja]
ziehen (einen Zahn ~)	tirar (vt)	[tʃi'rar]

| Plombe (f) | obturação (f) | [obitura'sãw] |
| plombieren (vt) | obturar (vt) | [obitu'rar] |

| Hypnose (f) | hipnose (f) | [ip'nɔzi] |
| hypnotisieren (vt) | hipnotizar (vt) | [ipnotʃi'zar] |

75. Ärzte

Arzt (m)	médico (m)	['mɛdʒiku]
Krankenschwester (f)	enfermeira (f)	[ẽfer'mejra]
Privatarzt (m)	médico (m) pessoal	['mɛdʒiku pe'swaw]

Zahnarzt (m)	dentista (m)	[dẽ'tʃista]
Augenarzt (m)	oculista (m)	[oku'lista]
Internist (m)	terapeuta (m)	[tera'pewta]
Chirurg (m)	cirurgião (m)	[sirur'ʒjãw]

Psychiater (m)	psiquiatra (m)	[psi'kjatra]
Kinderarzt (m)	pediatra (m)	[pe'dʒjatra]
Psychologe (m)	psicólogo (m)	[psi'kologu]
Frauenarzt (m)	ginecologista (m)	[ʒinekolo'ʒista]
Kardiologe (m)	cardiologista (m)	[kardʒjolo'ʒista]

76. Medizin. Medikamente. Accessoires

Arznei (f)	medicamento (m)	[medʒika'mẽtu]
Heilmittel (n)	remédio (m)	[he'mɛdʒju]
verschreiben (vt)	receitar (vt)	[hesej'tar]
Rezept (n)	receita (f)	[he'sejta]

Tablette (f)	comprimido (m)	[kõpri'midu]
Salbe (f)	unguento (m)	[ũ'gwẽtu]
Ampulle (f)	ampola (f)	[ã'pɔla]
Mixtur (f)	solução, preparado (m)	[solu'sãw], [prepa'radu]
Sirup (m)	xarope (m)	[ʃa'rɔpi]
Pille (f)	cápsula (f)	['kapsula]
Pulver (n)	pó (m)	[pɔ]

Verband (m)	atadura (f)	[ata'dura]
Watte (f)	algodão (m)	[awgo'dãw]
Jod (n)	iodo (m)	['jodu]

Pflaster (n)	curativo (m) adesivo	[kura'tivu ade'zivu]
Pipette (f)	conta-gotas (m)	['kõta 'gotas]
Thermometer (n)	termômetro (m)	[ter'mometru]
Spritze (f)	seringa (f)	[se'rĩga]

| Rollstuhl (m) | cadeira (f) de rodas | [ka'dejra de 'hɔdas] |
| Krücken (pl) | muletas (f pl) | [mu'letas] |

| Betäubungsmittel (n) | analgésico (m) | [anaw'ʒɛziku] |
| Abführmittel (n) | laxante (m) | [la'ʃãtʃi] |

Spiritus (m)	álcool (m)	['awkɔw]
Heilkraut (n)	ervas (f pl) medicinais	['ɛrvas medʒisi'najs]
Kräuter- (z.B. Kräutertee)	de ervas	[de 'ɛrvas]

77. Rauchen. Tabakwaren

Tabak (m)	tabaco (m)	[ta'baku]
Zigarette (f)	cigarro (m)	[si'gahu]
Zigarre (f)	charuto (m)	[ʃa'rutu]
Pfeife (f)	cachimbo (m)	[ka'ʃĩbu]
Packung (f)	maço (m)	['masu]

Streichhölzer (pl)	fósforos (m pl)	['fɔsforus]
Streichholzschachtel (f)	caixa (f) de fósforos	['kaɪʃa de 'fɔsforus]
Feuerzeug (n)	isqueiro (m)	[is'kejru]
Aschenbecher (m)	cinzeiro (m)	[sĩ'zejru]
Zigarettenetui (n)	cigarreira (f)	[siga'hejra]

| Mundstück (n) | piteira (f) | [pi'tejra] |
| Filter (n) | filtro (m) | ['fiwtru] |

rauchen (vi, vt)	fumar (vi, vt)	[fu'mar]
anrauchen (vt)	acender um cigarro	[asẽ'der ũ si'gahu]
Rauchen (n)	tabagismo (m)	[taba'ʒiʒmu]
Raucher (m)	fumante (m)	[fu'mãtʃi]

Stummel (m)	bituca (f)	[bi'tuka]
Rauch (m)	fumaça (f)	[fu'masa]
Asche (f)	cinza (f)	['sĩza]

LEBENSRAUM DES MENSCHEN

Stadt

78. Stadt. Leben in der Stadt

Deutsch	Portugiesisch	Aussprache
Stadt (f)	cidade (f)	[si'dadʒi]
Hauptstadt (f)	capital (f)	[kapi'taw]
Dorf (n)	aldeia (f)	[aw'deja]
Stadtplan (m)	mapa (m) da cidade	['mapa da si'dadʒi]
Stadtzentrum (n)	centro (m) da cidade	['sẽtru da si'dadʒi]
Vorort (m)	subúrbio (m)	[su'burbju]
Vorort-	suburbano	[subur'banu]
Stadtrand (m)	periferia (f)	[perife'ria]
Umgebung (f)	arredores (m pl)	[ahe'dɔris]
Stadtviertel (n)	quarteirão (m)	[kwartej'rãw]
Wohnblock (m)	quarteirão (m) residencial	[kwartej'rãw hezidẽ'sjaw]
Straßenverkehr (m)	tráfego (m)	['trafegu]
Ampel (f)	semáforo (m)	[se'maforu]
Stadtverkehr (m)	transporte (m) público	[trãs'portʃi 'publiku]
Straßenkreuzung (f)	cruzamento (m)	[kruza'mẽtu]
Übergang (m)	faixa (f)	['fajʃa]
Fußgängerunterführung (f)	túnel (m)	['tunew]
überqueren (vt)	cruzar, atravessar (vt)	[kru'zar], [atrave'sar]
Fußgänger (m)	pedestre (m)	[pe'dɛstri]
Gehweg (m)	calçada (f)	[kaw'sada]
Brücke (f)	ponte (f)	['põtʃi]
Kai (m)	margem (f) do rio	['marʒẽ du 'hiu]
Springbrunnen (m)	fonte (f)	['fõtʃi]
Allee (f)	alameda (f)	[ala'meda]
Park (m)	parque (m)	['parki]
Boulevard (m)	bulevar (m)	[bule'var]
Platz (m)	praça (f)	['prasa]
Avenue (f)	avenida (f)	[ave'nida]
Straße (f)	rua (f)	['hua]
Gasse (f)	travessa (f)	[tra'vɛsa]
Sackgasse (f)	beco (m) sem saída	['beku sẽ sa'ida]
Haus (n)	casa (f)	['kaza]
Gebäude (n)	edifício, prédio (m)	[edʒi'fisju], ['prɛdʒju]
Wolkenkratzer (m)	arranha-céu (m)	[a'haɲa-sɛw]
Fassade (f)	fachada (f)	[fa'ʃada]
Dach (n)	telhado (m)	[te'ʎadu]

Fenster (n)	janela (f)	[ʒa'nɛla]
Bogen (m)	arco (m)	['arku]
Säule (f)	coluna (f)	[ko'luna]
Ecke (f)	esquina (f)	[is'kina]

Schaufenster (n)	vitrine (f)	[vi'trini]
Firmenschild (n)	letreiro (m)	[le'trejru]
Anschlag (m)	cartaz (m)	[kar'taz]
Werbeposter (m)	cartaz (m) publicitário	[kar'taz publisi'tarju]
Werbeschild (n)	painel (m) publicitário	[paj'nɛw publisi'tarju]

Müll (m)	lixo (m)	['liʃu]
Mülleimer (m)	lixeira (f)	[li'ʃejra]
Abfall wegwerfen	jogar lixo na rua	[ʒo'gar 'liʃu na 'hua]
Mülldeponie (f)	aterro (m) sanitário	[a'tehu sani'tarju]

Telefonzelle (f)	orelhão (m)	[ore'ʎãw]
Straßenlaterne (f)	poste (m) de luz	['postʃi de luz]
Bank (Park-)	banco (m)	['bãku]

Polizist (m)	polícia (m)	[po'lisja]
Polizei (f)	polícia (f)	[po'lisja]
Bettler (m)	mendigo, pedinte (m)	[mẽ'dʒigu], [pe'dʒĩtʃi]
Obdachlose (m)	desabrigado (m)	[dʒizabri'gadu]

79. Innerstädtische Einrichtungen

Laden (m)	loja (f)	['lɔʒa]
Apotheke (f)	drogaria (f)	[droga'ria]
Optik (f)	ótica (f)	['ɔtʃika]
Einkaufszentrum (n)	centro (m) comercial	['sẽtru komer'sjaw]
Supermarkt (m)	supermercado (m)	[supermer'kadu]

Bäckerei (f)	padaria (f)	[pada'ria]
Bäcker (m)	padeiro (m)	[pa'dejru]
Konditorei (f)	pastelaria (f)	[pastela'ria]
Lebensmittelladen (m)	mercearia (f)	[mersja'ria]
Metzgerei (f)	açougue (m)	[a'sogi]

Gemüseladen (m)	fruteira (f)	[fru'tejra]
Markt (m)	mercado (m)	[mer'kadu]

Kaffeehaus (n)	cafeteria (f)	[kafete'ria]
Restaurant (n)	restaurante (m)	[hestaw'rãtʃi]
Bierstube (f)	bar (m)	[bar]
Pizzeria (f)	pizzaria (f)	[pitsa'ria]

Friseursalon (m)	salão (m) de cabeleireiro	[sa'lãw de kabelej'rejru]
Post (f)	agência (f) dos correios	[a'ʒẽsja dus ko'hejus]
chemische Reinigung (f)	lavanderia (f)	[lavãde'ria]
Fotostudio (n)	estúdio (m) fotográfico	[is'tudʒu foto'grafiku]

Schuhgeschäft (n)	sapataria (f)	[sapata'ria]
Buchhandlung (f)	livraria (f)	[livra'ria]

Sportgeschäft (n)	loja (f) de artigos esportivos	[ˈlɔʒa de arˈtʃigus ispoɾˈtʃivus]
Kleiderreparatur (f)	costureira (m)	[kostuˈrejra]
Bekleidungsverleih (m)	aluguel (m) de roupa	[aluˈgɛw de ˈhopa]
Videothek (f)	videolocadora (f)	[ˈvidʒju·lokaˈdɔra]

Zirkus (m)	circo (m)	[ˈsiɾku]
Zoo (m)	jardim (m) zoológico	[ʒaɾˈdʒĩ zoˈlɔʒiku]
Kino (n)	cinema (m)	[siˈnɛma]
Museum (n)	museu (m)	[muˈzew]
Bibliothek (f)	biblioteca (f)	[biblioˈtɛka]

Theater (n)	teatro (m)	[ˈtʃatru]
Opernhaus (n)	ópera (f)	[ˈɔpera]
Nachtklub (m)	boate (f)	[ˈbwatʃi]
Kasino (n)	cassino (m)	[kaˈsinu]

Moschee (f)	mesquita (f)	[mesˈkita]
Synagoge (f)	sinagoga (f)	[sinaˈgɔga]
Kathedrale (f)	catedral (f)	[kateˈdraw]
Tempel (m)	templo (m)	[ˈtẽplu]
Kirche (f)	igreja (f)	[iˈgreʒa]

Institut (n)	faculdade (f)	[fakuwˈdadʒi]
Universität (f)	universidade (f)	[universiˈdadʒi]
Schule (f)	escola (f)	[isˈkɔla]

Präfektur (f)	prefeitura (f)	[prefejˈtura]
Rathaus (n)	câmara (f) municipal	[ˈkamara munisiˈpaw]
Hotel (n)	hotel (m)	[oˈtɛw]
Bank (f)	banco (m)	[ˈbãku]

Botschaft (f)	embaixada (f)	[ẽbajˈʃada]
Reisebüro (n)	agência (f) de viagens	[aˈʒẽsja de ˈvjaʒẽs]
Informationsbüro (n)	agência (f) de informações	[aˈʒẽsja de ĩformaˈsõjs]
Wechselstube (f)	casa (f) de câmbio	[ˈkaza de ˈkãbju]

U-Bahn (f)	metrô (m)	[meˈtro]
Krankenhaus (n)	hospital (m)	[ospiˈtaw]

Tankstelle (f)	posto (m) de gasolina	[ˈpostu de gazoˈlina]
Parkplatz (m)	parque (m) de estacionamento	[ˈparki de istasjonaˈmẽtu]

80. Schilder

Firmenschild (n)	letreiro (m)	[leˈtrejru]
Aufschrift (f)	aviso (m)	[aˈvizu]
Plakat (n)	pôster (m)	[ˈposter]
Wegweiser (m)	placa (f) de direção	[ˈplaka]
Pfeil (m)	seta (f)	[ˈsɛta]

Vorsicht (f)	aviso (m), advertência (f)	[aˈvizu], [adʒiverˈtẽsja]
Warnung (f)	sinal (m) de aviso	[siˈnaw de aˈvizu]
warnen (vt)	avisar, advertir (vt)	[aviˈzar], [adʒiverˈtʃir]

freier Tag (m)	dia (m) de folga	['dʒia de 'fowga]
Fahrplan (m)	horário (m)	[o'rarju]
Öffnungszeiten (pl)	horário (m)	[o'rarju]

HERZLICH WILLKOMMEN!	BEM-VINDOS!	[bẽj 'vĩdu]
EINGANG	ENTRADA	[ẽ'trada]
AUSGANG	SAÍDA	[sa'ida]

DRÜCKEN	EMPURRE	[ẽ'puhe]
ZIEHEN	PUXE	['puʃe]
GEÖFFNET	ABERTO	[a'bɛrtu]
GESCHLOSSEN	FECHADO	[fe'ʃadu]

| DAMEN, FRAUEN | MULHER | [mu'ʎer] |
| HERREN, MÄNNER | HOMEM | ['ɔmẽ] |

AUSVERKAUF	DESCONTOS	[dʒis'kõtus]
REDUZIERT	SALDOS, PROMOÇÃO	['sawdus], [promo'sãw]
NEU!	NOVIDADE!	[novi'dadʒi]
GRATIS	GRÁTIS	['gratʃis]

ACHTUNG!	ATENÇÃO!	[atẽ'sãw]
ZIMMER BELEGT	NÃO HÁ VAGAS	['nãw a 'vagas]
RESERVIERT	RESERVADO	[hezer'vadu]

| VERWALTUNG | ADMINISTRAÇÃO | [adʒiministra'sãw] |
| NUR FÜR PERSONAL | SOMENTE PESSOAL AUTORIZADO | [sɔ'mẽtʃi pe'swaw awtori'zadu] |

VORSICHT BISSIGER HUND	CUIDADO CÃO FEROZ	[kwi'dadu kãw fe'rɔz]
RAUCHEN VERBOTEN!	PROIBIDO FUMAR!	[proi'bidu fu'mar]
BITTE NICHT BERÜHREN	NÃO TOCAR	['nãw to'kar]

GEFÄHRLICH	PERIGOSO	[peri'gozu]
VORSICHT!	PERIGO	[pe'rigu]
HOCHSPANNUNG	ALTA TENSÃO	['awta tẽ'sãw]
BADEN VERBOTEN	PROIBIDO NADAR	[proi'bidu na'dar]
AUßER BETRIEB	COM DEFEITO	[kõ de'fejtu]

LEICHTENTZÜNDLICH	INFLAMÁVEL	[ĩfla'mavew]
VERBOTEN	PROIBIDO	[proi'bidu]
DURCHGANG VERBOTEN	ENTRADA PROIBIDA	[ẽ'trada proi'bida]
FRISCH GESTRICHEN	CUIDADO TINTA FRESCA	[kwi'dadu 'tʃĩta 'freska]

81. Innerstädtischer Transport

Bus (m)	ônibus (m)	['onibus]
Straßenbahn (f)	bonde (m) elétrico	['bõdʒi e'lɛtriku]
Obus (m)	trólebus (m)	['trɔlebus]
Linie (f)	rota (f), itinerário (m)	['hota], [itʃine'rarju]
Nummer (f)	número (m)	['numeru]
mit … fahren	ir de …	[ir de]

| einsteigen (vi) | entrar no ... | [ẽ'trar nu] |
| aussteigen (aus dem Bus) | descer do ... | [de'ser du] |

Haltestelle (f)	parada (f)	[pa'rada]
nächste Haltestelle (f)	próxima parada (f)	['prɔsima pa'rada]
Endhaltestelle (f)	terminal (m)	[termi'naw]
Fahrplan (m)	horário (m)	[o'rarju]
warten (vi, vt)	esperar (vt)	[ispe'rar]

| Fahrkarte (f) | passagem (f) | [pa'saʒẽ] |
| Fahrpreis (m) | tarifa (f) | [ta'rifa] |

Kassierer (m)	bilheteiro (m)	[biʎe'tejru]
Fahrkartenkontrolle (f)	controle (m) de passagens	[kõ'trɔli de pa'saʒãjʃ]
Fahrkartenkontrolleur (m)	revisor (m)	[hevi'zor]

sich verspäten	atrasar-se (vr)	[atra'zarsi]
versäumen (Zug usw.)	perder (vt)	[per'der]
sich beeilen	estar com pressa	[is'tar kõ 'prɛsa]

Taxi (n)	táxi (m)	['taksi]
Taxifahrer (m)	taxista (m)	[tak'sista]
mit dem Taxi	de táxi	[de 'taksi]
Taxistand (m)	ponto (m) de táxis	['põtu de 'taksis]
ein Taxi rufen	chamar um táxi	[ʃa'mar ũ 'taksi]
ein Taxi nehmen	pegar um táxi	[pe'gar ũ 'taksi]

Straßenverkehr (m)	tráfego (m)	['trafegu]
Stau (m)	engarrafamento (m)	[ẽgahafa'mẽtu]
Hauptverkehrszeit (f)	horas (f pl) de pico	['ɔras de 'piku]
parken (vi)	estacionar (vi)	[istasjo'nar]
parken (vt)	estacionar (vt)	[istasjo'nar]
Parkplatz (m)	parque (m) de estacionamento	['parki de istasjona'mẽtu]

U-Bahn (f)	metrô (m)	[me'tro]
Station (f)	estação (f)	[ista'sãw]
mit der U-Bahn fahren	ir de metrô	[ir de me'tro]
Zug (m)	trem (m)	[trẽj]
Bahnhof (m)	estação (f) de trem	[ista'sãw de trẽj]

82. Sehenswürdigkeiten

Denkmal (n)	monumento (m)	[monu'mẽtu]
Festung (f)	fortaleza (f)	[forta'leza]
Palast (m)	palácio (m)	[pa'lasju]
Schloss (n)	castelo (m)	[kas'tɛlu]
Turm (m)	torre (f)	['tohi]
Mausoleum (n)	mausoléu (m)	[mawzo'lɛw]

Architektur (f)	arquitetura (f)	[arkite'tura]
mittelalterlich	medieval	[medʒje'vaw]
alt (antik)	antigo	[ã'tʃigu]
national	nacional	[nasjo'naw]

berühmt	famoso	[fa'mozu]
Tourist (m)	turista (m)	[tu'rista]
Fremdenführer (m)	guia (m)	['gia]
Ausflug (m)	excursão (f)	[iskur'sãw]
zeigen (vt)	mostrar (vt)	[mos'trar]
erzählen (vt)	contar (vt)	[kõ'tar]
finden (vt)	encontrar (vt)	[ëkõ'trar]
sich verlieren	perder-se (vr)	[per'dersi]
Karte (U-Bahn ~)	mapa (m)	['mapa]
Karte (Stadt-)	mapa (m)	['mapa]
Souvenir (n)	lembrança (f), presente (m)	[lẽ'brãsa], [pre'zẽtʃi]
Souvenirladen (m)	loja (f) de presentes	['lɔʒa de pre'zẽtʃis]
fotografieren (vt)	tirar fotos	[tʃi'rar 'fɔtus]
sich fotografieren	fotografar-se (vr)	[fotogra'farse]

83. Shopping

kaufen (vt)	comprar (vt)	[kõ'prar]
Einkauf (m)	compra (f)	['kõpra]
einkaufen gehen	fazer compras	[fa'zer 'kõpras]
Einkaufen (n)	compras (f pl)	['kõpras]
offen sein (Laden)	estar aberta	[is'tar a'bɛrta]
zu sein	estar fechada	[is'tar fe'ʃada]
Schuhe (pl)	calçado (m)	[kaw'sadu]
Kleidung (f)	roupa (f)	['hopa]
Kosmetik (f)	cosméticos (m pl)	[koz'mɛtʃikus]
Lebensmittel (pl)	alimentos (m pl)	[ali'mẽtus]
Geschenk (n)	presente (m)	[pre'zẽtʃi]
Verkäufer (m)	vendedor (m)	[vẽde'dor]
Verkäuferin (f)	vendedora (f)	[vẽde'dora]
Kasse (f)	caixa (f)	['kaɪʃa]
Spiegel (m)	espelho (m)	[is'peʎu]
Ladentisch (m)	balcão (m)	[baw'kãw]
Umkleidekabine (f)	provador (m)	[prɔva'dor]
anprobieren (vt)	provar (vt)	[pro'var]
passen (Schuhe, Kleid)	servir (vi)	[ser'vir]
gefallen (vi)	gostar (vt)	[gos'tar]
Preis (m)	preço (m)	['presu]
Preisschild (n)	etiqueta (f) de preço	[etʃi'keta de 'presu]
kosten (vt)	custar (vt)	[kus'tar]
Wie viel?	Quanto?	['kwãtu]
Rabatt (m)	desconto (m)	[dʒis'kõtu]
preiswert	não caro	['nãw 'karu]
billig	barato	[ba'ratu]
teuer	caro	['karu]

Das ist teuer	É caro	[ɛ 'karu]
Verleih (m)	aluguel (m)	[alu'gɛw]
leihen, mieten (ein Auto usw.)	alugar (vt)	[alu'gar]
Kredit (m), Darlehen (n)	crédito (m)	['krɛdʒitu]
auf Kredit	a crédito	[a 'krɛdʒitu]

84. Geld

Geld (n)	dinheiro (m)	[dʒi'ɲejru]
Austausch (m)	câmbio (m)	['kãbju]
Kurs (m)	taxa (f) de câmbio	['taʃa de 'kãbju]
Geldautomat (m)	caixa (m) eletrônico	['kaɪʃa ele'troniku]
Münze (f)	moeda (f)	['mwɛda]

| Dollar (m) | dólar (m) | ['dɔlar] |
| Euro (m) | euro (m) | ['ewru] |

Lira (f)	lira (f)	['lira]
Mark (f)	marco (m)	['marku]
Franken (m)	franco (m)	['frãku]
Pfund Sterling (n)	libra (f) esterlina	['libra ister'linu]
Yen (m)	iene (m)	['jɛni]

Schulden (pl)	dívida (f)	['dʒivida]
Schuldner (m)	devedor (m)	[deve'dor]
leihen (vt)	emprestar (vt)	[ẽpres'tar]
leihen, borgen (Geld usw.)	pedir emprestado	[pe'dʒir ẽpres'tadu]

Bank (f)	banco (m)	['bãku]
Konto (n)	conta (f)	['kõta]
einzahlen (vt)	depositar (vt)	[depozi'tar]
auf ein Konto einzahlen	depositar na conta	[depozi'tar na 'kõta]
abheben (vt)	sacar (vt)	[sa'kar]

Kreditkarte (f)	cartão (m) de crédito	[kar'tãw de 'krɛdʒitu]
Bargeld (n)	dinheiro (m) vivo	[dʒi'ɲejru 'vivu]
Scheck (m)	cheque (m)	['ʃɛki]
einen Scheck schreiben	passar um cheque	[pa'sar ũ 'ʃɛki]
Scheckbuch (n)	talão (m) de cheques	[ta'lãw de 'ʃɛkis]

Geldtasche (f)	carteira (f)	[kar'tejra]
Geldbeutel (m)	niqueleira (f)	[nike'lejra]
Safe (m)	cofre (m)	['kɔfri]

Erbe (m)	herdeiro (m)	[er'dejru]
Erbschaft (f)	herança (f)	[e'rãsa]
Vermögen (n)	fortuna (f)	[for'tuna]

Pacht (f)	arrendamento (m)	[ahẽda'mẽtu]
Miete (f)	aluguel (m)	[alu'gɛw]
mieten (vt)	alugar (vt)	[alu'gar]

| Preis (m) | preço (m) | ['presu] |
| Kosten (pl) | custo (m) | ['kustu] |

Summe (f)	soma (f)	['sɔma]
ausgeben (vt)	gastar (vt)	[gas'tar]
Ausgaben (pl)	gastos (m pl)	['gastus]
sparen (vt)	economizar (vi)	[ekonomi'zar]
sparsam	econômico	[eko'nomiku]
zahlen (vt)	pagar (vt)	[pa'gar]
Lohn (m)	pagamento (m)	[paga'mẽtu]
Wechselgeld (n)	troco (m)	['troku]
Steuer (f)	imposto (m)	[ĩ'postu]
Geldstrafe (f)	multa (f)	['muwta]
bestrafen (vt)	multar (vt)	[muw'tar]

85. Post. Postdienst

Post (Postamt)	agência (f) dos correios	[a'ʒẽsja dus ko'hejus]
Post (Postsendungen)	correio (m)	[ko'heju]
Briefträger (m)	carteiro (m)	[kar'tejru]
Öffnungszeiten (pl)	horário (m)	[o'rarju]
Brief (m)	carta (f)	['karta]
Einschreibebrief (m)	carta (f) registada	['karta heʒis'tada]
Postkarte (f)	cartão (m) postal	[kar'tãw pos'taw]
Telegramm (n)	telegrama (m)	[tele'grama]
Postpaket (n)	encomenda (f)	[ẽko'mẽda]
Geldanweisung (f)	transferência (f) de dinheiro	[trãsfe'rẽsja de dʒi'ɲejru]
bekommen (vt)	receber (vt)	[hese'ber]
abschicken (vt)	enviar (vt)	[ẽ'vjar]
Absendung (f)	envio (m)	[ẽ'viu]
Postanschrift (f)	endereço (m)	[ẽde'resu]
Postleitzahl (f)	código (m) postal	['kɔdʒigu pos'taw]
Absender (m)	remetente (m)	[heme'tẽtʃi]
Empfänger (m)	destinatário (m)	[destʃina'tarju]
Vorname (m)	nome (m)	['nɔmi]
Nachname (m)	sobrenome (m)	[sobri'nɔmi]
Tarif (m)	tarifa (f)	[ta'rifa]
Standard- (Tarif)	ordinário	[ordʒi'narju]
Spar- (-tarif)	econômico	[eko'nomiku]
Gewicht (n)	peso (m)	['pezu]
abwiegen (vt)	pesar (vt)	[pe'zar]
Briefumschlag (m)	envelope (m)	[ẽve'lɔpi]
Briefmarke (f)	selo (m) postal	['selu pos'taw]
Briefmarke aufkleben	colar o selo	[ko'lar u 'selu]

Wohnung. Haus. Zuhause

86. Haus. Wohnen

Haus (n)	casa (f)	['kaza]
zu Hause	em casa	[ẽ 'kaza]
Hof (m)	pátio (m), quintal (f)	['patʃju], [kĩ'taw]
Zaun (m)	cerca, grade (f)	['sɛrka], ['gradʒi]
Ziegel (m)	tijolo (m)	[tʃi'ʒolu]
Ziegel-	de tijolos	[de tʃi'ʒolus]
Stein (m)	pedra (f)	['pɛdra]
Stein-	de pedra	[de 'pɛdra]
Beton (m)	concreto (m)	[kõ'krɛtu]
Beton-	concreto	[kõ'krɛtu]
neu	novo	['novu]
alt	velho	['vɛʎu]
baufällig	decrépito	[de'krɛpitu]
modern	moderno	[mo'dɛrnu]
mehrstöckig	de vários andares	[de 'varjus ã'daris]
hoch	alto	['awtu]
Stock (m)	andar (m)	[ã'dar]
einstöckig	de um andar	[de ũ ã'dar]
Erdgeschoß (n)	térreo (m)	['tɛhju]
oberster Stock (m)	andar (m) de cima	[ã'dar de 'sima]
Dach (n)	telhado (m)	[te'ʎadu]
Schlot (m)	chaminé (f)	[ʃami'nɛ]
Dachziegel (m)	telha (f)	['teʎa]
Dachziegel-	de telha	[de 'teʎa]
Dachboden (m)	sótão (m)	['sɔtãw]
Fenster (n)	janela (f)	[ʒa'nɛla]
Glas (n)	vidro (m)	['vidru]
Fensterbrett (n)	parapeito (m)	[para'pejtu]
Fensterläden (pl)	persianas (f pl)	[per'sjanas]
Wand (f)	parede (f)	[pa'redʒi]
Balkon (m)	varanda (f)	[va'rãda]
Regenfallrohr (n)	calha (f)	['kaʎa]
nach oben	em cima	[ẽ 'sima]
hinaufgehen (vi)	subir (vi)	[su'bir]
herabsteigen (vi)	descer (vi)	[de'ser]
umziehen (vi)	mudar-se (vr)	[mu'darsi]

87. Haus. Eingang. Lift

Eingang (m)	entrada (f)	[ẽ'trada]
Treppe (f)	escada (f)	[is'kada]
Stufen (pl)	degraus (m pl)	[de'graws]
Geländer (n)	corrimão (m)	[kohi'mãw]
Halle (f)	hall (m) de entrada	[hɔw de ẽ'trada]
Briefkasten (m)	caixa (f) de correio	['kaɪʃa de ko'heju]
Müllkasten (m)	lixeira (f)	[li'ʃejra]
Müllschlucker (m)	calha (f) de lixo	['kaʎa de 'liʃu]
Aufzug (m)	elevador (m)	[eleva'dor]
Lastenaufzug (m)	elevador (m) de carga	[eleva'dor de 'karga]
Aufzugkabine (f)	cabine (f)	[ka'bini]
Aufzug nehmen	pegar o elevador	[pe'gar u eleva'dor]
Wohnung (f)	apartamento (m)	[aparta'mẽtu]
Mieter (pl)	residentes (pl)	[hezi'dẽtʃis]
Nachbar (m)	vizinho (m)	[vi'ziɲu]
Nachbarin (f)	vizinha (f)	[vi'ziɲa]
Nachbarn (pl)	vizinhos (pl)	[vi'ziɲus]

88. Haus. Elektrizität

Elektrizität (f)	eletricidade (f)	[eletrisi'dadʒi]
Glühbirne (f)	lâmpada (f)	['lãpada]
Schalter (m)	interruptor (m)	[ĩtehup'tor]
Sicherung (f)	fusível, disjuntor (m)	[fu'zivew], [dʒisʒũ'tor]
Draht (m)	fio, cabo (m)	['fiu], ['kabu]
Leitung (f)	instalação (f) elétrica	[ĩstala'sãw e'lɛtrika]
Stromzähler (m)	medidor (m) de eletricidade	[medʒi'dor de eletrisi'dadʒi]
Zählerstand (m)	indicação (f), registro (m)	[ĩdʒika'sãw], [he'ʒistru]

89. Haus. Türen. Schlösser

Tür (f)	porta (f)	['pɔrta]
Tor (der Villa usw.)	portão (m)	[por'tãw]
Griff (m)	maçaneta (f)	[masa'neta]
aufschließen (vt)	destrancar (vt)	[dʒistrã'kar]
öffnen (vt)	abrir (vt)	[a'brir]
schließen (vt)	fechar (vt)	[fe'ʃar]
Schlüssel (m)	chave (f)	['ʃavi]
Bündel (n)	molho (m)	['moʎu]
knarren (vi)	ranger (vi)	[hã'ʒer]
Knarren (n)	rangido (m)	[hã'ʒidu]
Türscharnier (n)	dobradiça (f)	[dobra'dʒisa]
Fußmatte (f)	capacho (m)	[ka'paʃu]
Schloss (n)	fechadura (f)	[feʃa'dura]

Schlüsselloch (n)	buraco (m) da fechadura	[bu'raku da feʃa'dura]
Türriegel (m)	barra (f)	['baha]
kleiner Türriegel (m)	fecho (m)	['feʃu]
Vorhängeschloss (n)	cadeado (m)	[ka'dʒjadu]
klingeln (vi)	tocar (vt)	[to'kar]
Klingel (Laut)	toque (m)	['tɔki]
Türklingel (f)	campainha (f)	[kampa'iɲa]
Knopf (m)	botão (m)	[bo'tãw]
Klopfen (n)	batida (f)	[ba'tʃida]
anklopfen (vi)	bater (vi)	[ba'ter]
Code (m)	código (m)	['kɔdʒigu]
Zahlenschloss (n)	fechadura (f) de código	[feʃa'dura de 'kɔdʒigu]
Sprechanlage (f)	interfone (m)	[ĩter'foni]
Nummer (f)	número (m)	['numeru]
Türschild (n)	placa (f) de porta	['plaka de 'pɔrta]
Türspion (m)	olho (m) mágico	['oʎu 'maʒiku]

90. Landhaus

Dorf (n)	aldeia (f)	[aw'deja]
Gemüsegarten (m)	horta (f)	['ɔrta]
Zaun (m)	cerca (f)	['serka]
Lattenzaun (m)	cerca (f) de piquete	['sɛrka de pi'ketʃi]
Zauntür (f)	portão (f) do jardim	[por'tãw du ʒar'dʒĩ]
Speicher (m)	celeiro (m)	[se'lejru]
Keller (m)	adega (f)	[a'dɛga]
Schuppen (m)	galpão, barracão (m)	[gaw'pãw], [baha'kãw]
Brunnen (m)	poço (m)	['posu]
Ofen (m)	fogão (m)	[fo'gãw]
heizen (Ofen ~)	atiçar o fogo	[atʃi'sar u 'fogu]
Holz (n)	lenha (f)	['lɛɲa]
Holzscheit (n)	lenha (f)	['lɛɲa]
Veranda (f)	varanda (f)	[va'rãda]
Terrasse (f)	alpendre (m)	[aw'pẽdri]
Außentreppe (f)	degraus (m pl) de entrada	[de'graws de ẽ'trada]
Schaukel (f)	balanço (m)	[ba'lãsu]

91. Villa. Schloss

Landhaus (n)	casa (f) de campo	['kaza de 'kãpu]
Villa (f)	vila (f)	['vila]
Flügel (m)	ala (f)	['ala]
Garten (m)	jardim (m)	[ʒar'dʒĩ]
Park (m)	parque (m)	['parki]
Orangerie (f)	estufa (f)	[is'tufa]
pflegen (Garten usw.)	cuidar de ...	[kwi'dar de]

Schwimmbad (n)	piscina (f)	[pi'sina]
Kraftraum (m)	academia (f) de ginástica	[akade'mia de ʒi'nastʃika]
Tennisplatz (m)	quadra (f) de tênis	['kwadra de 'tenis]
Heimkinoraum (m)	cinema (m)	[si'nɛma]
Garage (f)	garagem (f)	[ga'raʒẽ]
Privateigentum (n)	propriedade (f) privada	[proprje'dadʒi pri'vada]
Privatgrundstück (n)	terreno (m) privado	[te'hɛnu pri'vadu]
Warnung (f)	advertência (f)	[adʒiver'tẽsja]
Warnschild (n)	sinal (m) de aviso	[si'naw de a'vizu]
Bewachung (f)	guarda (f)	['gwarda]
Wächter (m)	guarda (m)	['gwarda]
Alarmanlage (f)	alarme (m)	[a'larmi]

92. Burg. Palast

Schloss (n)	castelo (m)	[kas'tɛlu]
Palast (m)	palácio (m)	[pa'lasju]
Festung (f)	fortaleza (f)	[forta'leza]
Mauer (f)	muralha (f)	[mu'raʎa]
Turm (m)	torre (f)	['tohi]
Bergfried (m)	calabouço (m)	[kala'bosu]
Fallgatter (n)	grade (f) levadiça	['gradʒi leva'dʒisa]
Tunnel (n)	passagem (f) subterrânea	[pa'saʒẽ subite'hanja]
Graben (m)	fosso (m)	['fosu]
Kette (f)	corrente, cadeia (f)	[ko'hẽtʃi], [ka'deja]
Schießscharte (f)	seteira (f)	[se'tejra]
großartig, prächtig	magnífico	[mag'nifiku]
majestätisch	majestoso	[maʒes'tozu]
unnahbar	inexpugnável	[inespug'navew]
mittelalterlich	medieval	[medʒje'vaw]

93. Wohnung

Wohnung (f)	apartamento (m)	[aparta'mẽtu]
Zimmer (n)	quarto, cômodo (m)	['kwartu], ['komodu]
Schlafzimmer (n)	quarto (m) de dormir	['kwartu de dor'mir]
Esszimmer (n)	sala (f) de jantar	['sala de ʒã'tar]
Wohnzimmer (n)	sala (f) de estar	['sala de is'tar]
Arbeitszimmer (n)	escritório (m)	[iskri'tɔrju]
Vorzimmer (n)	sala (f) de entrada	['sala de ẽ'trada]
Badezimmer (n)	banheiro (m)	[ba'ɲejru]
Toilette (f)	lavabo (m)	[la'vabu]
Decke (f)	teto (m)	['tɛtu]
Fußboden (m)	chão, piso (m)	['ʃãw], ['pizu]
Ecke (f)	canto (m)	['kãtu]

94. Wohnung. Saubermachen

aufräumen (vt)	arrumar, limpar (vt)	[ahu'mar], [lĩ'par]
weglegen (vt)	guardar (vt)	[gwar'dar]
Staub (m)	pó (m)	[pɔ]
staubig	empoeirado	[ẽpoej'radu]
Staub abwischen	tirar o pó	[tʃi'rar u pɔ]
Staubsauger (m)	aspirador (m)	[aspira'dor]
Staub saugen	aspirar (vt)	[aspi'rar]
kehren, fegen (vt)	varrer (vt)	[va'her]
Kehricht (m, n)	sujeira (f)	[su'ʒejra]
Ordnung (f)	arrumação, ordem (f)	[ahuma'sãw], ['ordẽ]
Unordnung (f)	desordem (f)	[dʒi'zordẽ]
Schrubber (m)	esfregão (m)	[isfre'gaw]
Lappen (m)	pano (m), trapo (m)	['panu], ['trapu]
Besen (m)	vassoura (f)	[va'sora]
Kehrichtschaufel (f)	pá (f) de lixo	[pa de 'liʃu]

95. Möbel. Innenausstattung

Möbel (n)	mobiliário (m)	[mobi'ljarju]
Tisch (m)	mesa (f)	['meza]
Stuhl (m)	cadeira (f)	[ka'dejra]
Bett (n)	cama (f)	['kama]
Sofa (n)	sofá, divã (m)	[so'fa], [dʒi'vã]
Sessel (m)	poltrona (f)	[pow'trɔna]
Bücherschrank (m)	estante (f)	[is'tãtʃi]
Regal (n)	prateleira (f)	[prate'lejra]
Schrank (m)	guarda-roupas (m)	['gwarda 'hopa]
Hakenleiste (f)	cabide (m) de parede	[ka'bidʒi de pa'redʒi]
Kleiderständer (m)	cabideiro (m) de pé	[kabi'dejru de pɛ]
Kommode (f)	cômoda (f)	['komoda]
Couchtisch (m)	mesinha (f) de centro	[me'ziɲa de 'sẽtru]
Spiegel (m)	espelho (m)	[is'peʎu]
Teppich (m)	tapete (m)	[ta'petʃi]
Matte (kleiner Teppich)	tapete (m)	[ta'petʃi]
Kamin (m)	lareira (f)	[la'rejra]
Kerze (f)	vela (f)	['vɛla]
Kerzenleuchter (m)	castiçal (m)	[kastʃi'saw]
Vorhänge (pl)	cortinas (f pl)	[kor'tʃinas]
Tapete (f)	papel (m) de parede	[pa'pɛw de pa'redʒi]
Jalousie (f)	persianas (f pl)	[per'sjanas]
Tischlampe (f)	luminária (f) de mesa	[lumi'narja de 'meza]
Leuchte (f)	luminária (f) de parede	[lumi'narja de pa'redʒi]

Stehlampe (f)	abajur (m) de pé	[aba'ʒur de 'pɛ]
Kronleuchter (m)	lustre (m)	['lustri]
Bein (Tischbein usw.)	pé (m)	[pɛ]
Armlehne (f)	braço, descanso (m)	['brasu], [dʒis'kãsu]
Lehne (f)	costas (f pl)	['kɔstas]
Schublade (f)	gaveta (f)	[ga'veta]

96. Bettwäsche

Bettwäsche (f)	roupa (f) de cama	['hopa de 'kama]
Kissen (n)	travesseiro (m)	[trave'sejru]
Kissenbezug (m)	fronha (f)	['froɲa]
Bettdecke (f)	cobertor (m)	[kuber'tor]
Laken (n)	lençol (m)	[lẽ'sɔw]
Tagesdecke (f)	colcha (f)	['kowʃa]

97. Küche

Küche (f)	cozinha (f)	[ko'ziɲa]
Gas (n)	gás (m)	[gajs]
Gasherd (m)	fogão (m) a gás	[fo'gãw a gajs]
Elektroherd (m)	fogão (m) elétrico	[fo'gãw e'lɛtriku]
Backofen (m)	forno (m)	['fornu]
Mikrowellenherd (m)	forno (m) de micro-ondas	['fornu de mikro'õdas]
Kühlschrank (m)	geladeira (f)	[ʒela'dejra]
Tiefkühltruhe (f)	congelador (m)	[kõʒela'dor]
Geschirrspülmaschine (f)	máquina (f) de lavar louça	['makina de la'var 'losa]
Fleischwolf (m)	moedor (m) de carne	[moe'dor de 'karni]
Saftpresse (f)	espremedor (m)	[ispreme'dor]
Toaster (m)	torradeira (f)	[toha'dejra]
Mixer (m)	batedeira (f)	[bate'dejra]
Kaffeemaschine (f)	máquina (f) de café	['makina de ka'fɛ]
Kaffeekanne (f)	cafeteira (f)	[kafe'tejra]
Kaffeemühle (f)	moedor (m) de café	[moe'dor de ka'fɛ]
Wasserkessel (m)	chaleira (f)	[ʃa'lejra]
Teekanne (f)	bule (m)	['buli]
Deckel (m)	tampa (f)	['tãpa]
Teesieb (n)	coador (m) de chá	[koa'dor de ʃa]
Löffel (m)	colher (f)	[ko'ʎer]
Teelöffel (m)	colher (f) de chá	[ko'ʎer de ʃa]
Esslöffel (m)	colher (f) de sopa	[ko'ʎer de 'sopa]
Gabel (f)	garfo (m)	['garfu]
Messer (n)	faca (f)	['faka]
Geschirr (n)	louça (f)	['losa]
Teller (m)	prato (m)	['pratu]

Untertasse (f)	pires (m)	['piris]
Schnapsglas (n)	cálice (m)	['kalisi]
Glas (n)	copo (m)	['kɔpu]
Tasse (f)	xícara (f)	['ʃikara]

Zuckerdose (f)	açucareiro (m)	[asuka'rejru]
Salzstreuer (m)	saleiro (m)	[sa'lejru]
Pfefferstreuer (m)	pimenteiro (m)	[pimẽ'tejru]
Butterdose (f)	manteigueira (f)	[mãtej'gejra]

Kochtopf (m)	panela (f)	[pa'nɛla]
Pfanne (f)	frigideira (f)	[friʒi'dejra]
Schöpflöffel (m)	concha (f)	['kõʃa]
Durchschlag (m)	coador (m)	[koa'dor]
Tablett (n)	bandeja (f)	[bã'deʒa]

Flasche (f)	garrafa (f)	[ga'hafa]
Glas (Einmachglas)	pote (m) de vidro	['potʃi de 'vidru]
Dose (f)	lata (f)	['lata]

Flaschenöffner (m)	abridor (m) de garrafa	[abri'dor de ga'hafa]
Dosenöffner (m)	abridor (m) de latas	[abri'dor de 'latas]
Korkenzieher (m)	saca-rolhas (m)	['saka-'hoʎas]
Filter (n)	filtro (m)	['fiwtru]
filtern (vt)	filtrar (vt)	[fiw'trar]

| Müll (m) | lixo (m) | ['liʃu] |
| Mülleimer, Treteimer (m) | lixeira (f) | [li'ʃejra] |

98. Bad

Badezimmer (n)	banheiro (m)	[ba'ɲejru]
Wasser (n)	água (f)	['agwa]
Wasserhahn (m)	torneira (f)	[tor'nejra]
Warmwasser (n)	água (f) quente	['agwa 'kẽtʃi]
Kaltwasser (n)	água (f) fria	['agwa 'fria]

Zahnpasta (f)	pasta (f) de dente	['pasta de 'dẽtʃi]
Zähne putzen	escovar os dentes	[isko'var us 'dẽtʃis]
Zahnbürste (f)	escova (f) de dente	[is'kova de 'dẽtʃi]

sich rasieren	barbear-se (vr)	[bar'bjarsi]
Rasierschaum (m)	espuma (f) de barbear	[is'puma de bar'bjar]
Rasierer (m)	gilete (f)	[ʒi'lɛtʃi]

waschen (vt)	lavar (vt)	[la'var]
sich waschen	tomar banho	[to'mar baɲu]
Dusche (f)	chuveiro (m), ducha (f)	[ʃu'vejru], ['duʃa]
sich duschen	tomar uma ducha	[to'mar 'uma 'duʃa]

Badewanne (f)	banheira (f)	[ba'ɲejra]
Klosettbecken (n)	vaso (m) sanitário	['vazu sani'tarju]
Waschbecken (n)	pia (f)	['pia]
Seife (f)	sabonete (m)	[sabo'netʃi]

Seifenschale (f)	saboneteira (f)	[sabone'tejra]
Schwamm (m)	esponja (f)	[is'põʒa]
Shampoo (n)	xampu (m)	[ʃã'pu]
Handtuch (n)	toalha (f)	[to'aʎa]
Bademantel (m)	roupão (m) de banho	[ho'pãw de 'baɲu]
Wäsche (f)	lavagem (f)	[la'vaʒẽ]
Waschmaschine (f)	lavadora (f) de roupas	[lava'dora de 'hopas]
waschen (vt)	lavar a roupa	[la'var a 'hopa]
Waschpulver (n)	detergente (m)	[deter'ʒẽtʃi]

99. Haushaltsgeräte

Fernseher (m)	televisor (m)	[televi'zor]
Tonbandgerät (n)	gravador (m)	[grava'dor]
Videorekorder (m)	videogravador (m)	['vidʒju·grava'dor]
Empfänger (m)	rádio (m)	['hadʒju]
Player (m)	leitor (m)	[lej'tor]
Videoprojektor (m)	projetor (m)	[proʒe'tor]
Heimkino (n)	cinema (m) em casa	[si'nɛma ẽ 'kaza]
DVD-Player (m)	DVD Player (m)	[deve'de 'plejer]
Verstärker (m)	amplificador (m)	[ãplifika'dor]
Spielkonsole (f)	console (f) de jogos	[kõ'sɔli de 'ʒogus]
Videokamera (f)	câmera (f) de vídeo	['kamera de 'vidʒju]
Kamera (f)	máquina (f) fotográfica	['makina foto'grafika]
Digitalkamera (f)	câmera (f) digital	['kamera dʒiʒi'taw]
Staubsauger (m)	aspirador (m)	[aspira'dor]
Bügeleisen (n)	ferro (m) de passar	['fɛhu de pa'sar]
Bügelbrett (n)	tábua (f) de passar	['tabwa de pa'sar]
Telefon (n)	telefone (m)	[tele'fɔni]
Mobiltelefon (n)	celular (m)	[selu'lar]
Schreibmaschine (f)	máquina (f) de escrever	['makina de iskre'ver]
Nähmaschine (f)	máquina (f) de costura	['makina de kos'tura]
Mikrophon (n)	microfone (m)	[mikro'fɔni]
Kopfhörer (m)	fone (m) de ouvido	['fɔni de o'vidu]
Fernbedienung (f)	controle remoto (m)	[kõ'trɔli he'mɔtu]
CD (f)	CD (m)	['sede]
Kassette (f)	fita (f) cassete	['fita ka'sɛtʃi]
Schallplatte (f)	disco (m) de vinil	['dʒisku de vi'niw]

100. Reparaturen. Renovierung

Renovierung (f)	renovação (f)	[henova'sãw]
renovieren (vt)	renovar (vt), fazer obras	[heno'var], [fa'zer 'ɔbras]
reparieren (vt)	reparar (vt)	[hepa'rar]
in Ordnung bringen	consertar (vt)	[kõser'tar]

89

noch einmal machen	refazer (vt)	[hefa'zer]
Farbe (f)	tinta (f)	[tʃĩta]
streichen (vt)	pintar (vt)	[pĩ'tar]
Anstreicher (m)	pintor (m)	[pĩ'tor]
Pinsel (m)	pincel (m)	[pĩ'sɛw]
Kalkfarbe (f)	cal (f)	[kaw]
weißen (vt)	caiar (vt)	[kaj'ar]
Tapete (f)	papel (m) de parede	[pa'pɛw de pa'redʒi]
tapezieren (vt)	colocar papel de parede	[kolo'kar pa'pɛw de pa'redʒi]
Lack (z.B. Parkettlack)	verniz (m)	[ver'niz]
lackieren (vt)	envernizar (vt)	[ẽverni'zar]

101. Rohrleitungen

Wasser (n)	água (f)	['agwa]
Warmwasser (n)	água (f) quente	['agwa 'kẽtʃi]
Kaltwasser (n)	água (f) fria	['agwa 'fria]
Wasserhahn (m)	torneira (f)	[tor'nejra]
Tropfen (m)	gota (f)	['gota]
tropfen (vi)	gotejar (vi)	[gote'ʒar]
durchsickern (vi)	vazar (vt)	[va'zar]
Leck (n)	vazamento (m)	[vaza'mẽtu]
Lache (f)	poça (f)	['posa]
Rohr (n)	tubo (m)	['tubu]
Ventil (n)	válvula (f)	['vawvula]
sich verstopfen	entupir-se (vr)	[ẽtu'pirsi]
Werkzeuge (pl)	ferramentas (f pl)	[feha'mẽtas]
Engländer (m)	chave (f) inglesa	['ʃavi ĩ'gleza]
abdrehen (vt)	desenroscar (vt)	[dezẽhos'kar]
zudrehen (vt)	enroscar (vt)	[ẽhos'kar]
reinigen (Rohre ~)	desentupir (vt)	[dʒizẽtu'pir]
Klempner (m)	encanador (m)	[ẽkana'dor]
Keller (m)	porão (m)	[po'rãw]
Kanalisation (f)	rede (f) de esgotos	['hedʒi de iz'gotus]

102. Feuer. Brand

Feuer (n)	incêndio (m)	[ĩ'sẽdʒju]
Flamme (f)	chama (f)	['ʃama]
Funke (m)	faísca (f)	[fa'iska]
Rauch (m)	fumaça (f)	[fu'masa]
Fackel (f)	tocha (f)	['tɔʃa]
Lagerfeuer (n)	fogueira (f)	[fo'gejra]
Benzin (n)	gasolina (f)	[gazo'lina]
Kerosin (n)	querosene (m)	[kero'zɛni]

brennbar	inflamável	[ĩfla'mavew]
explosiv	explosivo	[isplo'zivu]
RAUCHEN VERBOTEN!	PROIBIDO FUMAR!	[proi'bidu fu'mar]
Sicherheit (f)	segurança (f)	[segu'rãsa]
Gefahr (f)	perigo (m)	[pe'rigu]
gefährlich	perigoso	[peri'gozu]
sich entflammen	incendiar-se (vr)	[ĩsẽ'dʒjarse]
Explosion (f)	explosão (f)	[isplo'zãw]
in Brand stecken	incendiar (vt)	[ĩsẽ'dʒjar]
Brandstifter (m)	incendiário (m)	[ĩsẽ'dʒjarju]
Brandstiftung (f)	incêndio (m) criminoso	[ĩ'sẽdʒju krimi'nozu]
flammen (vi)	flamejar (vi)	[flame'ʒar]
brennen (vi)	queimar (vi)	[kej'mar]
verbrennen (vi)	queimar tudo (vi)	[kej'mar 'tudu]
die Feuerwehr rufen	chamar os bombeiros	[ʃa'mar us bõ'bejrus]
Feuerwehrmann (m)	bombeiro (m)	[bõ'bejru]
Feuerwehrauto (n)	caminhão (m) de bombeiros	[kami'ɲãw de bõ'bejrus]
Feuerwehr (f)	corpo (m) de bombeiros	['korpu de bõ'bejrus]
Drehleiter (f)	escada (f) extensível	[is'kada istẽ'sivɛl]
Feuerwehrschlauch (m)	mangueira (f)	[mã'gejra]
Feuerlöscher (m)	extintor (m)	[istĩ'tor]
Helm (m)	capacete (m)	[kapa'setʃi]
Sirene (f)	sirene (f)	[si'rɛni]
schreien (vi)	gritar (vi)	[gri'tar]
um Hilfe rufen	chamar por socorro	[ʃa'mar por so'kohu]
Retter (m)	socorrista (m)	[soko'hista]
retten (vt)	salvar, resgatar (vt)	[saw'var], [hezga'tar]
ankommen (vi)	chegar (vi)	[ʃe'gar]
löschen (vt)	apagar (vt)	[apa'gar]
Wasser (n)	água (f)	['agwa]
Sand (m)	areia (f)	[a'reja]
Trümmer (pl)	ruínas (f pl)	['hwinas]
zusammenbrechen (vi)	ruir (vi)	['hwir]
einfallen (vi)	desmoronar (vi)	[dʒizmoro'nar]
einstürzen (Decke)	desabar (vi)	[dʒiza'bar]
Bruchstück (n)	fragmento (m)	[frag'mẽtu]
Asche (f)	cinza (f)	['sĩza]
ersticken (vi)	sufocar (vi)	[sufo'kar]
ums Leben kommen	perecer (vi)	[pere'ser]

AKTIVITÄTEN DES MENSCHEN

Beruf. Geschäft. Teil 1

103. Büro. Arbeiten im Büro

Büro (Firmensitz)	escritório (m)	[iskri'tɔrju]
Büro (~ des Direktors)	escritório (m)	[iskri'tɔrju]
Rezeption (f)	recepção (f)	[hesep'sãw]
Sekretär (m)	secretário (m)	[sekre'tarju]
Sekretärin (f)	secretária (f)	[sekre'tarja]
Direktor (m)	diretor (m)	[dʒire'tor]
Manager (m)	gerente (m)	[ʒe'rẽtʃi]
Buchhalter (m)	contador (m)	[kõta'dɔr]
Mitarbeiter (m)	empregado (m)	[ẽpre'gadu]
Möbel (n)	mobiliário (m)	[mobi'ljarju]
Tisch (m)	mesa (f)	['meza]
Schreibtischstuhl (m)	cadeira (f)	[ka'dejra]
Rollcontainer (m)	gaveteiro (m)	[gave'tejru]
Kleiderständer (m)	cabideiro (m) de pé	[kabi'dejru de pɛ]
Computer (m)	computador (m)	[kõputa'dor]
Drucker (m)	impressora (f)	[ĩpre'sora]
Fax (n)	fax (m)	[faks]
Kopierer (m)	fotocopiadora (f)	[fotokopja'dora]
Papier (n)	papel (m)	[pa'pɛw]
Büromaterial (n)	artigos (m pl) de escritório	[ar'tʃigus de iskri'tɔrju]
Mousepad (n)	tapete (m) para mouse	[ta'petʃi 'para 'mawz]
Blatt (n) Papier	folha (f)	['foʎa]
Ordner (m)	pasta (f)	['pasta]
Katalog (m)	catálogo (m)	[ka'talogu]
Adressbuch (n)	lista (f) telefônica	['lista tele'fonika]
Dokumentation (f)	documentação (f)	[dokumẽta'sãw]
Broschüre (f)	brochura (f)	[bro'ʃura]
Flugblatt (n)	panfleto (m)	[pã'fletu]
Muster (n)	amostra (f)	[a'mɔstra]
Training (n)	formação (f)	[forma'sãw]
Meeting (n)	reunião (f)	[heu'njãw]
Mittagspause (f)	hora (f) de almoço	['ɔra de aw'mosu]
eine Kopie machen	fazer uma cópia	[fa'zer 'uma 'kɔpja]
vervielfältigen (vt)	tirar cópias	[tʃi'rar 'kɔpjas]
ein Fax bekommen	receber um fax	[hese'ber ũ faks]
ein Fax senden	enviar um fax	[ẽ'vjar ũ faks]

anrufen (vt)	fazer uma chamada	[fa'zer 'uma ʃa'mada]
antworten (vi)	responder (vt)	[hespõ'der]
verbinden (vt)	passar (vt)	[pa'sar]

ausmachen (vt)	marcar (vt)	[mar'kar]
demonstrieren (vt)	demonstrar (vt)	[demõs'trar]
fehlen (am Arbeitsplatz ~)	estar ausente	[is'tar aw'zẽtʃi]
Abwesenheit (f)	ausência (f)	[aw'zẽsja]

104. Geschäftsabläufe. Teil 1

Geschäft (n) (z.B. ~ in Wolle)	negócio (m)	[ne'gɔsju]
Angelegenheit (f)	ocupação (f)	[okupa'sãw]
Firma (f)	firma, empresa (f)	['firma], [ẽ'preza]
Gesellschaft (f)	companhia (f)	[kõpa'ɲia]
Konzern (m)	corporação (f)	[korpora'sãw]
Unternehmen (n)	empresa (f)	[ẽ'preza]
Agentur (f)	agência (f)	[a'ʒẽsja]

Vereinbarung (f)	acordo (m)	[a'kordu]
Vertrag (m)	contrato (m)	[kõ'tratu]
Geschäft (Transaktion)	acordo (m)	[a'kordu]
Auftrag (Bestellung)	pedido (m)	[pe'dʒidu]
Bedingung (f)	termos (m pl)	['termus]

en gros (im Großen)	por atacado	[por ata'kadu]
Großhandels-	por atacado	[por atak'adu]
Großhandel (m)	venda (f) por atacado	['vẽda pur ata'kadu]
Einzelhandels-	a varejo	[a va'reʒu]
Einzelhandel (m)	venda (f) a varejo	['vẽda a va'reʒu]

Konkurrent (m)	concorrente (m)	[kõko'hẽtʃi]
Konkurrenz (f)	concorrência (f)	[kõko'hẽsja]
konkurrieren (vi)	competir (vi)	[kõpe'tʃir]

| Partner (m) | sócio (m) | ['sɔsju] |
| Partnerschaft (f) | parceria (f) | [parse'ria] |

Krise (f)	crise (f)	['krizi]
Bankrott (m)	falência (f)	[fa'lẽsja]
Bankrott machen	entrar em falência	[ẽ'trar ẽ fa'lẽsja]
Schwierigkeit (f)	dificuldade (f)	[dʒifikuw'dadʒi]
Problem (n)	problema (m)	[prob'lɛma]
Katastrophe (f)	catástrofe (f)	[ka'tastrofi]

Wirtschaft (f)	economia (f)	[ekono'mia]
wirtschaftlich	econômico	[eko'nomiku]
Rezession (f)	recessão (f) econômica	[hesep'sãw eko'nomika]

| Ziel (n) | objetivo (m) | [obʒe'tʃivu] |
| Aufgabe (f) | tarefa (f) | [ta'rɛfa] |

| handeln (Handel treiben) | comerciar (vi, vt) | [komer'sjar] |
| Netz (Verkaufs-) | rede (f), cadeia (f) | ['hedʒi], [ka'deja] |

| Lager (n) | estoque (m) | [isˈtɔki] |
| Sortiment (n) | sortimento (m) | [sortʃiˈmẽtu] |

führende Unternehmen (n)	líder (m)	[ˈlider]
groß (-e Firma)	grande	[ˈgrãdʒi]
Monopol (n)	monopólio (m)	[monoˈpɔlju]

Theorie (f)	teoria (f)	[teoˈria]
Praxis (f)	prática (f)	[ˈpratʃika]
Erfahrung (f)	experiência (f)	[ispeˈrjẽsja]
Tendenz (f)	tendência (f)	[tẽˈdẽsja]
Entwicklung (f)	desenvolvimento (m)	[dʒizẽvowviˈmẽtu]

105. Geschäftsabläufe. Teil 2

| Vorteil (m) | rentabilidade (f) | [hẽtabiliˈdadʒi] |
| vorteilhaft | rentável | [hẽˈtavew] |

Delegation (f)	delegação (f)	[delegaˈsãw]
Lohn (m)	salário, ordenado (m)	[saˈlarju], [ordeˈnadu]
korrigieren (vt)	corrigir (vt)	[kohiˈʒir]
Dienstreise (f)	viagem (f) de negócios	[ˈvjaʒẽ de neˈgɔsjus]
Kommission (f)	comissão (f)	[komiˈsãw]

kontrollieren (vt)	controlar (vt)	[kõtroˈlar]
Konferenz (f)	conferência (f)	[kõfeˈrẽsja]
Lizenz (f)	licença (f)	[liˈsẽsa]
zuverlässig	confiável	[kõˈfjavew]

Initiative (f)	empreendimento (m)	[ẽprjẽdʒiˈmẽtu]
Norm (f)	norma (f)	[ˈnɔrma]
Umstand (m)	circunstância (f)	[sirkũˈstãsja]
Pflicht (f)	dever (m)	[deˈver]

Unternehmen (n)	empresa (f)	[ẽˈpreza]
Organisation (Prozess)	organização (f)	[organizaˈsãw]
organisiert (Adj)	organizado	[organiˈzadu]
Abschaffung (f)	anulação (f)	[anulaˈsãw]
abschaffen (vt)	anular, cancelar (vt)	[anuˈlar], [kãseˈlar]
Bericht (m)	relatório (m)	[helaˈtɔrju]

Patent (n)	patente (f)	[paˈtẽtʃi]
patentieren (vt)	patentear (vt)	[patẽˈtʃjar]
planen (vt)	planejar (vt)	[planeˈʒar]

Prämie (f)	bônus (m)	[ˈbonus]
professionell	profissional	[profisjoˈnaw]
Prozedur (f)	procedimento (m)	[prosedʒiˈmẽtu]

prüfen (Vertrag ~)	examinar (vt)	[ezamiˈnar]
Berechnung (f)	cálculo (m)	[ˈkawkulu]
Ruf (m)	reputação (f)	[reputaˈsãw]
Risiko (n)	risco (m)	[ˈhisku]
leiten (vt)	dirigir (vt)	[dʒiriˈʒir]

Informationen (pl)	informação (f)	[ĩforma'sãw]
Eigentum (n)	propriedade (f)	[proprje'dadʒi]
Bund (m)	união (f)	[u'njãw]
Lebensversicherung (f)	seguro (m) de vida	[se'guru de 'vida]
versichern (vt)	fazer um seguro	[fa'zer ũ se'guru]
Versicherung (f)	seguro (m)	[se'guru]
Auktion (f)	leilão (m)	[lej'lãw]
benachrichtigen (vt)	notificar (vt)	[notʃifi'kar]
Verwaltung (f)	gestão (f)	[ʒes'tãw]
Dienst (m)	serviço (m)	[ser'visu]
Forum (n)	fórum (m)	['forũ]
funktionieren (vi)	funcionar (vi)	[fũsjo'nar]
Etappe (f)	estágio (m)	[is'taʒu]
juristisch	jurídico, legal	[ʒu'ridʒiku], [le'gaw]
Jurist (m)	advogado (m)	[adʒivo'gadu]

106. Fertigung. Arbeiten

Werk (n)	usina (f)	[u'zina]
Fabrik (f)	fábrica (f)	['fabrika]
Werkstatt (f)	oficina (f)	[ɔfi'sina]
Betrieb (m)	local (m) de produção	[lo'kaw de produ'sãw]
Industrie (f)	indústria (f)	[ĩ'dustrja]
Industrie-	industrial	[ĩdus'trjaw]
Schwerindustrie (f)	indústria (f) pesada	[ĩ'dustrja pe'zada]
Leichtindustrie (f)	indústria (f) ligeira	[ĩ'dustrja li'ʒejra]
Produktion (f)	produção (f)	[produ'sãw]
produzieren (vt)	produzir (vt)	[produ'zir]
Rohstoff (m)	matérias-primas (f pl)	[ma'tɛrjas 'primas]
Vorarbeiter (m), Meister (m)	chefe (m) de obras	['ʃɛfi de 'ɔbras]
Arbeitsteam (n)	equipe (f)	[e'kipi]
Arbeiter (m)	operário (m)	[ope'rarju]
Arbeitstag (m)	dia (m) de trabalho	['dʒia de tra'baʎu]
Pause (f)	intervalo (m)	[ĩter'valu]
Versammlung (f)	reunião (f)	[heu'njãw]
besprechen (vt)	discutir (vt)	[dʒisku'tʃir]
Plan (m)	plano (m)	['planu]
den Plan erfüllen	cumprir o plano	[kũ'prir u 'planu]
Arbeitsertrag (m)	taxa (f) de produção	['taʃa de produ'sãw]
Qualität (f)	qualidade (f)	[kwali'dadʒi]
Prüfung, Kontrolle (f)	controle (m)	[kõ'troli]
Gütekontrolle (f)	controle (m) da qualidade	[kõ'troli da kwali'dadʒi]
Arbeitsplatzsicherheit (f)	segurança (f) no trabalho	[segu'rãsa nu tra'baʎu]
Disziplin (f)	disciplina (f)	[dʒisi'plina]
Übertretung (f)	infração (f)	[ĩfra'sãw]

T&P Books. Wortschatz Deutsch-Brasilianisch Portugiesisch für das Selbststudium - 9000 Wörter

übertreten (vt)	violar (vt)	[vjo'lar]
Streik (m)	greve (f)	['grɛvi]
Streikender (m)	grevista (m)	[gre'vista]
streiken (vi)	estar em greve	[is'tar ẽ 'grɛvi]
Gewerkschaft (f)	sindicato (m)	[sĩdʒi'katu]

erfinden (vt)	inventar (vt)	[ĩvẽ'tar]
Erfindung (f)	invenção (f)	[ĩvẽ'sãw]
Erforschung (f)	pesquisa (f)	[pes'kiza]
verbessern (vt)	melhorar (vt)	[meʎo'rar]
Technologie (f)	tecnologia (f)	[teknolo'ʒia]
technische Zeichnung (f)	desenho (m) técnico	[de'zɛɲu 'tɛkniku]

Ladung (f)	carga (f)	['karga]
Ladearbeiter (m)	carregador (m)	[kahega'dor]
laden (vt)	carregar (vt)	[kahe'gar]
Beladung (f)	carregamento (m)	[kahega'mẽtu]
entladen (vt)	descarregar (vt)	[dʒiskahe'gar]
Entladung (f)	descarga (f)	[dʒis'karga]

Transport (m)	transporte (m)	[trãs'pɔrtʃi]
Transportunternehmen (n)	companhia (f) de transporte	[kõpa'ɲia de trãs'pɔrtʃi]
transportieren (vt)	transportar (vt)	[trãspor'tar]

Güterwagen (m)	vagão (m) de carga	[va'gãw de 'karga]
Zisterne (f)	tanque (m)	['tãki]
Lastkraftwagen (m)	caminhão (m)	[kami'ɲãw]

Werkzeugmaschine (f)	máquina (f) operatriz	['makina opera'triz]
Mechanismus (m)	mecanismo (m)	[meka'nizmu]

Industrieabfälle (pl)	resíduos (m pl) industriais	[he'zidwus ĩdus'trjajs]
Verpacken (n)	embalagem (f)	[ẽba'laʒẽ]
verpacken (vt)	embalar (vt)	[ẽba'lar]

107. Vertrag. Zustimmung

Vertrag (m), Auftrag (m)	contrato (m)	[kõ'tratu]
Vereinbarung (f)	acordo (m)	[a'kordu]
Anhang (m)	anexo (m)	[a'nɛksu]

einen Vertrag abschließen	assinar o contrato	[asi'nar u kõ'tratu]
Unterschrift (f)	assinatura (f)	[asina'tura]
unterschreiben (vt)	assinar (vt)	[asi'nar]
Stempel (m)	carimbo (m)	[ka'rĩbu]

Vertragsgegenstand (m)	objeto (m) do contrato	[ob'ʒɛtu du kõ'tratu]
Punkt (m)	cláusula (f)	['klawzula]
Parteien (pl)	partes (f pl)	['partʃis]
rechtmäßige Anschrift (f)	domicílio (m) legal	[domi'silju le'gaw]

Vertrag brechen	violar o contrato	[vjo'lar u kõ'tratu]
Verpflichtung (f)	obrigação (f)	[obriga'sãw]
Verantwortlichkeit (f)	responsabilidade (f)	[hespõsabili'dadʒi]

Force majeure (f)	força (f) maior	['fɔrsa ma'jɔr]
Streit (m)	litígio (m), disputa (f)	[li'tʃiʒju], [dʒis'puta]
Strafsanktionen (pl)	multas (f pl)	['muwtas]

108. Import & Export

Import (m)	importação (f)	[importa'sãw]
Importeur (m)	importador (m)	[ĩporta'dor]
importieren (vt)	importar (vt)	[ĩpor'tar]
Import-	de importação	[de importa'sãw]

Export (m)	exportação (f)	[isporta'sãw]
Exporteur (m)	exportador (m)	[isporta'dor]
exportieren (vt)	exportar (vt)	[ispor'tar]
Export-	de exportação	[de isporta'sãw]

| Waren (pl) | mercadoria (f) | [merkado'ria] |
| Partie (f), Ladung (f) | lote (m) | ['lotʃi] |

Gewicht (n)	peso (m)	['pezu]
Volumen (n)	volume (m)	[vo'lumi]
Kubikmeter (m)	metro (m) cúbico	['mɛtru 'kubiku]

Hersteller (m)	produtor (m)	[produ'tor]
Transportunternehmen (n)	companhia (f) de transporte	[kõpa'ɲia de trãs'pɔrtʃi]
Container (m)	contêiner (m)	[kõ'tejner]

Grenze (f)	fronteira (f)	[frõ'tejra]
Zollamt (n)	alfândega (f)	[aw'fãdʒiga]
Zoll (m)	taxa (f) alfandegária	['taʃa awfãde'garja]
Zollbeamter (m)	funcionário (m) da alfândega	[fũsjo'narju da aw'fãdʒiga]
Schmuggel (m)	contrabando (m)	[kõtra'bãdu]
Schmuggelware (f)	contrabando (m)	[kõtra'bãdu]

109. Finanzen

Aktie (f)	ação (f)	[a'sãw]
Obligation (f)	obrigação (f)	[obriga'sãw]
Wechsel (m)	nota (f) promissória	['nɔta promi'sɔrja]

| Börse (f) | bolsa (f) de valores | ['bowsa de va'lores] |
| Aktienkurs (m) | cotação (m) das ações | [kota'sãw das a'sõjs] |

| billiger werden | tornar-se mais barato | [tor'narsi majs ba'ratu] |
| teuer werden | tornar-se mais caro | [tor'narsi majs 'karu] |

Anteil (m)	parte (f)	['partʃi]
Mehrheitsbeteiligung (f)	participação (f) majoritária	[partʃisipa'sãw maʒori'tarja]
Investitionen (pl)	investimento (m)	[ĩvestʃi'mẽtu]
investieren (vt)	investir (vt)	[ĩves'tʃir]
Prozent (n)	porcentagem (f)	[porsẽ'taʒẽ]
Zinsen (pl)	juros (m pl)	['ʒurus]

Gewinn (m)	lucro (m)	['lukru]
gewinnbringend	lucrativo	[lukra'tʃivu]
Steuer (f)	imposto (m)	[i'postu]

Währung (f)	divisa (f)	[dʒi'viza]
Landes-	nacional	[nasjo'naw]
Geldumtausch (m)	câmbio (m)	['kãbju]

| Buchhalter (m) | contador (m) | [kõta'dɔr] |
| Buchhaltung (f) | contabilidade (f) | [kõtabili'dadʒi] |

Bankrott (m)	falência (f)	[fa'lẽsja]
Zusammenbruch (m)	falência, quebra (f)	[fa'lẽsja], ['kɛbra]
Pleite (f)	ruína (f)	['hwina]
pleite gehen	estar quebrado	[is'tar ke'bradu]
Inflation (f)	inflação (f)	[ĩfla'sãw]
Abwertung (f)	desvalorização (f)	[dʒizvaloriza'sãw]

Kapital (n)	capital (m)	[kapi'taw]
Einkommen (n)	rendimento (m)	[hẽdʒi'mẽtu]
Umsatz (m)	volume (m) de negócios	[vo'lumi de ne'gɔsjus]
Mittel (Reserven)	recursos (m pl)	[he'kursus]
Geldmittel (pl)	recursos (m pl) financeiros	[he'kursus finã'sejrus]
Gemeinkosten (pl)	despesas (f pl) gerais	[dʒis'pezas ʒe'rajs]
reduzieren (vt)	reduzir (vt)	[hedu'zir]

110. Marketing

Marketing (n)	marketing (m)	['marketʃĩŋ]
Markt (m)	mercado (m)	[mer'kadu]
Marktsegment (n)	segmento (m) do mercado	[sɛg'mẽtu du mer'kadu]
Produkt (n)	produto (m)	[pru'dutu]
Waren (pl)	mercadoria (f)	[merkado'ria]

Schutzmarke (f)	marca (f)	['marka]
Handelsmarke (f)	marca (f) registrada	['marka heʒis'trada]
Firmenzeichen (n)	logotipo (m)	[logo'tʃipu]
Logo (n)	logo (m)	['lɔgu]

| Nachfrage (f) | demanda (f) | [de'mãda] |
| Angebot (n) | oferta (f) | [ɔ'fɛrta] |

| Bedürfnis (n) | necessidade (f) | [nesesi'dadʒi] |
| Verbraucher (m) | consumidor (m) | [kõsumi'dor] |

| Analyse (f) | análise (f) | [a'nalizi] |
| analysieren (vt) | analisar (vt) | [anali'zar] |

| Positionierung (f) | posicionamento (m) | [pozisjona'mẽtu] |
| positionieren (vt) | posicionar (vt) | [pozisjo'nar] |

Preis (m)	preço (m)	['presu]
Preispolitik (f)	política (f) de preços	[po'litʃika de 'presus]
Preisbildung (f)	formação (f) de preços	[forma'sãw de 'presus]

111. Werbung

Werbung (f)	publicidade (f)	[publisi'dadʒi]
werben (vt)	fazer publicidade	[fa'zer publisi'dadʒi]
Budget (n)	orçamento (m)	[orsa'mẽtu]
Werbeanzeige (f)	anúncio (m)	[a'nũsju]
Fernsehwerbung (f)	publicidade (f) televisiva	[publisi'dadʒi televi'ziva]
Radiowerbung (f)	publicidade (f) na rádio	[publisi'dadʒi na 'hadʒju]
Außenwerbung (f)	publicidade (f) exterior	[publisi'dadʒi iste'rjor]
Massenmedien (pl)	comunicação (f) de massa	[komunika'sãw de 'masa]
Zeitschrift (f)	periódico (m)	[pe'rjodʒiku]
Image (n)	imagem (f)	[i'maʒẽ]
Losung (f)	slogan (m)	[iz'lɔgã]
Motto (n)	mote (m), lema (f)	['mɔtʃi], ['lɛma]
Kampagne (f)	campanha (f)	[kã'paɲa]
Werbekampagne (f)	campanha (f) publicitária	[kã'paɲa publisi'tarja]
Zielgruppe (f)	grupo (m) alvo	['grupu 'awvu]
Visitenkarte (f)	cartão (m) de visita	[kar'tãw de vi'zita]
Flugblatt (n)	panfleto (m)	[pã'fletu]
Broschüre (f)	brochura (f)	[bro'ʃura]
Faltblatt (n)	folheto (m)	[fo'ʎetu]
Informationsblatt (n)	boletim (m)	[bole'tʃĩ]
Firmenschild (n)	letreiro (m)	[le'trejru]
Plakat (n)	pôster (m)	['poster]
Werbeschild (n)	painel (m) publicitário	[paj'nɛw publisi'tarju]

112. Bankgeschäft

Bank (f)	banco (m)	['bãku]
Filiale (f)	balcão (f)	[baw'kãw]
Berater (m)	consultor (m) bancário	[kõsuw'tor bã'karju]
Leiter (m)	gerente (m)	[ʒe'rẽtʃi]
Konto (n)	conta (f)	['kõta]
Kontonummer (f)	número (m) da conta	['numeru da 'kõta]
Kontokorrent (n)	conta (f) corrente	['kõta ko'hẽtʃi]
Sparkonto (n)	conta (f) poupança	['kõta po'pãsa]
ein Konto eröffnen	abrir uma conta	[a'brir 'uma 'kõta]
das Konto schließen	fechar uma conta	[fe'ʃar 'uma 'kõta]
einzahlen (vt)	depositar na conta	[depozi'tar na 'kõta]
abheben (vt)	sacar (vt)	[sa'kar]
Einzahlung (f)	depósito (m)	[de'pɔzitu]
eine Einzahlung machen	fazer um depósito	[fa'zer ũ de'pɔzitu]
Überweisung (f)	transferência (f) bancária	[trãsfe'rẽsja bã'karja]

überweisen (vt)	transferir (vt)	[trãsfe'rir]
Summe (f)	soma (f)	['sɔma]
Wieviel?	Quanto?	['kwãtu]
Unterschrift (f)	assinatura (f)	[asina'tura]
unterschreiben (vt)	assinar (vt)	[asi'nar]
Kreditkarte (f)	cartão (m) de crédito	[kar'tãw de 'krɛdʒitu]
Code (m)	senha (f)	['sɛɲa]
Kreditkartennummer (f)	número (m) do cartão de crédito	['numeru du kar'tãw de 'krɛdʒitu]
Geldautomat (m)	caixa (m) eletrônico	['kaɪʃa ele'troniku]
Scheck (m)	cheque (m)	['ʃɛki]
einen Scheck schreiben	passar um cheque	[pa'sar ũ 'ʃɛki]
Scheckbuch (n)	talão (m) de cheques	[ta'lãw de 'ʃɛkis]
Darlehen (m)	empréstimo (m)	[ẽ'prɛstʃimu]
ein Darlehen beantragen	pedir um empréstimo	[pe'dʒir ũ ẽ'prɛstʃimu]
ein Darlehen aufnehmen	obter empréstimo	[ob'ter ẽ'prɛstʃimu]
ein Darlehen geben	dar um empréstimo	[dar ũ ẽ'prɛstʃimu]
Sicherheit (f)	garantia (f)	[garã'tʃia]

113. Telefon. Telefongespräche

Telefon (n)	telefone (m)	[tele'fɔni]
Mobiltelefon (n)	celular (m)	[selu'lar]
Anrufbeantworter (m)	secretária (f) eletrônica	[sekre'tarja ele'tronika]
anrufen (vt)	fazer uma chamada	[fa'zer 'uma ʃa'mada]
Anruf (m)	chamada (f)	[ʃa'mada]
eine Nummer wählen	discar um número	[dʒis'kar ũ 'numeru]
Hallo!	Alô!	[a'lo]
fragen (vt)	perguntar (vt)	[pergũ'tar]
antworten (vi)	responder (vt)	[hespõ'der]
hören (vt)	ouvir (vt)	[o'vir]
gut (~ aussehen)	bem	[bẽj]
schlecht (Adv)	mal	[maw]
Störungen (pl)	ruído (m)	['hwidu]
Hörer (m)	fone (m)	['fɔni]
den Hörer abnehmen	pegar o telefone	[pe'gar u tele'fɔni]
auflegen (den Hörer ~)	desligar (vi)	[dʒizli'gar]
besetzt	ocupado	[oku'padu]
läuten (vi)	tocar (vi)	[to'kar]
Telefonbuch (n)	lista (f) telefônica	['lista tele'fonika]
Orts-	local	[lo'kaw]
Ortsgespräch (n)	chamada (f) local	[ʃa'mada lo'kaw]
Auslands-	internacional	[ĩternasjo'naw]
Auslandsgespräch (n)	chamada (f) internacional	[ʃa'mada ĩternasjo'naw]

| Fern- | de longa distância | ['de 'lõgu ʤis'tãsja] |
| Ferngespräch (n) | chamada (f) de longa distância | [ʃa'mada de 'lõgu ʤis'tãsja] |

114. Mobiltelefon

Mobiltelefon (n)	celular (m)	[selu'lar]
Display (n)	tela (f)	['tɛla]
Knopf (m)	botão (m)	[bo'tãw]
SIM-Karte (f)	cartão SIM (m)	[kar'tãw sim]

Batterie (f)	bateria (f)	[bate'ria]
leer sein (Batterie)	descarregar-se (vr)	[ʤiskahe'garsi]
Ladegerät (n)	carregador (m)	[kahega'dor]

Menü (n)	menu (m)	[me'nu]
Einstellungen (pl)	configurações (f pl)	[kõfigura'sõjs]
Melodie (f)	melodia (f)	[melo'ʤia]
auswählen (vt)	escolher (vt)	[isko'ʎer]

Rechner (m)	calculadora (f)	[kawkula'dora]
Anrufbeantworter (m)	correio (m) de voz	[ko'heju de vɔz]
Wecker (m)	despertador (m)	[ʤisperta'dor]
Kontakte (pl)	contatos (m pl)	[kõ'tatus]

| SMS-Nachricht (f) | mensagem (f) de texto | [mẽ'saʒẽ de 'testu] |
| Teilnehmer (m) | assinante (m) | [asi'nãtʃi] |

115. Bürobedarf

| Kugelschreiber (m) | caneta (f) | [ka'neta] |
| Federhalter (m) | caneta (f) tinteiro | [ka'neta tʃĩ'tejru] |

Bleistift (m)	lápis (m)	['lapis]
Faserschreiber (m)	marcador (m) de texto	[marka'dor de 'testu]
Filzstift (m)	caneta (f) hidrográfica	[ka'neta idro'grafika]

| Notizblock (m) | bloco (m) de notas | ['blɔku de 'nɔtas] |
| Terminkalender (m) | agenda (f) | [a'ʒẽda] |

Lineal (n)	régua (f)	['hɛgwa]
Rechner (m)	calculadora (f)	[kawkula'dora]
Radiergummi (m)	borracha (f)	[bo'haʃa]

| Reißzwecke (f) | alfinete (m) | [awfi'netʃi] |
| Heftklammer (f) | clipe (m) | ['klipi] |

| Klebstoff (m) | cola (f) | ['kɔla] |
| Hefter (m) | grampeador (m) | [grãpja'dor] |

| Locher (m) | furador (m) de papel | [fura'dor de pa'pɛw] |
| Bleistiftspitzer (m) | apontador (m) | [apõta'dor] |

116. Verschiedene Dokumente

Bericht (m)	relatório (m)	[hela'tɔrju]
Abkommen (n)	acordo (m)	[a'kordu]
Anmeldeformular (n)	ficha (f) de inscrição	['fiʃa de ĩskri'sãw]
Original-Namensschild (n)	autêntico crachá (m)	[aw'tẽtʃiku] [kra'ʃa]
Visitenkarte (f)	cartão (m) de visita	[kar'tãw de vi'zita]

Zertifikat (n)	certificado (m)	[sertʃifi'kadu]
Scheck (m)	cheque (m)	['ʃɛki]
Rechnung (im Restaurant)	conta (f)	['kõta]
Verfassung (f)	constituição (f)	[kõstʃitwi'sãw]

Vertrag (m)	contrato (m)	[kõ'tratu]
Kopie (f)	cópia (f)	['kɔpja]
Kopie (~ des Vertrages)	exemplar (m)	[ezẽ'plar]

Zolldeklaration (f)	declaração (f) alfandegária	[deklara'sãw awfãde'garja]
Dokument (n)	documento (m)	[doku'mẽtu]
Führerschein (m)	carteira (f) de motorista	[kar'tejra de moto'rista]
Anlage (f)	anexo (m)	[a'nɛksu]
Fragebogen (m)	questionário (m)	[kestʃjo'narju]

Ausweis (m)	carteira (f) de identidade	[kar'tejra de idẽtʃi'dadʒi]
Anfrage (f)	inquérito (m)	[ĩ'kɛritu]
Einladungskarte (f)	convite (m)	[kõ'vitʃi]
Rechnung (von Firma)	fatura (f)	[fa'tura]

Gesetz (n)	lei (f)	[lej]
Brief (m)	carta (f)	['karta]
Briefbogen (n)	papel (m) timbrado	[pa'pɛw tĩ'bradu]
Liste (schwarze ~)	lista (f)	['lista]
Manuskript (n)	manuscrito (m)	[manus'kritu]
Informationsblatt (n)	boletim (m)	[bole'tʃĩ]
Zettel (m)	bilhete (m)	[bi'ʎetʃi]

Passierschein (m)	passe (m)	['pasi]
Pass (m)	passaporte (m)	[pasa'pɔrtʃi]
Erlaubnis (f)	permissão (f)	[permi'sãw]
Lebenslauf (m)	currículo (m)	[ku'hikulu]
Schuldschein (m)	nota (f) promissória	['nɔta promi'sɔrja]
Quittung (f)	recibo (m)	[he'sibu]
Kassenzettel (m)	talão (f)	[ta'lãw]
Bericht (m)	relatório (m)	[hela'tɔrju]

vorzeigen (vt)	mostrar (vt)	[mos'trar]
unterschreiben (vt)	assinar (vt)	[asi'nar]
Unterschrift (f)	assinatura (f)	[asina'tura]
Stempel (m)	carimbo (m)	[ka'rĩbu]
Text (m)	texto (m)	['testu]
Eintrittskarte (f)	ingresso (m)	[ĩ'grɛsu]

streichen (vt)	riscar (vt)	[his'kar]
ausfüllen (vt)	preencher (vt)	[preẽ'ʃer]

| Frachtbrief (m) | carta (f) de porte | ['karta de 'pɔrtʃi] |
| Testament (n) | testamento (m) | [testa'mẽtu] |

117. Geschäftsarten

Buchführung (f)	serviços (m pl) de contabilidade	[ser'visus de kõtabili'dadʒi]
Werbung (f)	publicidade (f)	[publisi'dadʒi]
Werbeagentur (f)	agência (f) de publicidade	[a'ʒẽsja de publisi'dadʒi]
Klimaanlagen (pl)	ar (m) condicionado	[ar kõdʒisjo'nadu]
Fluggesellschaft (f)	companhia (f) aérea	[kõpa'ɲia a'erja]

Spirituosen (pl)	bebidas (f pl) alcoólicas	[be'bidas aw'kɔlikas]
Antiquitäten (pl)	comércio (m) de antiguidades	[ko'mɛrsju de ãtʃigwi'dadʒi]
Kunstgalerie (f)	galeria (f) de arte	[gale'ria de 'artʃi]
Rechnungsprüfung (f)	serviços (m pl) de auditoria	[ser'visus de awdʒito'ria]

Bankwesen (n)	negócios (m pl) bancários	[ne'gɔsjus bã'karjus]
Bar (f)	bar (m)	[bar]
Schönheitssalon (m)	salão (m) de beleza	[sa'lãw de be'leza]
Buchhandlung (f)	livraria (f)	[livra'ria]
Bierbrauerei (f)	cervejaria (f)	[serveʒa'ria]
Bürogebäude (n)	centro (m) de escritórios	['sẽtru de iskri'tɔrjus]
Business-Schule (f)	escola (f) de negócios	[is'kɔla de ne'gɔsjus]

Kasino (n)	cassino (m)	[ka'sinu]
Bau (m)	construção (f)	[kõstru'sãw]
Beratung (f)	consultoria (f)	[kõsuwto'ria]

Stomatologie (f)	clínica (f) dentária	['klinika dẽ'tarja]
Design (n)	design (m)	[dʒi'zãjn]
Apotheke (f)	drogaria (f)	[droga'ria]
chemische Reinigung (f)	lavanderia (f)	[lavãde'ria]
Personalagentur (f)	agência (f) de emprego	[a'ʒẽsja de ẽ'pregu]

Finanzdienstleistungen (pl)	serviços (m pl) financeiros	[ser'visus finã'sejrus]
Nahrungsmittel (pl)	alimentos (m pl)	[ali'mẽtus]
Bestattungsinstitut (n)	casa (f) funerária	['kaza fune'raria]
Möbel (n)	mobiliário (m)	[mobi'ljarju]
Kleidung (f)	roupa (f)	['hopa]
Hotel (n)	hotel (m)	[o'tɛw]

Eis (n)	sorvete (m)	[sor'vetʃi]
Industrie (f)	indústria (f)	[ĩ'dustrja]
Versicherung (f)	seguro (m)	[se'guru]
Internet (n)	internet (f)	[ĩter'nɛtʃi]
Investitionen (pl)	investimento (m)	[ĩvestʃi'mẽtu]

Juwelier (m)	joalheiro (m)	[ʒoa'ʎejru]
Juwelierwaren (pl)	joias (f pl)	['ʒɔjas]
Wäscherei (f)	lavanderia (f)	[lavãde'ria]
Rechtsberatung (f)	assessorias (f pl) jurídicas	[aseso'rias ʒu'ridʒikas]
Leichtindustrie (f)	indústria (f) ligeira	[ĩ'dustrja li'ʒejra]

T&P Books. Wortschatz Deutsch-Brasilianisch Portugiesisch für das Selbststudium - 9000 Wörter

Zeitschrift (f)	revista (f)	[he'vista]
Versandhandel (m)	vendas (f pl) por catálogo	['vẽdas por ka'talogu]
Medizin (f)	medicina (f)	[meʤi'sina]
Kino (Filmtheater)	cinema (m)	[si'nɛma]
Museum (n)	museu (m)	[mu'zew]

Nachrichtenagentur (f)	agência (f) de notícias	[a'ʒẽsja de no'tʃisjas]
Zeitung (f)	jornal (m)	[ʒor'naw]
Nachtklub (m)	boate (f)	['bwatʃi]

Erdöl (n)	petróleo (m)	[pe'trɔlju]
Kurierdienst (m)	serviços (m pl) de remessa	[ser'visus de he'mɛsa]
Pharmaindustrie (f)	indústria (f) farmacêutica	[ĩ'dustrja farma'sewtʃiku]
Druckindustrie (f)	tipografia (f)	[tʃipogra'fia]
Verlag (m)	editora (f)	[eʤi'tora]

Rundfunk (m)	rádio (m)	['haʤju]
Immobilien (pl)	imobiliário (m)	[imobi'ljarju]
Restaurant (n)	restaurante (m)	[hestaw'rãtʃi]

Sicherheitsagentur (f)	empresa (f) de segurança	[ẽ'preza de segu'rãsa]
Sport (m)	esporte (m)	[is'pɔrtʃi]
Börse (f)	bolsa (f) de valores	['bowsa de va'lores]
Laden (m)	loja (f)	['lɔʒa]
Supermarkt (m)	supermercado (m)	[supermer'kadu]
Schwimmbad (n)	piscina (f)	[pi'sina]

Atelier (n)	alfaiataria (f)	[awfajata'ria]
Fernsehen (n)	televisão (f)	[televi'zãw]
Theater (n)	teatro (m)	['tʃjatru]
Handel (m)	comércio (m)	[ko'mɛrsju]
Transporte (pl)	serviços (m pl) de transporte	[ser'visus de trãs'pɔrtʃi]
Reisen (pl)	viagens (f pl)	['vjaʒẽs]

Tierarzt (m)	veterinário (m)	[veteri'narju]
Warenlager (n)	armazém (m)	[arma'zẽj]
Müllabfuhr (f)	recolha (f) do lixo	[he'koʎa du 'liʃu]

Arbeit. Geschäft. Teil 2

118. Show. Ausstellung

Ausstellung (f)	feira, exposição (f)	['fejra], [ispozi'sãw]
Handelsausstellung (f)	feira (f) comercial	['fejra komer'sjaw]
Teilnahme (f)	participação (f)	[partʃisipa'sãw]
teilnehmen (vi)	participar (vi)	[partʃisi'par]
Teilnehmer (m)	participante (m)	[partʃisi'pãtʃi]
Direktor (m)	diretor (m)	[dʒire'tor]
Messeverwaltung (f)	direção (f)	[dʒire'sãw]
Organisator (m)	organizador (m)	[organiza'dor]
veranstalten (vt)	organizar (vt)	[organi'zar]
Anmeldeformular (n)	ficha (f) de inscrição	['fiʃa de ĩskri'sãw]
ausfüllen (vt)	preencher (vt)	[preẽ'ʃer]
Details (pl)	detalhes (m pl)	[de'taʎis]
Information (f)	informação (f)	[ĩforma'sãw]
Preis (m)	preço (m)	['presu]
einschließlich	incluindo	[ĩklw'ĩdu]
einschließen (vt)	incluir (vt)	[ĩ'klwir]
zahlen (vt)	pagar (vt)	[pa'gar]
Anmeldegebühr (f)	taxa (f) de inscrição	['taʃa de ĩskri'sãw]
Eingang (m)	entrada (f)	[ẽ'trada]
Pavillon (m)	pavilhão (m), salão (f)	[pavi'ʎãw], [sa'lãw]
registrieren (vt)	inscrever (vt)	[ĩskre'ver]
Namensschild (n)	crachá (m)	[kra'ʃa]
Stand (m)	stand (m)	[stɛnd]
reservieren (vt)	reservar (vt)	[hezer'var]
Vitrine (f)	vitrine (f)	[vi'trini]
Strahler (m)	lâmpada (f)	['lãpada]
Design (n)	design (m)	[dʒi'zãjn]
stellen (vt)	pôr, colocar (vt)	[por], [kolo'kar]
Distributor (m)	distribuidor (m)	[dʒistribwi'dor]
Lieferant (m)	fornecedor (m)	[fornese'dor]
liefern (vt)	fornecer (vt)	[forne'ser]
Land (n)	país (m)	[pa'jis]
ausländisch	estrangeiro	[istrã'ʒejru]
Produkt (n)	produto (m)	[pru'dutu]
Assoziation (f)	associação (f)	[asosja'sãw]
Konferenzraum (m)	sala (f) de conferência	['sala de kõfe'rẽsja]

Kongress (m)	congresso (m)	[kõ'grɛsu]
Wettbewerb (m)	concurso (m)	[kõ'kursu]
Besucher (m)	visitante (m)	[vizi'tãtʃi]
besuchen (vt)	visitar (vt)	[vizi'tar]
Auftraggeber (m)	cliente (m)	['kljētʃi]

119. Massenmedien

Zeitung (f)	jornal (m)	[ʒor'naw]
Zeitschrift (f)	revista (f)	[he'vista]
Presse (f)	imprensa (f)	[ĩ'prẽsa]
Rundfunk (m)	rádio (m)	['hadʒju]
Rundfunkstation (f)	estação (f) de rádio	[ista'sãw de 'hadʒju]
Fernsehen (n)	televisão (f)	[televi'zãw]
Moderator (m)	apresentador (m)	[aprezẽta'dor]
Sprecher (m)	locutor (m)	[loku'tor]
Kommentator (m)	comentarista (m)	[komẽta'rista]
Journalist (m)	jornalista (m)	[ʒorna'lista]
Korrespondent (m)	correspondente (m)	[kohespõ'dẽtʃi]
Bildberichterstatter (m)	repórter (m) fotográfico	[he'porter foto'grafiku]
Reporter (m)	repórter (m)	[he'porter]
Redakteur (m)	redator (m)	[heda'tor]
Chefredakteur (m)	redator-chefe (m)	[heda'tor 'ʃɛfi]
abonnieren (vt)	assinar a ...	[asi'nar a]
Abonnement (n)	assinatura (f)	[asina'tura]
Abonnent (m)	assinante (m)	[asi'nãtʃi]
lesen (vi, vt)	ler (vt)	[ler]
Leser (m)	leitor (m)	[lej'tor]
Auflage (f)	tiragem (f)	[tʃi'raʒẽ]
monatlich (Adj)	mensal	[mẽ'saw]
wöchentlich (Adj)	semanal	[sema'naw]
Ausgabe (Zeitschrift)	número (m)	['numeru]
neueste (~ Ausgabe)	recente, novo	[he'sẽtʃi], ['novu]
Titel (m)	manchete (f)	[mã'ʃɛtʃi]
Notiz (f)	pequeno artigo (m)	[pe'kenu ar'tʃigu]
Rubrik (f)	coluna (f)	[ko'luna]
Artikel (m)	artigo (m)	[ar'tʃigu]
Seite (f)	página (f)	['paʒina]
Reportage (f)	reportagem (f)	[hepor'taʒẽ]
Ereignis (n)	evento (m)	[e'vẽtu]
Sensation (f)	sensação (f)	[sẽsa'sãw]
Skandal (m)	escândalo (m)	[is'kãdalu]
skandalös	escandaloso	[iskãda'lozu]
groß (-er Skandal)	grande	['grãdʒi]
Sendung (f)	programa (m)	[pro'grama]
Interview (n)	entrevista (f)	[ẽtre'vista]

Live-Übertragung (f)	transmissão (f) ao vivo	[trãzmi'sãw aw 'vivu]
Kanal (m)	canal (m)	[ka'naw]

120. Landwirtschaft

Landwirtschaft (f)	agricultura (f)	[agrikuw'tura]
Bauer (m)	camponês (m)	[kãpo'nes]
Bäuerin (f)	camponesa (f)	[kãpo'neza]
Farmer (m)	agricultor, fazendeiro (m)	[agrikuw'tor], [fazẽ'dejru]
Traktor (m)	trator (m)	[tra'tor]
Mähdrescher (m)	colheitadeira (f)	[koʎejta'dejra]
Pflug (m)	arado (m)	[a'radu]
pflügen (vt)	arar (vt)	[a'rar]
Acker (m)	campo (m) lavrado	['kãpu la'vradu]
Furche (f)	sulco (m)	[suw'ku]
säen (vt)	semear (vt)	[se'mjar]
Sämaschine (f)	plantadeira (f)	[plãta'dejra]
Saat (f)	semeadura (f)	[semja'dura]
Sense (f)	foice (m)	['fojsi]
mähen (vt)	cortar com foice	[kor'tar kõ 'fojsi]
Schaufel (f)	pá (f)	[pa]
graben (vt)	cavar (vt)	[ka'var]
Hacke (f)	enxada (f)	[ẽ'ʃada]
jäten (vt)	capinar (vt)	[kapi'nar]
Unkraut (n)	erva (f) daninha	['ɛrva da'niɲa]
Gießkanne (f)	regador (m)	[hega'dor]
gießen (vt)	regar (vt)	[he'gar]
Bewässerung (f)	rega (f)	['hɛga]
Heugabel (f)	forquilha (f)	[for'kiʎa]
Rechen (m)	ancinho (m)	[ã'siɲu]
Dünger (m)	fertilizante (m)	[fertʃili'zãtʃi]
düngen (vt)	fertilizar (vt)	[fertʃili'zar]
Mist (m)	estrume, esterco (m)	[is'trumi], [is'terku]
Feld (n)	campo (m)	['kãpu]
Wiese (f)	prado (m)	['pradu]
Gemüsegarten (m)	horta (f)	['ɔrta]
Obstgarten (m)	pomar (m)	[po'mar]
weiden (vt)	pastar (vt)	[pas'tar]
Hirt (m)	pastor (m)	[pas'tor]
Weide (f)	pastagem (f)	[pas'taʒẽ]
Viehzucht (f)	pecuária (f)	[pe'kwarja]
Schafzucht (f)	criação (f) de ovelhas	[krja'sãw de o'veʎas]

Deutsch	Portugiesisch	Aussprache
Plantage (f)	plantação (f)	[plãta'sãw]
Beet (n)	canteiro (m)	[kã'tejru]
Treibhaus (n)	estufa (f)	[is'tufa]
Dürre (f)	seca (f)	['seka]
dürr, trocken	seco	['seku]
Getreide (n)	grão (m)	['grãw]
Getreidepflanzen (pl)	cereais (m pl)	[se'rjajs]
ernten (vt)	colher (vt)	[ko'ʎer]
Müller (m)	moleiro (m)	[mu'lejru]
Mühle (f)	moinho (m)	['mwiɲu]
mahlen (vt)	moer (vt)	[mwer]
Mehl (n)	farinha (f)	[fa'riɲa]
Stroh (n)	palha (f)	['paʎa]

121. Gebäude. Bauabwicklung

Deutsch	Portugiesisch	Aussprache
Baustelle (f)	canteiro (m) de obras	[kã'tejru de 'ɔbras]
bauen (vt)	construir (vt)	[kõs'trwir]
Bauarbeiter (m)	construtor (m)	[kõstru'tor]
Projekt (n)	projeto (m)	[pro'ʒɛtu]
Architekt (m)	arquiteto (m)	[arki'tɛtu]
Arbeiter (m)	operário (m)	[ope'rarju]
Fundament (n)	fundação (f)	[fũda'sãw]
Dach (n)	telhado (m)	[te'ʎadu]
Pfahl (m)	estaca (f)	[is'taka]
Wand (f)	parede (f)	[pa'redʒi]
Bewehrungsstahl (m)	barras (f pl) de reforço	['bahas de he'forsu]
Gerüst (n)	andaime (m)	[ã'dajmi]
Beton (m)	concreto (m)	[kõ'krɛtu]
Granit (m)	granito (m)	[gra'nitu]
Stein (m)	pedra (f)	['pɛdra]
Ziegel (m)	tijolo (m)	[tʃi'ʒolu]
Sand (m)	areia (f)	[a'reja]
Zement (m)	cimento (m)	[si'mẽtu]
Putz (m)	emboço, reboco (m)	[ẽ'bosu], [he'boku]
verputzen (vt)	emboçar, rebocar (vt)	[ẽbo'sar], [hebo'kar]
Farbe (f)	tinta (f)	[tʃĩta]
färben (vt)	pintar (vt)	[pĩ'tar]
Fass (n), Tonne (f)	barril (m)	[ba'hiw]
Kran (m)	grua (f), guindaste (m)	['grua], [gĩ'dastʃi]
aufheben (vt)	erguer (vt)	[er'ger]
herunterlassen (vt)	baixar (vt)	[baɪ'ʃar]
Planierraupe (f)	buldózer (m)	[buw'dozer]
Bagger (m)	escavadora (f)	[iskava'dora]

Baggerschaufel (f)	caçamba (f)	[ka'sãba]
graben (vt)	escavar (vt)	[iska'var]
Schutzhelm (m)	capacete (m) de proteção	[kapa'setʃi de prote'sãw]

122. Wissenschaft. Forschung. Wissenschaftler

Wissenschaft (f)	ciência (f)	['sjẽsja]
wissenschaftlich	científico	[sjẽ'tʃifiku]
Wissenschaftler (m)	cientista (m)	[sjẽ'tʃista]
Theorie (f)	teoria (f)	[teo'ria]

Axiom (n)	axioma (m)	[a'sjoma]
Analyse (f)	análise (f)	[a'nalizi]
analysieren (vt)	analisar (vt)	[anali'zar]
Argument (n)	argumento (m)	[argu'mẽtu]
Substanz (f)	substância (f)	[sub'stãsja]

Hypothese (f)	hipótese (f)	[i'pɔtezi]
Dilemma (n)	dilema (m)	[dʒi'lɛma]
Dissertation (f)	tese (f)	['tɛzi]
Dogma (n)	dogma (m)	['dɔgma]

Doktrin (f)	doutrina (f)	[do'trina]
Forschung (f)	pesquisa (f)	[pes'kiza]
forschen (vi)	pesquisar (vt)	[peski'zar]
Kontrolle (f)	testes (m pl)	['tɛstʃis]
Labor (n)	laboratório (m)	[labora'tɔrju]

Methode (f)	método (m)	['mɛtodu]
Molekül (n)	molécula (f)	[mo'lɛkula]
Monitoring (n)	monitoramento (m)	[monitora'mẽtu]
Entdeckung (f)	descoberta (f)	[dʒisko'bɛrta]

Postulat (n)	postulado (m)	[postu'ladu]
Prinzip (n)	princípio (m)	[prĩ'sipju]
Prognose (f)	prognóstico (m)	[prog'nɔstʃiku]
prognostizieren (vt)	prognosticar (vt)	[prognostʃi'kar]

Synthese (f)	síntese (f)	['sĩtezi]
Tendenz (f)	tendência (f)	[tẽ'dẽsja]
Theorem (n)	teorema (m)	[teo'rɛma]

| Lehre (Doktrin) | ensinamentos (m pl) | [ẽsina'mẽtus] |
| Tatsache (f) | fato (m) | ['fatu] |

| Expedition (f) | expedição (f) | [ispedʒi'sãw] |
| Experiment (n) | experiência (f) | [ispe'rjẽsja] |

Akademiemitglied (n)	acadêmico (m)	[aka'demiku]
Bachelor (m)	bacharel (m)	[baʃa'rɛw]
Doktor (m)	doutor (m)	[do'tor]
Dozent (m)	professor (m) associado	[profe'sor aso'sjadu]
Magister (m)	mestrado (m)	[mes'trado]
Professor (m)	professor (m)	[profe'sor]

Berufe und Tätigkeiten

123. Arbeitsuche. Kündigung

Arbeit (f), Stelle (f)	trabalho (m)	[tra'baʎu]
Belegschaft (f)	equipe (f)	[e'kipi]
Personal (n)	pessoal (m)	[pe'swaw]
Karriere (f)	carreira (f)	[ka'hejra]
Perspektive (f)	perspectivas (f pl)	[perspek'tʃivas]
Können (n)	habilidades (f pl)	[abili'dadʒis]
Auswahl (f)	seleção (f)	[sele'sãw]
Personalagentur (f)	agência (f) de emprego	[a'ʒẽsja de ẽ'pregu]
Lebenslauf (m)	currículo (m)	[ku'hikulu]
Vorstellungsgespräch (n)	entrevista (f) de emprego	[ẽtre'vista de ẽ'pregu]
Vakanz (f)	vaga (f)	['vaga]
Gehalt (n)	salário (m)	[sa'larju]
festes Gehalt (n)	salário (m) fixo	[sa'larju 'fiksu]
Arbeitslohn (m)	pagamento (m)	[paga'mẽtu]
Stellung (f)	cargo (m)	['kargu]
Pflicht (f)	dever (m)	[de'ver]
Aufgabenspektrum (n)	gama (f) de deveres	['gama de de'veris]
beschäftigt	ocupado	[oku'padu]
kündigen (vt)	despedir, demitir (vt)	[dʒispe'dʒir], [demi'tʃir]
Kündigung (f)	demissão (f)	[demi'sãw]
Arbeitslosigkeit (f)	desemprego (m)	[dʒizẽ'pregu]
Arbeitslose (m)	desempregado (m)	[dʒizẽpre'gadu]
Rente (f), Ruhestand (m)	aposentadoria (f)	[apozẽtado'ria]
in Rente gehen	aposentar-se (vr)	[apozẽ'tarsi]

124. Geschäftsleute

Direktor (m)	diretor (m)	[dʒire'tor]
Leiter (m)	gerente (m)	[ʒe'rẽtʃi]
Boss (m)	patrão, chefe (m)	[pa'trãw], ['ʃɛfi]
Vorgesetzte (m)	superior (m)	[supe'rjor]
Vorgesetzten (pl)	superiores (m pl)	[supe'rjores]
Präsident (m)	presidente (m)	[prezi'dẽtʃi]
Vorsitzende (m)	chairman, presidente (m)	['tʃɛamen], [prezi'dẽtʃi]
Stellvertreter (m)	substituto (m)	[substi'tutu]
Helfer (m)	assistente (m)	[asis'tẽtʃi]

Sekretär (m)	secretário (m)	[sekre'tarju]
Privatsekretär (m)	secretário (m) pessoal	[sekre'tarju pe'swaw]

Geschäftsmann (m)	homem (m) de negócios	['ɔmẽ de ne'gɔsjus]
Unternehmer (m)	empreendedor (m)	[ẽprjẽde'dor]
Gründer (m)	fundador (m)	[fũda'dor]
gründen (vt)	fundar (vt)	[fũ'dar]

Gründungsmitglied (n)	principiador (m)	[prĩsipja'dor]
Partner (m)	parceiro, sócio (m)	[par'sejru], ['sɔsju]
Aktionär (m)	acionista (m)	[asjo'nista]

Millionär (m)	milionário (m)	[miljo'narju]
Milliardär (m)	bilionário (m)	[biljo'narju]
Besitzer (m)	proprietário (m)	[proprje'tarju]
Landbesitzer (m)	proprietário (m) de terras	[proprje'tarju de 'tɛhas]

Kunde (m)	cliente (m)	['kljẽtʃi]
Stammkunde (m)	cliente (m) habitual	['kljẽtʃi abi'twaw]
Käufer (m)	comprador (m)	[kõpra'dor]
Besucher (m)	visitante (m)	[vizi'tãtʃi]

Fachmann (m)	profissional (m)	[profisjo'naw]
Experte (m)	perito (m)	[pe'ritu]
Spezialist (m)	especialista (m)	[ispesja'lista]

Bankier (m)	banqueiro (m)	[bã'kejru]
Makler (m)	corretor (m)	[kohe'tor]

Kassierer (m)	caixa (m, f)	['kaɪʃa]
Buchhalter (m)	contador (m)	[kõta'dɔr]
Wächter (m)	guarda (m)	['gwarda]

Investor (m)	investidor (m)	[ĩvestʃi'dor]
Schuldner (m)	devedor (m)	[deve'dor]
Gläubiger (m)	credor (m)	[kre'dor]
Kreditnehmer (m)	mutuário (m)	[mu'twarju]

Importeur (m)	importador (m)	[ĩporta'dor]
Exporteur (m)	exportador (m)	[isporta'dor]

Hersteller (m)	produtor (m)	[produ'tor]
Distributor (m)	distribuidor (m)	[dʒistribwi'dor]
Vermittler (m)	intermediário (m)	[ĩterme'dʒjarju]

Berater (m)	consultor (m)	[kõsuw'tor]
Vertreter (m)	representante (m) comercial	[heprezẽ'tãtʃi komer'sjaw]
Agent (m)	agente (m)	[a'ʒẽtʃi]
Versicherungsagent (m)	agente (m) de seguros	[a'ʒẽtʃi de se'gurus]

125. Dienstleistungsberufe

Koch (m)	cozinheiro (m)	[kozi'ɲejru]
Chefkoch (m)	chefe (m) de cozinha	['ʃɛfi de ko'ziɲa]

Bäcker (m)	padeiro (m)	[pa'dejru]
Barmixer (m)	barman (m)	[bar'mã]
Kellner (m)	garçom (m)	[gar'sõ]
Kellnerin (f)	garçonete (f)	[garso'netʃi]

Rechtsanwalt (m)	advogado (m)	[adʒivo'gadu]
Jurist (m)	jurista (m)	[ʒu'rista]
Notar (m)	notário (m)	[no'tarju]

Elektriker (m)	eletricista (m)	[eletri'sista]
Klempner (m)	encanador (m)	[ẽkana'dor]
Zimmermann (m)	carpinteiro (m)	[karpĩ'tejru]

Masseur (m)	massagista (m)	[masa'ʒista]
Masseurin (f)	massagista (f)	[masa'ʒista]
Arzt (m)	médico (m)	['mɛdʒiku]

Taxifahrer (m)	taxista (m)	[tak'sista]
Fahrer (m)	condutor, motorista (m)	[kõdu'tor], [moto'rista]
Ausfahrer (m)	entregador (m)	[ẽtrega'dor]

Zimmermädchen (n)	camareira (f)	[kama'rejra]
Wächter (m)	guarda (m)	['gwarda]
Flugbegleiterin (f)	aeromoça (f)	[aero'mosa]

Lehrer (m)	professor (m)	[profe'sor]
Bibliothekar (m)	bibliotecário (m)	[bibljote'karju]
Übersetzer (m)	tradutor (m)	[tradu'tor]
Dolmetscher (m)	intérprete (m)	[ĩ'tɛrpretʃi]
Fremdenführer (m)	guia (m)	['gia]

Friseur (m)	cabeleireiro (m)	[kabelej'rejru]
Briefträger (m)	carteiro (m)	[kar'tejru]
Verkäufer (m)	vendedor (m)	[vẽde'dor]

Gärtner (m)	jardineiro (m)	[ʒardʒi'nejru]
Diener (m)	criado (m)	['krjadu]
Magd (f)	criada (f)	['krjada]
Putzfrau (f)	empregada (f) de limpeza	[ẽpre'gada de lĩ'peza]

126. Militärdienst und Ränge

einfacher Soldat (m)	soldado (m) raso	[sow'dadu 'hazu]
Feldwebel (m)	sargento (m)	[sar'ʒẽtu]
Leutnant (m)	tenente (m)	[te'nẽtʃi]
Hauptmann (m)	capitão (m)	[kapi'tãw]

Major (m)	major (m)	[ma'ʒɔr]
Oberst (m)	coronel (m)	[koro'nɛw]
General (m)	general (m)	[ʒene'raw]
Marschall (m)	marechal (m)	[mare'ʃaw]
Admiral (m)	almirante (m)	[awmi'rãtʃi]
Militärperson (f)	militar (m)	[mili'tar]
Soldat (m)	soldado (m)	[sow'dadu]

| Offizier (m) | oficial (m) | [ofi'sjaw] |
| Kommandeur (m) | comandante (m) | [komã'dãtʃi] |

Grenzsoldat (m)	guarda (m) de fronteira	['gwarda de frõ'tejra]
Funker (m)	operador (m) de rádio	[opera'dor de 'hadʒju]
Aufklärer (m)	explorador (m)	[isplora'dor]
Pionier (m)	sapador-mineiro (m)	[sapa'dor-mi'nejru]
Schütze (m)	atirador (m)	[atʃira'dor]
Steuermann (m)	navegador (m)	[navega'dor]

127. Beamte. Priester

| König (m) | rei (m) | [hej] |
| Königin (f) | rainha (f) | [ha'iɲa] |

| Prinz (m) | príncipe (m) | ['prĩsipi] |
| Prinzessin (f) | princesa (f) | [prĩ'seza] |

| Zar (m) | czar (m) | ['kzar] |
| Zarin (f) | czarina (f) | [kza'rina] |

Präsident (m)	presidente (m)	[prezi'dẽtʃi]
Minister (m)	ministro (m)	[mi'nistru]
Ministerpräsident (m)	primeiro-ministro (m)	[pri'mejru mi'nistru]
Senator (m)	senador (m)	[sena'dor]

Diplomat (m)	diplomata (m)	[dʒiplo'mata]
Konsul (m)	cônsul (m)	['kõsuw]
Botschafter (m)	embaixador (m)	[ẽbajʃa'dor]
Ratgeber (m)	conselheiro (m)	[kõse'ʎejru]

Beamte (m)	funcionário (m)	[fũsjo'narju]
Präfekt (m)	prefeito (m)	[pre'fejtu]
Bürgermeister (m)	Presidente (m) da Câmara	[prezi'dẽtʃi da 'kamara]

| Richter (m) | juiz (m) | [ʒwiz] |
| Staatsanwalt (m) | procurador (m) | [prokura'dor] |

Missionar (m)	missionário (m)	[misjo'narju]
Mönch (m)	monge (m)	['mõʒi]
Abt (m)	abade (m)	[a'badʒi]
Rabbiner (m)	rabino (m)	[ha'binu]

Wesir (m)	vizir (m)	[vi'zir]
Schah (n)	xá (m)	[ʃa]
Scheich (m)	xeique (m)	['ʃɛjki]

128. Landwirtschaftliche Berufe

Bienenzüchter (m)	abelheiro (m)	[abi'ʎejru]
Hirt (m)	pastor (m)	[pas'tor]
Agronom (m)	agrônomo (m)	[a'gronomu]

| Viehzüchter (m) | criador (m) de gado | [krja'dor de 'gadu] |
| Tierarzt (m) | veterinário (m) | [veteri'narju] |

Farmer (m)	agricultor, fazendeiro (m)	[agrikuw'tor], [fazẽ'dejru]
Winzer (m)	vinicultor (m)	[vinikuw'tor]
Zoologe (m)	zoólogo (m)	[zo'ɔlogu]
Cowboy (m)	vaqueiro (m)	[va'kejru]

129. Künstler

| Schauspieler (m) | ator (m) | [a'tor] |
| Schauspielerin (f) | atriz (f) | [a'triz] |

| Sänger (m) | cantor (m) | [kã'tor] |
| Sängerin (f) | cantora (f) | [kã'tora] |

| Tänzer (m) | bailarino (m) | [bajla'rinu] |
| Tänzerin (f) | bailarina (f) | [bajla'rina] |

| Künstler (m) | artista (m) | [ar'tʃista] |
| Künstlerin (f) | artista (f) | [ar'tʃista] |

Musiker (m)	músico (m)	['muziku]
Pianist (m)	pianista (m)	[pja'nista]
Gitarrist (m)	guitarrista (m)	[gita'hista]

Dirigent (m)	maestro (m)	[ma'ɛstru]
Komponist (m)	compositor (m)	[kõpozi'tor]
Manager (m)	empresário (m)	[ẽpre'zarju]

Regisseur (m)	diretor (m) de cinema	[dʒire'tor de si'nɛma]
Produzent (m)	produtor (m)	[produ'tor]
Drehbuchautor (m)	roteirista (m)	[hotej'rista]
Kritiker (m)	crítico (m)	['kritʃiku]

Schriftsteller (m)	escritor (m)	[iskri'tor]
Dichter (m)	poeta (m)	['pwɛta]
Bildhauer (m)	escultor (m)	[iskuw'tor]
Maler (m)	pintor (m)	[pĩ'tor]

Jongleur (m)	malabarista (m)	[malaba'rista]
Clown (m)	palhaço (m)	[pa'ʎasu]
Akrobat (m)	acrobata (m)	[akro'bata]
Zauberkünstler (m)	ilusionista (m)	[iluzjo'nista]

130. Verschiedene Berufe

Arzt (m)	médico (m)	['mɛdʒiku]
Krankenschwester (f)	enfermeira (f)	[ẽfer'mejra]
Psychiater (m)	psiquiatra (m)	[psi'kjatra]
Zahnarzt (m)	dentista (m)	[dẽ'tʃista]
Chirurg (m)	cirurgião (m)	[sirur'ʒjãw]

Astronaut (m)	astronauta (m)	[astro'nawta]
Astronom (m)	astrônomo (m)	[as'tronomu]
Pilot (m)	piloto (m)	[pi'lotu]

Fahrer (Taxi-)	motorista (m)	[moto'rista]
Lokomotivführer (m)	maquinista (m)	[maki'nista]
Mechaniker (m)	mecânico (m)	[me'kaniku]

Bergarbeiter (m)	mineiro (m)	[mi'nejru]
Arbeiter (m)	operário (m)	[ope'rarju]
Schlosser (m)	serralheiro (m)	[seha'ʎejru]
Tischler (m)	marceneiro (m)	[marse'nejru]
Dreher (m)	torneiro (m)	[tor'nejru]
Bauarbeiter (m)	construtor (m)	[kõstru'tor]
Schweißer (m)	soldador (m)	[sɔwda'dor]

Professor (m)	professor (m)	[profe'sor]
Architekt (m)	arquiteto (m)	[arki'tɛtu]
Historiker (m)	historiador (m)	[istorja'dor]
Wissenschaftler (m)	cientista (m)	[sjë'tʃista]
Physiker (m)	físico (m)	['fiziku]
Chemiker (m)	químico (m)	['kimiku]

Archäologe (m)	arqueólogo (m)	[ar'kjɔlogu]
Geologe (m)	geólogo (m)	[ʒe'ɔlogu]
Forscher (m)	pesquisador (m)	[peskiza'dor]

| Kinderfrau (f) | babysitter, babá (f) | [bebi'sitter], [ba'ba] |
| Lehrer (m) | professor (m) | [profe'sor] |

Redakteur (m)	redator (m)	[heda'tor]
Chefredakteur (m)	redator-chefe (m)	[heda'tor 'ʃɛfi]
Korrespondent (m)	correspondente (m)	[kohespõ'dẽtʃi]
Schreibkraft (f)	datilógrafa (f)	[datʃi'lɔgrafa]

Designer (m)	designer (m)	[dʒi'zajner]
Computerspezialist (m)	perito (m) em informática	[pe'ritu ẽ ĩfur'matika]
Programmierer (m)	programador (m)	[programa'dor]
Ingenieur (m)	engenheiro (m)	[ẽʒe'ɲejru]

Seemann (m)	marujo (m)	[ma'ruʒu]
Matrose (m)	marinheiro (m)	[mari'ɲejru]
Retter (m)	socorrista (m)	[soko'hista]

Feuerwehrmann (m)	bombeiro (m)	[bõ'bejru]
Polizist (m)	polícia (m)	[po'lisja]
Nachtwächter (m)	guarda-noturno (m)	['gwarda no'turnu]
Detektiv (m)	detetive (m)	[dete'tʃivi]

Zollbeamter (m)	funcionário (m) da alfândega	[fũsjo'narju da aw'fãdʒiga]
Leibwächter (m)	guarda-costas (m)	['gwarda 'kɔstas]
Gefängniswärter (m)	guarda (m) prisional	['gwarda prizjo'naw]
Inspektor (m)	inspetor (m)	[ĩspe'tor]

| Sportler (m) | esportista (m) | [ispor'tʃista] |
| Trainer (m) | treinador (m) | [trejna'dor] |

Fleischer (m)	açougueiro (m)	[aso'gejru]
Schuster (m)	sapateiro (m)	[sapa'tejru]
Geschäftsmann (m)	comerciante (m)	[komer'sjãtʃi]
Ladearbeiter (m)	carregador (m)	[kahega'dor]
Modedesigner (m)	estilista (m)	[istʃi'lista]
Modell (n)	modelo (f)	[mo'delu]

131. Beschäftigung. Sozialstatus

Schüler (m)	estudante (m)	[istu'dãtʃi]
Student (m)	estudante (m)	[istu'dãtʃi]
Philosoph (m)	filósofo (m)	[fi'lɔzofu]
Ökonom (m)	economista (m)	[ekono'mista]
Erfinder (m)	inventor (m)	[ĩvẽ'tor]
Arbeitslose (m)	desempregado (m)	[ʤizẽpre'gadu]
Rentner (m)	aposentado (m)	[apozẽ'tadu]
Spion (m)	espião (m)	[is'pjãw]
Gefangene (m)	preso, prisioneiro (m)	['prezu], [prizjo'nejru]
Streikender (m)	grevista (m)	[gre'vista]
Bürokrat (m)	burocrata (m)	[buro'krata]
Reisende (m)	viajante (m)	[vja'ʒãtʃi]
Homosexuelle (m)	homossexual (m)	[omosek'swaw]
Hacker (m)	hacker (m)	['haker]
Hippie (m)	hippie (m, f)	['hɪpɪ]
Bandit (m)	bandido (m)	[bã'ʤidu]
Killer (m)	assassino (m)	[asa'sinu]
Drogenabhängiger (m)	drogado (m)	[dro'gadu]
Drogenhändler (m)	traficante (m)	[trafi'kãtʃi]
Prostituierte (f)	prostituta (f)	[prostʃi'tuta]
Zuhälter (m)	cafetão (m)	[kafe'tãw]
Zauberer (m)	bruxo (m)	['bruʃu]
Zauberin (f)	bruxa (f)	['bruʃa]
Seeräuber (m)	pirata (m)	[pi'rata]
Sklave (m)	escravo (m)	[is'kravu]
Samurai (m)	samurai (m)	[samu'raj]
Wilde (m)	selvagem (m)	[sew'vaʒẽ]

Sport

132. Sportarten. Persönlichkeiten des Sports

Deutsch	Portugiesisch	Aussprache
Sportler (m)	esportista (m)	[ispor'tʃista]
Sportart (f)	tipo (m) de esporte	['tʃipu de is'pɔrtʃi]
Basketball (m)	basquete (m)	[bas'kɛtʃi]
Basketballspieler (m)	jogador (m) de basquete	[ʒoga'dor de bas'kɛtʃi]
Baseball (m, n)	beisebol (m)	[bejsi'bɔw]
Baseballspieler (m)	jogador (m) de beisebol	[ʒoga'dor de bejsi'bɔw]
Fußball (m)	futebol (m)	[futʃi'bɔw]
Fußballspieler (m)	jogador (m) de futebol	[ʒoga'dor de futʃi'bɔw]
Torwart (m)	goleiro (m)	[go'lejru]
Eishockey (n)	hóquei (m)	['hɔkej]
Eishockeyspieler (m)	jogador (m) de hóquei	[ʒoga'dor de 'hɔkej]
Volleyball (m)	vôlei (m)	['volej]
Volleyballspieler (m)	jogador (m) de vôlei	[ʒoga'dor de 'volej]
Boxen (n)	boxe (m)	['bɔksi]
Boxer (m)	boxeador (m)	[bɔksja'dor]
Ringen (n)	luta (f)	['luta]
Ringkämpfer (m)	lutador (m)	[luta'dor]
Karate (n)	caratê (m)	[kara'te]
Karatekämpfer (m)	carateca (m)	[kara'teka]
Judo (n)	judô (m)	[ʒu'do]
Judoka (m)	judoca (m)	[ʒu'dɔka]
Tennis (n)	tênis (m)	['tenis]
Tennisspieler (m)	tenista (m)	[te'nista]
Schwimmen (n)	natação (f)	[nata'sãw]
Schwimmer (m)	nadador (m)	[nada'dor]
Fechten (n)	esgrima (f)	[iz'grima]
Fechter (m)	esgrimista (m)	[izgri'mista]
Schach (n)	xadrez (m)	[ʃa'drez]
Schachspieler (m)	jogador (m) de xadrez	[ʒoga'dor de ʃa'drez]
Bergsteigen (n)	alpinismo (m)	[awpi'nizmu]
Bergsteiger (m)	alpinista (m)	[awpi'nista]
Lauf (m)	corrida (f)	[ko'hida]

Läufer (m)	corredor (m)	[kohe'dor]
Leichtathletik (f)	atletismo (m)	[atle'tʃizmu]
Athlet (m)	atleta (m)	[at'lɛta]
Pferdesport (m)	hipismo (m)	[i'pizmu]
Reiter (m)	cavaleiro (m)	[kava'lejru]
Eiskunstlauf (m)	patinação (f) artística	[patʃina'sãw ar'tʃistʃika]
Eiskunstläufer (m)	patinador (m)	[patʃina'dor]
Eiskunstläuferin (f)	patinadora (f)	[patʃina'dora]
Gewichtheben (n)	halterofilismo (m)	[awterofi'lizmu]
Gewichtheber (m)	halterofilista (m)	[awterofi'lista]
Autorennen (n)	corrida (f) de carros	[ko'hida de 'kahos]
Rennfahrer (m)	piloto (m)	[pi'lotu]
Radfahren (n)	ciclismo (m)	[si'klizmu]
Radfahrer (m)	ciclista (m)	[si'klista]
Weitsprung (m)	salto (m) em distância	['sawtu ẽ dʒis'tãsja]
Stabhochsprung (m)	salto (m) com vara	['sawtu kõ 'vara]
Springer (m)	atleta (m) de saltos	[at'lɛta de 'sawtus]

133. Sportarten. Verschiedenes

American Football (m)	futebol (m) americano	[futʃi'bɔw ameri'kanu]
Federballspiel (n)	badminton (m)	[bad'mĩtɔn]
Biathlon (n)	biatlo (m)	[bi'atlu]
Billard (n)	bilhar (m)	[bi'ʎar]
Bob (m)	bobsled (m)	['bɔbsled]
Bodybuilding (n)	musculação (f)	[muskula'sãw]
Wasserballspiel (n)	polo (m) aquático	['pɔlu a'kwatʃiku]
Handball (m)	handebol (m)	[ãde'bɔl]
Golf (n)	golfe (m)	['gowfi]
Rudern (n)	remo (m)	['hɛmu]
Tauchen (n)	mergulho (m)	[mer'guʎu]
Skilanglauf (m)	corrida (f) de esqui	[ko'hida de is'ki]
Tischtennis (n)	tênis (m) de mesa	['tenis de 'meza]
Segelsport (m)	vela (f)	['vɛla]
Rallye (f, n)	rali (m)	[ha'li]
Rugby (n)	rúgbi (m)	['hugbi]
Snowboard (n)	snowboard (m)	[snowbɔrd]
Bogenschießen (n)	arco-e-flecha (m)	['arku I 'flɛʃa]

134. Fitnessstudio

Hantel (f)	barra (f)	['baha]
Hanteln (pl)	halteres (m pl)	[aw'tɛris]

Trainingsgerät (n)	aparelho (m) de musculação	[apa'reʎu de muskula'sãw]
Fahrradtrainer (m)	bicicleta (f) ergométrica	[bisi'klɛta ergo'mɛtrika]
Laufband (n)	esteira (f) de corrida	[is'tejra de ko'hida]
Reck (n)	barra (f) fixa	['baha 'fiksa]
Barren (m)	barras (f pl) paralelas	['bahas para'lɛlas]
Sprungpferd (n)	cavalo (m)	[ka'valu]
Matte (f)	tapete (m) de ginástica	[ta'petʃi de ʒi'nastʃika]
Sprungseil (n)	corda (f) de saltar	['kɔrda de saw'tar]
Aerobic (n)	aeróbica (f)	[ae'rɔbika]
Yoga (m)	ioga, yoga (f)	['jɔga]

135. Hockey

Eishockey (n)	hóquei (m)	['hɔkej]
Eishockeyspieler (m)	jogador (m) de hóquei	[ʒoga'dor de 'hɔkej]
Hockey spielen	jogar hóquei	[ʒo'gar 'hɔkej]
Eis (n)	gelo (m)	['ʒelu]
Puck (m)	disco (m)	['dʒisku]
Hockeyschläger (m)	taco (m) de hóquei	['taku de 'hɔkej]
Schlittschuhe (pl)	patins (m pl) de gelo	[pa'tʃĩs de 'ʒelu]
Bord (m)	muro (m)	['muru]
Schuss (m)	tiro (m)	['tʃiru]
Torwart (m)	goleiro (m)	[go'lejru]
Tor (n)	gol (m)	[gow]
ein Tor schießen	marcar um gol	[mar'kar ũ gow]
Drittel (n)	tempo (m)	['tẽpu]
zweites Drittel (n)	segundo tempo (m)	[se'gũdu 'tẽpu]
Ersatzbank (f)	banco (m) de reservas	['bãku de he'zɛrvas]

136. Fußball

Fußball (m)	futebol (m)	[futʃi'bow]
Fußballspieler (m)	jogador (m) de futebol	[ʒoga'dor de futʃi'bow]
Fußball spielen	jogar futebol	[ʒo'gar futʃi'bow]
Oberliga (f)	Time (m) Principal	['tʃimi prĩsi'paw]
Fußballclub (m)	time (m) de futebol	['tʃimi de futʃi'bow]
Trainer (m)	treinador (m)	[trejna'dor]
Besitzer (m)	proprietário (m)	[proprje'tarju]
Mannschaft (f)	equipe (f)	[e'kipi]
Mannschaftskapitän (m)	capitão (m)	[kapi'tãw]
Spieler (m)	jogador (m)	[ʒoga'dor]
Ersatzspieler (m)	jogador (m) reserva	[ʒoga'dor he'zɛrva]
Stürmer (m)	atacante (m)	[ata'kãtʃi]
Mittelstürmer (m)	centroavante (m)	[sẽtroa'vãtʃi]

Deutsch	Portugiesisch	Aussprache
Torjäger (m)	marcador (m)	[marka'dor]
Verteidiger (m)	defesa (m)	[de'feza]
Läufer (m)	meio-campo (m)	['meju-'kãpu]
Spiel (n)	jogo (m), partida (f)	['ʒogu], [par'tʃida]
sich begegnen	encontrar-se (vr)	[ẽkõ'trarsi]
Finale (n)	final (m)	[fi'naw]
Halbfinale (n)	semifinal (f)	[semi'finaw]
Meisterschaft (f)	campeonato (m)	[kãpjo'natu]
Halbzeit (f)	tempo (m)	['tẽpu]
erste Halbzeit (f)	primeiro tempo (m)	[pri'mejru 'tẽpu]
Halbzeit (Pause)	intervalo (m)	[ĩter'valu]
Tor (n)	goleira (f)	[go'lejra]
Torwart (m)	goleiro (m)	[go'lejru]
Torpfosten (m)	trave (f)	['travi]
Torlatte (f)	travessão (m)	[trave'sãw]
Netz (n)	rede (f)	['hedʒi]
ein Tor zulassen	tomar um gol	[to'mar ũ gow]
Ball (m)	bola (f)	['bɔla]
Pass (m)	passe (m)	['pasi]
Schuss (m)	chute (m)	['ʃutʃi]
schießen (vi)	chutar (vt)	[ʃu'tar]
Freistoß (m)	pontapé (m)	[põta'pɛ]
Eckball (m)	escanteio (m)	[iskã'teju]
Attacke (f)	ataque (m)	[a'taki]
Gegenangriff (m)	contra-ataque (m)	['kõtra a'taki]
Kombination (f)	combinação (f)	[kõbina'sãw]
Schiedsrichter (m)	árbitro (m)	['arbitru]
pfeifen (vi)	apitar (vi)	[api'tar]
Pfeife (f)	apito (m)	[a'pitu]
Foul (n)	falta (f)	['fawta]
foulen (vt)	cometer a falta	[kome'ter a 'fawta]
vom Platz verweisen	expulsar (vt)	[ispuw'sar]
gelbe Karte (f)	cartão (m) amarelo	[kar'tãw ama'rɛlu]
rote Karte (f)	cartão (m) vermelho	[kar'tãw ver'meʎu]
Disqualifizierung (f)	desqualificação (f)	[deskwalifika'sãw]
disqualifizieren (vt)	desqualificar (vt)	[dʒiskwalifi'kar]
Elfmeter (m)	pênalti (m)	['penawtʃi]
Mauer (f)	barreira (f)	[ba'hejra]
schießen (ein Tor ~)	marcar (vt)	[mar'kar]
Tor (n)	gol (m)	[gow]
ein Tor schießen	marcar um gol	[mar'kar ũ gow]
Wechsel (m)	substituição (f)	[substʃitwi'sãw]
ersetzen (vt)	substituir (vt)	[substʃi'twir]
Regeln (pl)	regras (f pl)	['hɛgras]
Taktik (f)	tática (f)	['tatʃika]
Stadion (n)	estádio (m)	[is'tadʒu]
Tribüne (f)	arquibancadas (f pl)	[arkibã'kadas]

Anhänger (m)	fã, torcedor (m)	[fã], [torse'dor]
schreien (vi)	gritar (vi)	[gri'tar]

Anzeigetafel (f)	placar (m)	[pla'kar]
Ergebnis (n)	resultado (m)	[hezuw'tadu]

Niederlage (f)	derrota (f)	[de'hɔta]
verlieren (vt)	perder (vt)	[per'der]
Unentschieden (n)	empate (m)	[ẽ'patʃi]
unentschieden spielen	empatar (vi)	[ẽpa'tar]

Sieg (m)	vitória (f)	[vi'tɔrja]
gewinnen (vt)	vencer (vi, vt)	[vẽ'ser]

Meister (m)	campeão (m)	[kã'pjãw]
der beste	melhor	[me'ʎɔr]
gratulieren (vi)	felicitar (vt)	[felisi'tar]

Kommentator (m)	comentarista (m)	[komẽta'rista]
kommentieren (vt)	comentar (vt)	[komẽ'tar]
Übertragung (f)	transmissão (f)	[trãzmi'sãw]

137. Ski alpin

Ski (pl)	esqui (m)	[is'ki]
Ski laufen	esquiar (vi)	[is'kjar]
Skiort (m)	estação (f) de esqui	[ista'sãw de is'ki]
Skilift (m)	teleférico (m)	[tele'fɛriku]

Skistöcke (pl)	bastões (m pl) de esqui	[bas'tõjs de is'ki]
Abhang (m)	declive (m)	[de'klivi]
Slalom (m)	slalom (m)	['slalom]

138. Tennis Golf

Golf (n)	golfe (m)	['gowfi]
Golfklub (m)	clube (m) de golfe	['klubi de 'gowfi]
Golfspieler (m)	jogador (m) de golfe	[ʒoga'dor de 'gowfi]

Loch (n)	buraco (m)	[bu'raku]
Schläger (m)	taco (m)	['taku]
Golfwagen (m)	trolley (m)	['trɔlɪ]

Tennis (n)	tênis (m)	['tenis]
Tennisplatz (m)	quadra (f) de tênis	['kwadra de 'tenis]

Aufschlag (m)	saque (m)	['saki]
angeben (vt)	sacar (vi)	[sa'kar]

Tennisschläger (m)	raquete (f)	[ha'ketʃi]
Netz (n)	rede (f)	['hedʒi]
Ball (m)	bola (f)	['bɔla]

139. Schach

Schach (n)	xadrez (m)	[ʃa'drez]
Schachfiguren (pl)	peças (f pl) de xadrez	['pɛsas de ʃa'drez]
Schachspieler (m)	jogador (m) de xadrez	[ʒoga'dor de ʃa'drez]
Schachbrett (n)	tabuleiro (m) de xadrez	[tabu'lejru de ʃa'drez]
Figur (f)	peça (f)	['pɛsa]
Weißen (pl)	brancas (f pl)	['brãkas]
Schwarze (pl)	pretas (f pl)	['pretas]
Bauer (m)	peão (m)	[pjãw]
Läufer (m)	bispo (m)	['bispu]
Springer (m)	cavalo (m)	[ka'valu]
Turm (m)	torre (f)	['tohi]
Königin (f)	dama (f)	['dama]
König (m)	rei (m)	[hej]
Zug (m)	vez (f)	[vez]
einen Zug machen	mover (vt)	[mo'ver]
opfern (vt)	sacrificar (vt)	[sakrifi'kar]
Rochade (f)	roque (m)	['hɔki]
Schach (n)	xeque (m)	['ʃɛki]
Matt (n)	xeque-mate (m)	['ʃɛki-'matʃi]
Schachturnier (n)	torneio (m) de xadrez	[tor'neju de ʃa'drez]
Großmeister (m)	grão-mestre (m)	['grãw 'mɛstri]
Kombination (f)	combinação (f)	[kõbina'sãw]
Partie (f), Spiel (n)	partida (f)	[par'tʃida]
Damespiel (n)	jogo (m) de damas	['ʒogu de 'damas]

140. Boxen

Boxen (n)	boxe (m)	['bɔksi]
Boxkampf (m)	combate (m)	[kõ'batʃi]
Zweikampf (m)	luta (f) de boxe	['luta de 'bɔksi]
Runde (f)	round (m)	['hãwdʒi]
Ring (m)	ringue (m)	['hĩgi]
Gong (m, n)	gongo (m)	['gõgu]
Schlag (m)	murro, soco (m)	['muhu], ['soku]
Knockdown (m)	derrubada (f)	[dehu'bada]
Knockout (m)	nocaute (m)	[no'kawtʃi]
k.o. schlagen (vt)	nocautear (vt)	[nokaw'tʃjar]
Boxhandschuh (m)	luva (f) de boxe	['luva de 'bɔksi]
Schiedsrichter (m)	juiz (m)	[ʒwiz]
Leichtgewicht (n)	peso-pena (m)	['pezu 'pena]
Mittelgewicht (n)	peso-médio (m)	['pezu 'mɛdiu]
Schwergewicht (n)	peso-pesado (m)	['pezu pe'zadu]

141. Sport. Verschiedenes

Olympische Spiele (pl)	Jogos (m pl) Olímpicos	['ʒɔgus o'lĩpikus]
Sieger (m)	vencedor (m)	[vẽse'dor]
siegen (vi)	vencer (vi)	[vẽ'ser]
gewinnen (Sieger sein)	vencer (vi, vt)	[vẽ'ser]
Tabellenführer (m)	líder (m)	['lider]
führen (vi)	liderar (vt)	[lide'rar]
der erste Platz	primeiro lugar (m)	[pri'mejru lu'gar]
der zweite Platz	segundo lugar (m)	[se'gũdu lu'gar]
der dritte Platz	terceiro lugar (m)	[ter'sejru lu'gar]
Medaille (f)	medalha (f)	[me'daʎa]
Trophäe (f)	troféu (m)	[tro'fɛw]
Pokal (m)	taça (f)	['tasa]
Siegerpreis m (m)	prêmio (m)	['premju]
Hauptpreis (m)	prêmio (m) principal	['premju prĩsi'paw]
Rekord (m)	recorde (m)	[he'kɔrdʒi]
einen Rekord aufstellen	estabelecer um recorde	[istabele'ser ũ he'kɔrdʒi]
Finale (n)	final (m)	[fi'naw]
Final-	final	[fi'naw]
Meister (m)	campeão (m)	[kã'pjãw]
Meisterschaft (f)	campeonato (m)	[kãpjo'natu]
Stadion (n)	estádio (m)	[is'tadʒu]
Tribüne (f)	arquibancadas (f pl)	[arkibã'kadas]
Fan (m)	fã, torcedor (m)	[fã], [torse'dor]
Gegner (m)	adversário (m)	[adʒiver'sarju]
Start (m)	partida (f)	[par'tʃida]
Ziel (n), Finish (n)	linha (f) de chegada	['liɲa de ʃe'gada]
Niederlage (f)	derrota (f)	[de'hɔta]
verlieren (vt)	perder (vt)	[per'der]
Schiedsrichter (m)	árbitro, juiz (m)	[ar'bitru], [ʒwiz]
Jury (f)	júri (m)	['ʒuri]
Ergebnis (n)	resultado (m)	[hezuw'tadu]
Unentschieden (n)	empate (m)	[ẽ'patʃi]
unentschieden spielen	empatar (vi)	[ẽpa'tar]
Punkt (m)	ponto (m)	['põtu]
Ergebnis (n)	resultado (m) final	[hezuw'tadu fi'naw]
Spielabschnitt (m)	tempo (m)	['tẽpu]
Halbzeit (f), Pause (f)	intervalo (m)	[ĩter'valu]
Doping (n)	doping (m)	['dopĩg]
bestrafen (vt)	penalizar (vt)	[penali'zar]
disqualifizieren (vt)	desqualificar (vt)	[dʒiskwalifi'kar]
Sportgerät (n)	aparelho, aparato (m)	[apa'reʎu], [apa'ratu]
Speer (m)	dardo (m)	['dardu]

| Kugel (im Kugelstoßen) | peso (m) | ['pezu] |
| Kugel (f), Ball (m) | bola (f) | ['bɔla] |

Ziel (n)	alvo (m)	['awvu]
Zielscheibe (f)	alvo (m)	['awvu]
schießen (vi)	disparar, atirar (vi)	[dʒispa'rar], [atʃi'rar]
genau (Adj)	preciso	[pre'sizu]

Trainer (m)	treinador (m)	[trejna'dor]
trainieren (vt)	treinar (vt)	[trej'nar]
trainieren (vi)	treinar-se (vr)	[trej'narsi]
Training (n)	treino (m)	['trejnu]

Turnhalle (f)	academia (f) de ginástica	[akade'mia de ʒi'nastʃika]
Übung (f)	exercício (m)	[ezer'sisju]
Aufwärmen (n)	aquecimento (m)	[akesi'mẽtu]

Ausbildung

142. Schule

Schule (f)	escola (f)	[isˈkɔla]
Schulleiter (m)	diretor (m) de escola	[dʒireˈtor de isˈkɔla]
Schüler (m)	aluno (m)	[aˈlunu]
Schülerin (f)	aluna (f)	[aˈluna]
Schuljunge (m)	estudante (m)	[istuˈdãtʃi]
Schulmädchen (f)	estudante (f)	[istuˈdãtʃi]
lehren (vt)	ensinar (vt)	[ẽsiˈnar]
lernen (Englisch ~)	aprender (vt)	[aprẽˈder]
auswendig lernen	decorar (vt)	[dekoˈrar]
lernen (vi)	estudar (vi)	[istuˈdar]
in der Schule sein	estar na escola	[isˈtar na isˈkɔla]
die Schule besuchen	ir à escola	[ir a isˈkɔla]
Alphabet (n)	alfabeto (m)	[awfaˈbɛtu]
Fach (n)	disciplina (f)	[dʒisiˈplina]
Klassenraum (m)	sala (f) de aula	[ˈsala de ˈawla]
Stunde (f)	lição, aula (f)	[liˈsãw], [ˈawla]
Pause (f)	recreio (m)	[heˈkreju]
Schulglocke (f)	toque (m)	[ˈtɔki]
Schulbank (f)	classe (f)	[ˈklasi]
Tafel (f)	quadro (m) negro	[ˈkwadru ˈnegru]
Note (f)	nota (f)	[ˈnɔta]
gute Note (f)	boa nota (f)	[ˈboa ˈnɔta]
schlechte Note (f)	nota (f) baixa	[ˈnɔta ˈbaɪʃa]
eine Note geben	dar uma nota	[dar ˈuma ˈnɔta]
Fehler (m)	erro (m)	[ˈehu]
Fehler machen	errar (vi)	[eˈhar]
korrigieren (vt)	corrigir (vt)	[kohiˈʒir]
Spickzettel (m)	cola (f)	[ˈkɔla]
Hausaufgabe (f)	dever (m) de casa	[deˈver de ˈkaza]
Übung (f)	exercício (m)	[ezerˈsisju]
anwesend sein	estar presente	[isˈtar preˈzẽtʃi]
fehlen (in der Schule ~)	estar ausente	[isˈtar awˈzẽtʃi]
versäumen (Schule ~)	faltar às aulas	[fawˈtar as ˈawlas]
bestrafen (vt)	punir (vt)	[puˈnir]
Strafe (f)	punição (f)	[puniˈsãw]
Benehmen (n)	comportamento (m)	[kõportaˈmẽtu]

Deutsch	Portugiesisch	Aussprache
Zeugnis (n)	boletim (m) escolar	[bole'tʃi isko'lar]
Bleistift (m)	lápis (m)	['lapis]
Radiergummi (m)	borracha (f)	[bo'haʃa]
Kreide (f)	giz (m)	[ʒiz]
Federkasten (m)	porta-lápis (m)	['pɔrta-'lapis]
Schulranzen (m)	mala, pasta, mochila (f)	['mala], ['pasta], [mo'ʃila]
Kugelschreiber, Stift (m)	caneta (f)	[ka'neta]
Heft (n)	caderno (m)	[ka'dɛrnu]
Lehrbuch (n)	livro (m) didático	['livru dʒi'datʃiku]
Zirkel (m)	compasso (m)	[kõ'pasu]
zeichnen (vt)	traçar (vt)	[tra'sar]
Zeichnung (f)	desenho (m) técnico	[de'zɛɲu 'tɛkniku]
Gedicht (n)	poesia (f)	[poe'zia]
auswendig (Adv)	de cor	[de kɔr]
auswendig lernen	decorar (vt)	[deko'rar]
Ferien (pl)	férias (f pl)	['fɛrjas]
in den Ferien sein	estar de férias	[is'tar de 'fɛrjas]
Ferien verbringen	passar as férias	[pa'sar as 'fɛrjas]
Test (m), Prüfung (f)	teste (m), prova (f)	['tɛstʃi], ['prɔva]
Aufsatz (m)	redação (f)	[heda'sãw]
Diktat (n)	ditado (m)	[dʒi'tadu]
Prüfung (f)	exame (m), prova (f)	[e'zami], ['prɔva]
Prüfungen ablegen	fazer prova	[fa'zer 'prɔva]
Experiment (n)	experiência (f)	[ispe'rjẽsja]

143. Hochschule. Universität

Deutsch	Portugiesisch	Aussprache
Akademie (f)	academia (f)	[akade'mia]
Universität (f)	universidade (f)	[universi'dadʒi]
Fakultät (f)	faculdade (f)	[fakuw'dadʒi]
Student (m)	estudante (m)	[istu'dãtʃi]
Studentin (f)	estudante (f)	[istu'dãtʃi]
Lehrer (m)	professor (m)	[profe'sor]
Hörsaal (m)	auditório (m)	[awdʒi'tɔrju]
Hochschulabsolvent (m)	graduado (m)	[gra'dwadu]
Diplom (n)	diploma (m)	[dʒip'lɔma]
Dissertation (f)	tese (f)	['tɛzi]
Forschung (f)	estudo (m)	[is'tudu]
Labor (n)	laboratório (m)	[labora'tɔrju]
Vorlesung (f)	palestra (f)	[pa'lɛstra]
Kommilitone (m)	colega (m) de curso	[ko'lɛga de 'kursu]
Stipendium (n)	bolsa (f) de estudos	['bowsa de is'tudus]
akademischer Grad (m)	grau (m) acadêmico	['graw aka'demiku]

144. Naturwissenschaften. Fächer

Mathematik (f)	matemática (f)	[mate'matʃika]
Algebra (f)	álgebra (f)	['awʒebra]
Geometrie (f)	geometria (f)	[ʒeome'tria]
Astronomie (f)	astronomia (f)	[astrono'mia]
Biologie (f)	biologia (f)	[bjolo'ʒia]
Erdkunde (f)	geografia (f)	[ʒeogra'fia]
Geologie (f)	geologia (f)	[ʒeolo'ʒia]
Geschichte (f)	história (f)	[is'tɔrja]
Medizin (f)	medicina (f)	[medʒi'sina]
Pädagogik (f)	pedagogia (f)	[pedago'ʒia]
Recht (n)	direito (m)	[dʒi'rejtu]
Physik (f)	física (f)	['fizika]
Chemie (f)	química (f)	['kimika]
Philosophie (f)	filosofia (f)	[filozo'fia]
Psychologie (f)	psicologia (f)	[psikolo'ʒia]

145. Schrift. Rechtschreibung

Grammatik (f)	gramática (f)	[gra'matʃika]
Lexik (f)	vocabulário (m)	[vokabu'larju]
Phonetik (f)	fonética (f)	[fo'nɛtʃika]
Substantiv (n)	substantivo (m)	[substã'tʃivu]
Adjektiv (n)	adjetivo (m)	[adʒe'tʃivu]
Verb (n)	verbo (m)	['vɛrbu]
Adverb (n)	advérbio (m)	[adʒi'vɛrbju]
Pronomen (n)	pronome (m)	[pro'nɔmi]
Interjektion (f)	interjeição (f)	[ĩterʒej'sãw]
Präposition (f)	preposição (f)	[prepozi'sãw]
Wurzel (f)	raiz (f)	[ha'iz]
Endung (f)	terminação (f)	[termina'sãw]
Vorsilbe (f)	prefixo (m)	[pre'fiksu]
Silbe (f)	sílaba (f)	['silaba]
Suffix (n), Nachsilbe (f)	sufixo (m)	[su'fiksu]
Betonung (f)	acento (m)	[a'sẽtu]
Apostroph (m)	apóstrofo (m)	[a'pɔstrofu]
Punkt (m)	ponto (m)	['põtu]
Komma (n)	vírgula (f)	['virgula]
Semikolon (n)	ponto e vírgula (m)	['põtu e 'virgula]
Doppelpunkt (m)	dois pontos (m pl)	['dojs 'põtus]
Auslassungspunkte (pl)	reticências (f pl)	[hetʃi'sẽsjas]
Fragezeichen (n)	ponto (m) de interrogação	['põtu de ĩtehoga'sãw]
Ausrufezeichen (n)	ponto (m) de exclamação	['põtu de isklama'sãw]

Anführungszeichen (pl)	aspas (f pl)	['aspas]
in Anführungszeichen	entre aspas	[ẽtri 'aspas]
runde Klammern (pl)	parênteses (m pl)	[pa'rẽtezis]
in Klammern	entre parênteses	[ẽtri pa'rẽtezis]
Bindestrich (m)	hífen (m)	['ifẽ]
Gedankenstrich (m)	travessão (m)	[trave'sãw]
Leerzeichen (n)	espaço (m)	[is'pasu]
Buchstabe (m)	letra (f)	['letra]
Großbuchstabe (m)	letra (f) maiúscula	['letra ma'juskula]
Vokal (m)	vogal (f)	[vo'gaw]
Konsonant (m)	consoante (f)	[kõso'ãtʃi]
Satz (m)	frase (f)	['frazi]
Subjekt (n)	sujeito (m)	[su'ʒejtu]
Prädikat (n)	predicado (m)	[predʒi'kadu]
Zeile (f)	linha (f)	['liɲa]
in einer neuen Zeile	em uma nova linha	[ẽ 'uma 'nɔva 'liɲa]
Absatz (m)	parágrafo (m)	[pa'ragrafu]
Wort (n)	palavra (f)	[pa'lavra]
Wortverbindung (f)	grupo (m) de palavras	['grupu de pa'lavras]
Redensart (f)	expressão (f)	[ispre'sãw]
Synonym (n)	sinônimo (m)	[si'nonimu]
Antonym (n)	antônimo (m)	[ã'tonimu]
Regel (f)	regra (f)	['hɛgra]
Ausnahme (f)	exceção (f)	[ese'sãw]
richtig (Adj)	correto	[ko'hɛtu]
Konjugation (f)	conjugação (f)	[kõʒuga'sãw]
Deklination (f)	declinação (f)	[deklina'sãw]
Kasus (m)	caso (m)	['kazu]
Frage (f)	pergunta (f)	[per'gũta]
unterstreichen (vt)	sublinhar (vt)	[subli'ɲar]
punktierte Linie (f)	linha (f) pontilhada	['liɲa põtʃi'ʎada]

146. Fremdsprachen

Sprache (f)	língua (f)	['lĩgwa]
Fremd-	estrangeiro	[istrã'ʒejru]
Fremdsprache (f)	língua (f) estrangeira	['lĩgwa istrã'ʒejra]
studieren (z.B. Jura ~)	estudar (vt)	[istu'dar]
lernen (Englisch ~)	aprender (vt)	[aprẽ'der]
lesen (vi, vt)	ler (vt)	[ler]
sprechen (vi, vt)	falar (vi)	[fa'lar]
verstehen (vt)	entender (vt)	[ẽtẽ'der]
schreiben (vi, vt)	escrever (vt)	[iskre'ver]
schnell (Adv)	rapidamente	[hapida'mẽtʃi]
langsam (Adv)	lentamente	[lẽta'mẽtʃi]

fließend (Adv)	fluentemente	[fluẽte'mẽtʃi]
Regeln (pl)	regras (f pl)	['hɛgras]
Grammatik (f)	gramática (f)	[gra'matʃika]
Vokabular (n)	vocabulário (m)	[vokabu'larju]
Phonetik (f)	fonética (f)	[fo'nɛtʃika]
Lehrbuch (n)	livro (m) didático	['livru dʒi'datʃiku]
Wörterbuch (n)	dicionário (m)	[dʒisjo'narju]
Selbstlernbuch (n)	manual (m) autodidático	[ma'nwaw awtɔdʒi'datʃiku]
Sprachführer (m)	guia (m) de conversação	['gia de kõversa'sãw]
Kassette (f)	fita (f) cassete	['fita ka'sɛtʃi]
Videokassette (f)	videoteipe (m)	[vidʒju'tejpi]
CD (f)	CD, disco (m) compacto	['sede], ['dʒisku kõ'paktu]
DVD (f)	DVD (m)	[deve'de]
Alphabet (n)	alfabeto (m)	[awfa'bɛtu]
buchstabieren (vt)	soletrar (vt)	[sole'trar]
Aussprache (f)	pronúncia (f)	[pro'nũsja]
Akzent (m)	sotaque (m)	[so'taki]
mit Akzent	com sotaque	[kõ so'taki]
ohne Akzent	sem sotaque	[sẽ so'taki]
Wort (n)	palavra (f)	[pa'lavra]
Bedeutung (f)	sentido (m)	[sẽ'tʃidu]
Kurse (pl)	curso (m)	['kursu]
sich einschreiben	inscrever-se (vr)	[ĩskre'verse]
Lehrer (m)	professor (m)	[profe'sor]
Übertragung (f)	tradução (f)	[tradu'sãw]
Übersetzung (f)	tradução (f)	[tradu'sãw]
Übersetzer (m)	tradutor (m)	[tradu'tor]
Dolmetscher (m)	intérprete (m)	[ĩ'tɛrpretʃi]
Polyglott (m, f)	poliglota (m)	[poli'glota]
Gedächtnis (n)	memória (f)	[me'mɔrja]

147. Märchenfiguren

Weihnachtsmann (m)	Papai Noel (m)	[pa'paj nɔ'ɛl]
Aschenputtel (n)	Cinderela (f)	[sĩde'rɛla]
Nixe (f)	sereia (f)	[se'reja]
Neptun (m)	Netuno (m)	[ne'tunu]
Zauberer (m)	bruxo, feiticeiro (m)	['bruʃu], [fejtʃi'sejru]
Zauberin (f)	fada (f)	['fada]
magisch, Zauber-	mágico	['maʒiku]
Zauberstab (m)	varinha (f) mágica	[va'riɲa 'maʒika]
Märchen (n)	conto (m) de fadas	['kõtu de 'fadas]
Wunder (n)	milagre (m)	[mi'lagri]
Zwerg (m)	anão (m)	[a'nãw]

sich verwandeln in …	transformar-se em …	[trãsfor'marsi ẽ]
Geist (m)	fantasma (m)	[fã'tazma]
Gespenst (n)	fantasma (m)	[fã'tazma]
Ungeheuer (n)	monstro (m)	['mõstru]
Drache (m)	dragão (m)	[dra'gãw]
Riese (m)	gigante (m)	[ʒi'gãtʃi]

148. Sternzeichen

Widder (m)	Áries (f)	['aris]
Stier (m)	Touro (m)	['toru]
Zwillinge (pl)	Gêmeos (m pl)	['ʒemjus]
Krebs (m)	Câncer (m)	['kãser]
Löwe (m)	Leão (m)	[le'ãw]
Jungfrau (f)	Virgem (f)	['virʒẽ]

Waage (f)	Libra (f)	['libra]
Skorpion (m)	Escorpião (m)	[iskorpi'ãw]
Schütze (m)	Sagitário (m)	[saʒi'tarju]
Steinbock (m)	Capricórnio (m)	[kapri'kɔrnju]
Wassermann (m)	Aquário (m)	[a'kwarju]
Fische (pl)	Peixes (pl)	['pejʃis]

Charakter (m)	caráter (m)	[ka'rater]
Charakterzüge (pl)	traços (m pl) do caráter	['trasus du ka'rater]
Benehmen (n)	comportamento (m)	[kõporta'mẽtu]
wahrsagen (vt)	prever a sorte	[pre'ver a 'sɔrtʃi]
Wahrsagerin (f)	adivinha (f)	[adʒi'viɲa]
Horoskop (n)	horóscopo (m)	[o'rɔskopu]

Kunst

149. Theater

Deutsch	Portugiesisch	Lautschrift
Theater (n)	teatro (m)	['tʃjatru]
Oper (f)	ópera (f)	['ɔpera]
Operette (f)	opereta (f)	[ope'reta]
Ballett (n)	balé (m)	[ba'lɛ]

Theaterplakat (n)	cartaz (m)	[kar'taz]
Truppe (f)	companhia (f) de teatro	[kõpa'ɲia de 'tʃjatru]
Tournee (f)	turnê (f)	[tur'ne]
auf Tournee sein	estar em turnê	[is'tar ẽ tur'ne]
proben (vt)	ensaiar (vt)	[ẽsa'jar]
Probe (f)	ensaio (m)	[ẽ'saju]
Spielplan (m)	repertório (m)	[heper'tɔrju]

Aufführung (f)	apresentação (f)	[aprezẽta'sãw]
Vorstellung (f)	espetáculo (m)	[ispe'takulu]
Theaterstück (n)	peça (f)	['pɛsa]

Karte (f)	entrada (m)	[ẽ'trada]
Theaterkasse (f)	bilheteira (f)	[biʎe'tejra]
Halle (f)	hall (m)	[hɔw]
Garderobe (f)	vestiário (m)	[ves'tʃjarju]
Garderobennummer (f)	senha (f) numerada	['sɛɲa nume'rada]
Opernglas (n)	binóculo (m)	[bi'nɔkulu]
Platzanweiser (m)	lanterninha (m, f)	[lãter'niɲa]

Parkett (n)	plateia (f)	[pla'tɛja]
Balkon (m)	balcão (m)	[baw'kãw]
der erste Rang	primeiro balcão (m)	[pri'mejru baw'kãw]
Loge (f)	camarote (m)	[kama'rɔtʃi]
Reihe (f)	fila (f)	['fila]
Platz (m)	assento (m)	[a'sẽtu]

Publikum (n)	público (m)	['publiku]
Zuschauer (m)	espectador (m)	[ispekta'dor]
klatschen (vi)	aplaudir (vt)	[aplaw'dʒir]
Applaus (m)	aplauso (m)	[a'plawzu]
Ovation (f)	ovação (f)	[ova'sãw]

Bühne (f)	palco (m)	['pawku]
Vorhang (m)	cortina (f)	[kor'tʃina]
Dekoration (f)	cenário (m)	[se'narju]
Kulissen (pl)	bastidores (m pl)	[bastʃi'doris]

Szene (f)	cena (f)	['sɛna]
Akt (m)	ato (m)	['atu]
Pause (f)	intervalo (m)	[ĩter'valu]

150. Kino

Schauspieler (m)	ator (m)	[a'tor]
Schauspielerin (f)	atriz (f)	[a'triz]

Kino (n)	cinema (m)	[si'nɛma]
Film (m)	filme (m)	['fiwmi]
Folge (f)	episódio (m)	[epi'zɔdʒu]

Krimi (m)	filme (m) policial	['fiwmi poli'sjaw]
Actionfilm (m)	filme (m) de ação	['fiwmi de a'sãw]
Abenteuerfilm (m)	filme (m) de aventuras	['fiwmi de avẽ'turas]
Science-Fiction-Film (m)	filme (m) de ficção científica	['fiwmi de fik'sãw sjẽ'tʃifika]
Horrorfilm (m)	filme (m) de horror	['fiwmi de o'hor]

Komödie (f)	comédia (f)	[ko'mɛdʒja]
Melodrama (n)	melodrama (m)	[melo'drama]
Drama (n)	drama (m)	['drama]

Spielfilm (m)	filme (m) de ficção	['fiwmi de fik'sãw]
Dokumentarfilm (m)	documentário (m)	[dokumẽ'tarju]
Zeichentrickfilm (m)	desenho (m) animado	[de'zɛɲu ani'madu]
Stummfilm (m)	cinema (m) mudo	[si'nɛma 'mudu]

Rolle (f)	papel (m)	[pa'pɛw]
Hauptrolle (f)	papel (m) principal	[pa'pɛw prĩsi'paw]
spielen (Schauspieler)	representar (vt)	[heprezẽ'tar]

Filmstar (m)	estrela (f) de cinema	[is'trela de si'nɛma]
bekannt	conhecido	[koɲe'sidu]
berühmt	famoso	[fa'mozu]
populär	popular	[popu'lar]

Drehbuch (n)	roteiro (m)	[ho'tejru]
Drehbuchautor (m)	roteirista (m)	[hotej'rista]
Regisseur (m)	diretor (m) de cinema	[dʒire'tor de si'nɛma]
Produzent (m)	produtor (m)	[produ'tor]
Assistent (m)	assistente (m)	[asis'tẽtʃi]
Kameramann (m)	diretor (m) de fotografia	[dʒire'tor de fotogra'fia]
Stuntman (m)	dublê (m)	[du'ble]
Double (n)	dublê (m) de corpo	[du'ble de korpu]

einen Film drehen	filmar (vt)	[fiw'mar]
Probe (f)	audição (f)	[awdʒi'sãw]
Dreharbeiten (pl)	filmagem (f)	[fiw'maʒẽ]
Filmteam (n)	equipe (f) de filmagem	[e'kipi de fiw'maʒẽ]
Filmset (m)	set (m) de filmagem	['sɛtʃi de fiw'maʒẽ]
Filmkamera (f)	câmera (f)	['kamera]

Kino (n)	cinema (m)	[si'nɛma]
Leinwand (f)	tela (f)	['tɛla]
einen Film zeigen	exibir um filme	[ezi'bir ũ 'fiwmi]

Tonspur (f)	trilha (f) sonora	['triʎa so'nɔra]
Spezialeffekte (pl)	efeitos (m pl) especiais	[e'fejtus ispe'sjajs]

Untertitel (pl)	legendas (f pl)	[le'ʒẽdas]
Abspann (m)	crédito (m)	['krɛdʒitu]
Übersetzung (f)	tradução (f)	[tradu'sãw]

151. Gemälde

Kunst (f)	arte (f)	['artʃi]
schönen Künste (pl)	belas-artes (f pl)	[bɛlaz 'artʃis]
Kunstgalerie (f)	galeria (f) de arte	[gale'ria de 'artʃi]
Kunstausstellung (f)	exibição (f) de arte	[ezibi'sãw de 'artʃi]

Malerei (f)	pintura (f)	[pĩ'tura]
Graphik (f)	arte (f) gráfica	['artʃis 'grafikas]
abstrakte Kunst (f)	arte (f) abstrata	['artʃi abs'trata]
Impressionismus (m)	impressionismo (m)	[ĩpresjo'nizmu]

Bild (n)	pintura (f), quadro (m)	[pĩ'tura], ['kwadru]
Zeichnung (Kohle- usw.)	desenho (m)	[de'zɛɲu]
Plakat (n)	pôster (m)	['poster]

Illustration (f)	ilustração (f)	[ilustra'sãw]
Miniatur (f)	miniatura (f)	[minja'tura]
Kopie (f)	cópia (f)	['kɔpja]
Reproduktion (f)	reprodução (f)	[heprodu'sãw]

Mosaik (n)	mosaico (m)	[mo'zajku]
Glasmalerei (f)	vitral (m)	[vi'traw]
Fresko (n)	afresco (m)	[a'fresku]
Gravüre (f)	gravura (f)	[gra'vura]

Büste (f)	busto (m)	['bustu]
Skulptur (f)	escultura (f)	[iskuw'tura]
Statue (f)	estátua (f)	[is'tatwa]
Gips (m)	gesso (m)	['ʒesu]
aus Gips	em gesso	[ẽ 'ʒesu]

Porträt (n)	retrato (m)	[he'tratu]
Selbstporträt (n)	autorretrato (m)	[awtohe'tratu]
Landschaftsbild (n)	paisagem (f)	[paj'zaʒẽ]
Stillleben (n)	natureza (f) morta	[natu'reza 'mɔrta]
Karikatur (f)	caricatura (f)	[karika'tura]
Entwurf (m)	esboço (m)	[iz'bosu]

Farbe (f)	tinta (f)	[tʃĩta]
Aquarellfarbe (f)	aquarela (f)	[akwa'rɛla]
Öl (n)	tinta (f) a óleo	[tʃĩta a 'ɔlju]
Bleistift (m)	lápis (m)	['lapis]
Tusche (f)	tinta (f) nanquim	[tʃĩta nã'kĩ]
Kohle (f)	carvão (m)	[kar'vãw]

zeichnen (vt)	desenhar (vt)	[deze'ɲar]
malen (vi, vt)	pintar (vt)	[pĩ'tar]
Modell stehen	posar (vi)	[po'zar]
Modell (Mask.)	modelo (m)	[mo'delu]

Modell (Fem.)	modelo (f)	[mo'delu]
Maler (m)	pintor (m)	[pĩ'tor]
Kunstwerk (n)	obra (f)	['ɔbra]
Meisterwerk (n)	obra-prima (f)	['ɔbra 'prima]
Atelier (n), Werkstatt (f)	estúdio (m)	[is'tuʤu]

Leinwand (f)	tela (f)	['tɛla]
Staffelei (f)	cavalete (m)	[kava'letʃi]
Palette (f)	paleta (f)	[pa'leta]

Rahmen (m)	moldura (f)	[mow'dura]
Restauration (f)	restauração (f)	[hestawra'sãw]
restaurieren (vt)	restaurar (vt)	[hestaw'rar]

152. Literatur und Dichtkunst

Literatur (f)	literatura (f)	[litera'tura]
Autor (m)	autor (m)	[aw'tor]
Pseudonym (n)	pseudônimo (m)	[psew'donimu]

Buch (n)	livro (m)	['livru]
Band (m)	volume (m)	[vo'lumi]
Inhaltsverzeichnis (n)	índice (m)	['inʤisi]
Seite (f)	página (f)	['paʒina]
Hauptperson (f)	protagonista (m)	[protago'nista]
Autogramm (n)	autógrafo (m)	[aw'tɔgrafu]

Kurzgeschichte (f)	conto (m)	['kõtu]
Erzählung (f)	novela (f)	[no'vɛla]
Roman (m)	romance (m)	[ho'mãsi]
Werk (Buch usw.)	obra (f)	['ɔbra]
Fabel (f)	fábula (f)	['fabula]
Krimi (m)	romance (m) policial	[ho'mãsi poli'sjaw]

Gedicht (n)	verso (m)	['vɛrsu]
Dichtung (f), Poesie (f)	poesia (f)	[poe'zia]
Gedicht (n)	poema (m)	['pwema]
Dichter (m)	poeta (m)	['pwɛta]

schöne Literatur (f)	ficção (f)	[fik'sãw]
Science-Fiction (f)	ficção (f) científica	[fik'sãw sjẽ'tʃifika]
Abenteuer (n)	aventuras (f pl)	[avẽ'turas]
Schülerliteratur (pl)	literatura (f) didática	[litera'tura ʤi'datʃika]
Kinderliteratur (f)	literatura (f) infantil	[litera'tura ĩfã'tʃiw]

153. Zirkus

Zirkus (m)	circo (m)	['sirku]
Wanderzirkus (m)	circo (m) ambulante	['sirku ãbu'lãtʃi]
Programm (n)	programa (m)	[pro'grama]
Vorstellung (f)	apresentação (f)	[aprezẽta'sãw]
Nummer (f)	número (m)	['numeru]

Manege (f)	picadeiro (f)	[pika'dejru]
Pantomime (f)	pantomima (f)	[pãto'mima]
Clown (m)	palhaço (m)	[pa'ʎasu]

Akrobat (m)	acrobata (m)	[akro'bata]
Akrobatik (f)	acrobacia (f)	[akroba'sia]
Turner (m)	ginasta (m)	[ʒi'nasta]
Turnen (n)	ginástica (f)	[ʒi'nastʃika]
Salto (m)	salto (m) mortal	['sawtu mor'taw]

Kraftmensch (m)	homem (m) forte	['omẽ 'fɔrtʃi]
Bändiger, Dompteur (m)	domador (m)	[doma'dor]
Reiter (m)	cavaleiro (m) equilibrista	[kava'lejru ekili'brista]
Assistent (m)	assistente (m)	[asis'tẽtʃi]

Trick (m)	truque (m)	['truki]
Zaubertrick (m)	truque (m) de mágica	['truki de 'maʒika]
Zauberkünstler (m)	ilusionista (m)	[iluzjo'nista]

Jongleur (m)	malabarista (m)	[malaba'rista]
jonglieren (vi)	fazer malabarismos	[fa'zer malaba'rizmus]
Dresseur (m)	adestrador (m)	[adestra'dɔr]
Dressur (f)	adestramento (m)	[adestra'mẽtu]
dressieren (vt)	adestrar (vt)	[ades'trar]

154. Musik. Popmusik

Musik (f)	música (f)	['muzika]
Musiker (m)	músico (m)	['muziku]
Musikinstrument (n)	instrumento (m) musical	[ĩstru'mẽtu muzi'kaw]
spielen (auf der Gitarre ~)	tocar ...	[to'kar]

Gitarre (f)	guitarra (f)	[gi'taha]
Geige (f)	violino (m)	[vjo'linu]
Cello (n)	violoncelo (m)	[vjolõ'sɛlu]
Kontrabass (m)	contraboaixo (m)	[kõtra'baɪʃu]
Harfe (f)	harpa (f)	['arpa]

Klavier (n)	piano (m)	['pjanu]
Flügel (m)	piano (m) de cauda	['pjanu de 'kawda]
Orgel (f)	órgão (m)	['ɔrgãw]

Blasinstrumente (pl)	instrumentos (m pl) de sopro	[ĩstru'mẽtus de 'sopru]
Oboe (f)	oboé (f)	[o'bwɛ]
Saxophon (n)	saxofone (m)	[sakso'fɔni]
Klarinette (f)	clarinete (m)	[klari'netʃi]
Flöte (f)	flauta (f)	['flawta]
Trompete (f)	trompete (m)	[trõ'pɛte]

Akkordeon (n)	acordeão (m)	[akor'dʒjãw]
Trommel (f)	tambor (m)	[tã'bor]

Duo (n)	dueto (m)	['dwetu]
Trio (n)	trio (m)	['triu]

Quartett (n)	quarteto (m)	[kwar'tetu]
Chor (m)	coro (m)	['koru]
Orchester (n)	orquestra (f)	[or'kɛstra]
Popmusik (f)	música (f) pop	['muzika 'pɔpi]
Rockmusik (f)	música (f) rock	['muzika 'hɔki]
Rockgruppe (f)	grupo (m) de rock	['grupu de 'hɔki]
Jazz (m)	jazz (m)	[dʒɛz]
Idol (n)	ídolo (m)	['idolu]
Verehrer (m)	fã, admirador (m)	[fã], [adʒimira'dor]
Konzert (n)	concerto (m)	[kõ'sertu]
Sinfonie (f)	sinfonia (f)	[sĩfo'nia]
Komposition (f)	composição (f)	[kõpozi'sãw]
komponieren (vt)	compor (vt)	[kõ'por]
Gesang (m)	canto (m)	['kãtu]
Lied (n)	canção (f)	[kã'sãw]
Melodie (f)	melodia (f)	[melo'dʒia]
Rhythmus (m)	ritmo (m)	['hitʃmu]
Blues (m)	blues (m)	[bluz]
Noten (pl)	notas (f pl)	['nɔtas]
Taktstock (m)	batuta (f)	[ba'tuta]
Bogen (m)	arco (m)	['arku]
Saite (f)	corda (f)	['kɔrda]
Koffer (Violinen-)	estojo (m)	[is'toʒu]

Erholung. Unterhaltung. Reisen

155. Ausflug. Reisen

Tourismus (m)	turismo (m)	[tu'rizmu]
Tourist (m)	turista (m)	[tu'rista]
Reise (f)	viagem (f)	['vjaʒẽ]
Abenteuer (n)	aventura (f)	[avẽ'tura]
Fahrt (f)	viagem (f)	['vjaʒẽ]
Urlaub (m)	férias (f pl)	['fɛrjas]
auf Urlaub sein	estar de férias	[is'tar de 'fɛrjas]
Erholung (f)	descanso (m)	[dʒis'kãsu]
Zug (m)	trem (m)	[trẽj]
mit dem Zug	de trem	[de trẽj]
Flugzeug (n)	avião (m)	[a'vjãw]
mit dem Flugzeug	de avião	[de a'vjãw]
mit dem Auto	de carro	[de 'kaho]
mit dem Schiff	de navio	[de na'viu]
Gepäck (n)	bagagem (f)	[ba'gaʒẽ]
Koffer (m)	mala (f)	['mala]
Gepäckwagen (m)	carrinho (m)	[ka'hiɲu]
Pass (m)	passaporte (m)	[pasa'pɔrtʃi]
Visum (n)	visto (m)	['vistu]
Fahrkarte (f)	passagem (f)	[pa'saʒẽ]
Flugticket (n)	passagem (f) aérea	[pa'saʒẽ a'erja]
Reiseführer (m)	guia (m) de viagem	['gia de vi'aʒẽ]
Landkarte (f)	mapa (m)	['mapa]
Gegend (f)	área (f)	['arja]
Ort (wunderbarer ~)	lugar (m)	[lu'gar]
Exotika (pl)	exotismo (m)	[ezo'tʃizmu]
exotisch	exótico	[e'zɔtʃiku]
erstaunlich (Adj)	surpreendente	[surprjẽ'dẽtʃi]
Gruppe (f)	grupo (m)	['grupu]
Ausflug (m)	excursão (f)	[iskur'sãw]
Reiseleiter (m)	guia (m)	['gia]

156. Hotel

Hotel (n)	hotel (m)	[o'tɛw]
Motel (n)	motel (m)	[mo'tɛw]
drei Sterne	três estrelas	['tres is'trelas]

fünf Sterne	cinco estrelas	['sĩku is'trelas]
absteigen (vi)	ficar (vi, vt)	[fi'kar]

Hotelzimmer (n)	quarto (m)	['kwartu]
Einzelzimmer (n)	quarto (m) individual	['kwartu ĩdʒivi'dwaw]
Zweibettzimmer (n)	quarto (m) duplo	['kwartu 'duplu]
reservieren (vt)	reservar um quarto	[hezer'var ũ 'kwartu]

Halbpension (f)	meia pensão (f)	['meja pẽ'sãw]
Vollpension (f)	pensão (f) completa	[pẽ'sãw kõ'plɛta]

mit Bad	com banheira	[kõ ba'ɲejra]
mit Dusche	com chuveiro	[kõ ʃu'vejru]
Satellitenfernsehen (n)	televisão (m) por satélite	[televi'zãw por sa'tɛlitʃi]
Klimaanlage (f)	ar (m) condicionado	[ar kõdʒisjo'nadu]
Handtuch (n)	toalha (f)	[to'aʎa]
Schlüssel (m)	chave (f)	['ʃavi]

Verwalter (m)	administrador (m)	[adʒiministra'dor]
Zimmermädchen (n)	camareira (f)	[kama'rejra]
Träger (m)	bagageiro (m)	[baga'ʒejru]
Portier (m)	porteiro (m)	[por'tejru]

Restaurant (n)	restaurante (m)	[hestaw'rãtʃi]
Bar (f)	bar (m)	[bar]
Frühstück (n)	café (m) da manhã	[ka'fɛ da ma'ɲã]
Abendessen (n)	jantar (m)	[ʒã'tar]
Buffet (n)	bufê (m)	[bu'fe]

Foyer (n)	saguão (m)	[sa'gwãw]
Aufzug (m), Fahrstuhl (m)	elevador (m)	[eleva'dor]

BITTE NICHT STÖREN!	NÃO PERTURBE	['nãw per'turbi]
RAUCHEN VERBOTEN!	PROIBIDO FUMAR!	[proi'bidu fu'mar]

157. Bücher. Lesen

Buch (n)	livro (m)	['livru]
Autor (m)	autor (m)	[aw'tor]
Schriftsteller (m)	escritor (m)	[iskri'tor]
verfassen (vt)	escrever (vt)	[iskre'ver]

Leser (m)	leitor (m)	[lej'tor]
lesen (vi, vt)	ler (vt)	[ler]
Lesen (n)	leitura (f)	[lej'tura]

still (~ lesen)	para si	['para si]
laut (Adv)	em voz alta	[ẽ vɔz 'awta]

verlegen (vt)	publicar (vt)	[publi'kar]
Ausgabe (f)	publicação (f)	[publika'sãw]
Herausgeber (m)	editor (m)	[edʒi'tor]
Verlag (m)	editora (f)	[edʒi'tora]
erscheinen (Buch)	sair (vi)	[sa'ir]

Erscheinen (n)	lançamento (m)	[lãsa'mẽtu]
Auflage (f)	tiragem (f)	[tʃi'raʒẽ]
Buchhandlung (f)	livraria (f)	[livra'ria]
Bibliothek (f)	biblioteca (f)	[bibljo'tɛka]
Erzählung (f)	novela (f)	[no'vɛla]
Kurzgeschichte (f)	conto (m)	['kõtu]
Roman (m)	romance (m)	[ho'mãsi]
Krimi (m)	romance (m) policial	[ho'mãsi poli'sjaw]
Memoiren (pl)	memórias (f pl)	[me'mɔrias]
Legende (f)	lenda (f)	['lẽda]
Mythos (m)	mito (m)	['mitu]
Gedichte (pl)	poesia (f)	[poe'zia]
Autobiographie (f)	autobiografia (f)	[awtobjogra'fia]
ausgewählte Werke (pl)	obras (f pl) escolhidas	['ɔbraʃ isko'ʎidas]
Science-Fiction (f)	ficção (f) científica	[fik'sãw sjẽ'tʃifika]
Titel (m)	título (m)	['tʃitulu]
Einleitung (f)	introdução (f)	[ĩtrodu'sãw]
Titelseite (f)	folha (f) de rosto	['foʎa de 'hostu]
Kapitel (n)	capítulo (m)	[ka'pitulu]
Auszug (m)	excerto (m)	[e'sɛrtu]
Episode (f)	episódio (m)	[epi'zɔdʒu]
Sujet (n)	enredo (m)	[ẽ'hedu]
Inhalt (m)	conteúdo (m)	[kõte'udu]
Inhaltsverzeichnis (n)	índice (m)	['ĩdʒisi]
Hauptperson (f)	protagonista (m)	[protago'nista]
Band (m)	volume (m)	[vo'lumi]
Buchdecke (f)	capa (f)	['kapa]
Einband (m)	encadernação (f)	[ẽkaderna'sãw]
Lesezeichen (n)	marcador (m) de página	[marka'dor de 'paʒina]
Seite (f)	página (f)	['paʒina]
blättern (vi)	folhear (vt)	[fo'ʎjar]
Ränder (pl)	margem (f)	['marʒẽ]
Notiz (f)	anotação (f)	[anota'sãw]
Anmerkung (f)	nota (f) de rodapé	['nɔta de hoda'pɛ]
Text (m)	texto (m)	['testu]
Schrift (f)	fonte (f)	['fõtʃi]
Druckfehler (m)	falha (f) de impressão	['faʎa de impre'sãw]
Übersetzung (f)	tradução (f)	[tradu'sãw]
übersetzen (vt)	traduzir (vt)	[tradu'zir]
Original (n)	original (m)	[oriʒi'naw]
berühmt	famoso	[fa'mozu]
unbekannt	desconhecido	[dʒiskoɲe'sidu]
interessant	interessante	[ĩtere'sãtʃi]
Bestseller (m)	best-seller (m)	[bɛst'sɛler]

Wörterbuch (n)	dicionário (m)	[dʒisjo'narju]
Lehrbuch (n)	livro (m) didático	['livru dʒi'datʃiku]
Enzyklopädie (f)	enciclopédia (f)	[ẽsiklo'pɛdʒja]

158. Jagen. Fischen

Jagd (f)	caça (f)	['kasa]
jagen (vi)	caçar (vi)	[ka'sar]
Jäger (m)	caçador (m)	[kasa'dor]

schießen (vi)	disparar, atirar (vi)	[dʒispa'rar], [atʃi'rar]
Gewehr (n)	rifle (m)	['hifli]
Patrone (f)	cartucho (m)	[kar'tuʃu]
Schrot (n)	chumbo (m) de caça	['ʃũbu de 'kasa]

Falle (f)	armadilha (f)	arma'dʒiʎa]
Schlinge (f)	armadilha (f)	arma'dʒiʎa]
in die Falle gehen	cair na armadilha	[ka'ir na arma'dʒiʎa]
eine Falle stellen	pôr a armadilha	['por a arma'dʒiʎa]

Wilddieb (m)	caçador (m) furtivo	[kasa'dor fur'tʃivu]
Wild (n)	caça (f)	['kasa]
Jagdhund (m)	cão (m) de caça	['kãw de 'kasa]
Safari (f)	safári (m)	[sa'fari]
ausgestopftes Tier (n)	animal (m) empalhado	[ani'maw ẽpa'ʎadu]

Fischer (m)	pescador (m)	[peska'dor]
Fischen (n)	pesca (f)	['pɛska]
angeln, fischen (vt)	pescar (vt)	[pes'kar]

Angel (f)	vara (f) de pesca	['vara de 'pɛska]
Angelschnur (f)	linha (f) de pesca	['liɲa de 'pɛska]
Haken (m)	anzol (m)	[ã'zɔw]

| Schwimmer (m) | boia (f), flutuador (m) | ['boja], [flutwa'dor] |
| Köder (m) | isca (f) | ['iska] |

| die Angel auswerfen | lançar a linha | [lã'sar a 'liɲa] |
| anbeißen (vi) | morder (vt) | [mor'der] |

| Fang (m) | pesca (f) | ['pɛska] |
| Eisloch (n) | buraco (m) no gelo | [bu'raku nu 'ʒelu] |

| Netz (n) | rede (f) | ['hedʒi] |
| Boot (n) | barco (m) | ['barku] |

mit dem Netz fangen	pescar com rede	[pes'kar kõ 'hedʒi]
das Netz hineinwerfen	lançar a rede	[lã'sar a 'hedʒi]
das Netz einholen	puxar a rede	[pu'ʃar a 'hedʒi]
ins Netz gehen	cair na rede	[ka'ir na 'hedʒi]

Walfänger (m)	baleeiro (m)	[bale'ejro]
Walfangschiff (n)	baleeira (f)	[bale'ejra]
Harpune (f)	arpão (m)	[ar'pãw]

159. Spiele. Billard

Billard (n)	bilhar (m)	[bi'ʎar]
Billardzimmer (n)	sala (f) de bilhar	['sala de bi'ʎar]
Billardkugel (f)	bola (f) de bilhar	['bɔla de bi'ʎar]
eine Kugel einlochen	embolsar uma bola	[ẽbow'sar 'uma 'bɔla]
Queue (n)	taco (m)	['taku]
Tasche (f), Loch (n)	caçapa (f)	[ka'sapa]

160. Spiele. Kartenspiele

Karo (n)	ouros (m pl)	['orus]
Pik (n)	espadas (f pl)	[is'padas]
Herz (n)	copas (f pl)	['kɔpas]
Kreuz (n)	paus (m pl)	['paws]
As (n)	ás (m)	[ajs]
König (m)	rei (m)	[hej]
Dame (f)	dama (f), rainha (f)	['dama], [ha'iɲa]
Bube (m)	valete (m)	[va'lɛtʃi]
Spielkarte (f)	carta (f) de jogar	['karta de ʒo'gar]
Karten (pl)	cartas (f pl)	['kartas]
Trumpf (m)	trunfo (m)	['trũfu]
Kartenspiel (abgenutztes ~)	baralho (m)	[ba'raʎu]
Punkt (m)	ponto (m)	['põtu]
ausgeben (vt)	dar, distribuir (vt)	[dar], [dʒistri'bwir]
mischen (vt)	embaralhar (vt)	[ẽbara'ʎar]
Zug (m)	vez, jogada (f)	[vez], [ʒo'gada]
Falschspieler (m)	trapaceiro (m)	[trapa'sejru]

161. Kasino. Roulette

Kasino (n)	cassino (m)	[ka'sinu]
Roulette (n)	roleta (f)	[ho'leta]
Einsatz (m)	aposta (f)	[a'pɔsta]
setzen (auf etwas ~)	apostar (vt)	[apos'tar]
Rot (n)	vermelho (m)	[ver'meʎu]
Schwarz (n)	preto (m)	['pretu]
auf Rot setzen	apostar no vermelho	[apos'tar nu ver'meʎu]
auf Schwarz setzen	apostar no preto	[apos'tar nu 'pretu]
Croupier (m)	croupier (m, f)	[kru'pje]
Spielregeln (pl)	regras (f pl) do jogo	['hɛgras du 'ʒogu]
Spielmarke (f)	ficha (f)	['fiʃa]
gewinnen (vt)	ganhar (vi, vt)	[ga'ɲar]
Gewinn (m)	ganho (m)	['gaɲu]

| verlieren (vt) | perder (vt) | [per'der] |
| Verlust (m) | perda (f) | ['perda] |

Spieler (m)	jogador (m)	[ʒoga'dor]
Blackjack (n)	blackjack, vinte-e-um (m)	[blɛk'ʒɛk], ['vĩtʃi-ɛ-ũ]
Würfelspiel (n)	jogo (m) de dados	['ʒogu de 'dadus]
Würfeln (pl)	dados (m pl)	['dadus]
Spielautomat (m)	caça-níqueis (m)	['kasa 'nikews]

162. Erholung. Spiele. Verschiedenes

spazieren gehen (vi)	passear (vi)	[pa'sjar]
Spaziergang (m)	passeio (m)	[pa'seju]
Fahrt (im Wagen)	viagem (f) de carro	['vjaʒẽ de 'kaho]
Abenteuer (n)	aventura (f)	[avẽ'tura]
Picknick (n)	piquenique (m)	[piki'niki]

Spiel (n)	jogo (m)	['ʒogu]
Spieler (m)	jogador (m)	[ʒoga'dor]
Partie (f)	partida (f)	[par'tʃida]

Sammler (m)	colecionador (m)	[kolesjona'dor]
sammeln (vt)	colecionar (vt)	[kolesjo'nar]
Sammlung (f)	coleção (f)	[kole'sãw]

Kreuzworträtsel (n)	palavras (f pl) cruzadas	[pa'lavras kru'zadas]
Rennbahn (f)	hipódromo (m)	[i'pɔdromu]
Diskothek (f)	discoteca (f)	[dʒisko'tɛka]

| Sauna (f) | sauna (f) | ['sawna] |
| Lotterie (f) | loteria (f) | [lote'ria] |

Wanderung (f)	campismo (m)	[kã'pizmu]
Lager (n)	acampamento (m)	[akãpa'mẽtu]
Zelt (n)	barraca (f)	[ba'haka]
Kompass (m)	bússola (f)	['busola]
Tourist (m)	campista (m)	[kã'pista]

fernsehen (vi)	ver (vt), assistir à ...	[ver], [asis'tʃir a]
Fernsehzuschauer (m)	telespectador (m)	[telespekta'dor]
Fernsehsendung (f)	programa (m) de TV	[pro'grama de te've]

163. Fotografie

| Kamera (f) | máquina (f) fotográfica | ['makina foto'grafika] |
| Foto (n) | foto, fotografia (f) | ['fɔtu], [fotogra'fia] |

Fotograf (m)	fotógrafo (m)	[fo'tɔgrafu]
Fotostudio (n)	estúdio (m) fotográfico	[is'tudʒu foto'grafiku]
Fotoalbum (n)	álbum (m) de fotografias	['awbũ de fotogra'fias]
Objektiv (n)	lente (f) fotográfica	['lẽtʃi foto'grafika]
Teleobjektiv (n)	lente (f) teleobjetiva	['lẽtʃi teleobʒe'tʃiva]

| Filter (n) | filtro (m) | ['fiwtru] |
| Linse (f) | lente (f) | ['lẽtʃi] |

Optik (f)	ótica (f)	['ɔtʃika]
Blende (f)	abertura (f)	[aber'tura]
Belichtungszeit (f)	exposição (f)	[ispozi'sãw]
Sucher (m)	visor (m)	[vi'zor]

Digitalkamera (f)	câmera (f) digital	['kamera dʒiʒi'taw]
Stativ (n)	tripé (m)	[tri'pɛ]
Blitzgerät (n)	flash (m)	[flaʃ]

fotografieren (vt)	fotografar (vt)	[fotogra'far]
aufnehmen (vt)	tirar fotos	[tʃi'rar 'fotus]
sich fotografieren lassen	fotografar-se (vr)	[fotogra'farse]

Fokus (m)	foco (m)	['fɔku]
den Fokus einstellen	focar (vt)	[fo'kar]
scharf (~ abgebildet)	nítido	['nitʃidu]
Schärfe (f)	nitidez (f)	[nitʃi'dez]

| Kontrast (m) | contraste (m) | [kõ'trastʃi] |
| kontrastreich | contrastante | [kõtras'tãtʃi] |

Aufnahme (f)	retrato (m)	[he'tratu]
Negativ (n)	negativo (m)	[nega'tʃivu]
Rollfilm (m)	filme (m)	['fiwmi]
Einzelbild (n)	fotograma (m)	[foto'grama]
drucken (vt)	imprimir (vt)	[ĩpri'mir]

164. Strand. Schwimmen

Strand (m)	praia (f)	['praja]
Sand (m)	areia (f)	[a'reja]
menschenleer	deserto	[de'zɛrtu]

Bräune (f)	bronzeado (m)	[brõ'zjadu]
sich bräunen	bronzear-se (vr)	[brõ'zjarsi]
gebräunt	bronzeado	[brõ'zjadu]
Sonnencreme (f)	protetor (m) solar	[prute'tor so'lar]

Bikini (m)	biquíni (m)	[bi'kini]
Badeanzug (m)	maiô (m)	[ma'jo]
Badehose (f)	calção (m) de banho	[kaw'sãw de 'baɲu]

Schwimmbad (n)	piscina (f)	[pi'sina]
schwimmen (vi)	nadar (vi)	[na'dar]
Dusche (f)	chuveiro (m), ducha (f)	[ʃu'vejru], ['duʃa]
sich umkleiden	mudar, trocar (vt)	[mu'dar], [tro'kar]
Handtuch (n)	toalha (f)	[to'aʎa]

Boot (n)	barco (m)	['barku]
Motorboot (n)	lancha (f)	['lãʃa]
Wasserski (m)	esqui (m) aquático	[is'ki a'kwatʃiku]

Tretboot (n)	barco (m) de pedais	['barku de pe'dajs]
Surfen (n)	surfe (m)	['surfi]
Surfer (m)	surfista (m)	[sur'fista]

Tauchgerät (n)	equipamento (m) de mergulho	[ekipa'mẽtu de mer'guʎu]
Schwimmflossen (pl)	pé (m pl) de pato	[pɛ de 'patu]
Maske (f)	máscara (f)	['maskara]
Taucher (m)	mergulhador (m)	[merguʎa'dor]
tauchen (vi)	mergulhar (vi)	[mergu'ʎar]
unter Wasser	debaixo d'água	[de'baɪʃu 'dagwa]

Sonnenschirm (m)	guarda-sol (m)	['gwarda 'sɔw]
Liege (f)	espreguiçadeira (f)	[ispregisa'dejra]
Sonnenbrille (f)	óculos (m pl) de sol	['ɔkulus de 'sɔw]
Schwimmmatratze (f)	colchão (m) de ar	[kow'ʃãw de 'ar]

spielen (vi, vt)	brincar (vi)	[brĩ'kar]
schwimmen gehen	ir nadar	[ir na'dar]

Ball (m)	bola (f) de praia	['bɔla de 'praja]
aufblasen (vt)	encher (vt)	[ẽ'ʃer]
aufblasbar	inflável	[ĩ'flavew]

Welle (f)	onda (f)	['õda]
Boje (f)	boia (f)	['bɔja]
ertrinken (vi)	afogar-se (vr)	[afo'garse]

retten (vt)	salvar (vt)	[saw'var]
Schwimmweste (f)	colete (m) salva-vidas	[ko'letʃi 'sawva 'vidas]
beobachten (vt)	observar (vt)	[obser'var]
Bademeister (m)	salva-vidas (m)	[sawva-'vidas]

TECHNISCHES ZUBEHÖR. TRANSPORT

Technisches Zubehör

165. Computer

Deutsch	Portugiesisch	Aussprache
Computer (m)	computador (m)	[kõputa'dor]
Laptop (m), Notebook (n)	computador (m) portátil	[kõputa'dɔr por'tatʃiw]
einschalten (vt)	ligar (vt)	[li'gar]
abstellen (vt)	desligar (vt)	[dʒizli'gar]
Tastatur (f)	teclado (m)	[tɛk'ladu]
Taste (f)	tecla (f)	['tɛkla]
Maus (f)	mouse (m)	['mawz]
Mousepad (n)	tapete (m) para mouse	[ta'petʃi 'para 'mawz]
Knopf (m)	botão (m)	[bo'tãw]
Cursor (m)	cursor (m)	[kur'sor]
Monitor (m)	monitor (m)	[moni'tor]
Schirm (m)	tela (f)	['tɛla]
Festplatte (f)	disco (m) rígido	['dʒisku 'hiʒidu]
Festplattengröße (f)	capacidade (f) do disco rígido	[kapasi'dadʒi du 'dʒisku 'hiʒidu]
Speicher (m)	memória (f)	[me'mɔrja]
Arbeitsspeicher (m)	memória RAM (f)	[me'mɔrja ram]
Datei (f)	arquivo (m)	[ar'kivu]
Ordner (m)	pasta (f)	['pasta]
öffnen (vt)	abrir (vt)	[a'brir]
schließen (vt)	fechar (vt)	[fe'ʃar]
speichern (vt)	salvar (vt)	[saw'var]
löschen (vt)	deletar (vt)	[dele'tar]
kopieren (vt)	copiar (vt)	[ko'pjar]
sortieren (vt)	ordenar (vt)	[orde'nar]
transferieren (vt)	copiar (vt)	[ko'pjar]
Programm (n)	programa (m)	[pro'grama]
Software (f)	software (m)	[sof'twer]
Programmierer (m)	programador (m)	[programa'dor]
programmieren (vt)	programar (vt)	[progra'mar]
Hacker (m)	hacker (m)	['haker]
Kennwort (n)	senha (f)	['sɛɲa]
Virus (m, n)	vírus (m)	['virus]
entdecken (vt)	detectar (vt)	[detek'tar]

Byte (n)	byte (m)	['bajtʃi]
Megabyte (n)	megabyte (m)	[mega'bajtʃi]
Daten (pl)	dados (m pl)	['dadus]
Datenbank (f)	base (f) de dados	['bazi de 'dadus]
Kabel (n)	cabo (m)	['kabu]
trennen (vt)	desconectar (vt)	[dezkonek'tar]
anschließen (vt)	conectar (vt)	[konek'tar]

166. Internet. E-Mail

Internet (n)	internet (f)	[ĩter'nɛtʃi]
Browser (m)	browser (m)	['brawzer]
Suchmaschine (f)	motor (m) de busca	[mo'tor de 'buska]
Provider (m)	provedor (m)	[prove'dor]
Webmaster (m)	webmaster (m)	[web'master]
Website (f)	website (m)	[websajt]
Webseite (f)	página web (f)	['paʒina webi]
Adresse (f)	endereço (m)	[ẽde'resu]
Adressbuch (n)	livro (m) de endereços	['livru de ẽde'resus]
Mailbox (f)	caixa (f) de correio	['kaɪʃa de ko'heju]
Post (f)	correio (m)	[ko'heju]
überfüllt (-er Briefkasten)	cheia	['ʃeja]
Mitteilung (f)	mensagem (f)	[mẽ'saʒẽ]
eingehenden Nachrichten	mensagens (f pl) recebidas	[mẽ'saʒẽs hese'bidas]
ausgehenden Nachrichten	mensagens (f pl) enviadas	[mẽ'saʒẽs ẽ'vjadas]
Absender (m)	remetente (m)	[heme'tẽtʃi]
senden (vt)	enviar (vt)	[ẽ'vjar]
Absendung (f)	envio (m)	[ẽ'viu]
Empfänger (m)	destinatário (m)	[destʃina'tarju]
empfangen (vt)	receber (vt)	[hese'ber]
Briefwechsel (m)	correspondência (f)	[kohespõ'dẽsja]
im Briefwechsel stehen	corresponder-se (vr)	[kohespõ'dersi]
Datei (f)	arquivo (m)	[ar'kivu]
herunterladen (vt)	fazer o download, baixar (vt)	[fa'zer u dawn'load], [baj'ʃar]
schaffen (vt)	criar (vt)	[krjar]
löschen (vt)	deletar (vt)	[dele'tar]
gelöscht (Datei)	deletado	[dele'tadu]
Verbindung (f)	conexão (f)	[konek'sãw]
Geschwindigkeit (f)	velocidade (f)	[velosi'dadʒi]
Modem (n)	modem (m)	['modẽ]
Zugang (m)	acesso (m)	[a'sɛsu]
Port (m)	porta (f)	['pɔrta]
Anschluss (m)	conexão (f)	[konek'sãw]
sich anschließen	conectar (vi)	[konek'tar]

| auswählen (vt) | escolher (vt) | [iskoʎer] |
| suchen (vt) | buscar (vt) | [busˈkar] |

167. Elektrizität

Elektrizität (f)	eletricidade (f)	[eletrisiˈdadʒi]
elektrisch	elétrico	[eˈlɛtriku]
Elektrizitätswerk (n)	planta (f) elétrica	[ˈplãta eˈlɛtrika]
Energie (f)	energia (f)	[enerˈʒia]
Strom (m)	energia (f) elétrica	[enerˈʒia eˈlɛtrika]

Glühbirne (f)	lâmpada (f)	[ˈlãpada]
Taschenlampe (f)	lanterna (f)	[lãˈtɛrna]
Straßenlaterne (f)	poste (m) de iluminação	[ˈpostʃi de iluminaˈsãw]

Licht (n)	luz (f)	[luz]
einschalten (vt)	ligar (vt)	[liˈgar]
ausschalten (vt)	desligar (vt)	[dʒizliˈgar]
das Licht ausschalten	apagar a luz	[apaˈgar a luz]

durchbrennen (vi)	queimar (vi)	[kejˈmar]
Kurzschluss (m)	curto-circuito (m)	[ˈkurtu sirˈkwitu]
Riß (m)	ruptura (f)	[hupˈtura]
Kontakt (m)	contato (m)	[kõˈtatu]

Schalter (m)	interruptor (m)	[ĩtehupˈtor]
Steckdose (f)	tomada (f)	[toˈmada]
Stecker (m)	plugue (m)	[ˈplugi]
Verlängerung (f)	extensão (f)	[istẽˈsãw]

Sicherung (f)	fusível (m)	[fuˈzivew]
Leitungsdraht (m)	fio, cabo (m)	[ˈfiu], [ˈkabu]
Verdrahtung (f)	instalação (f) elétrica	[ĩstalaˈsãw eˈlɛtrika]

Ampere (n)	ampère (m)	[ãˈpɛri]
Stromstärke (f)	amperagem (f)	[ãpeˈraʒẽ]
Volt (n)	volt (m)	[ˈvowtʃi]
Voltspannung (f)	voltagem (f)	[vowˈtaʒẽ]

| Elektrogerät (n) | aparelho (m) elétrico | [apaˈreʎu eˈlɛtriku] |
| Indikator (m) | indicador (m) | [ĩdʒikaˈdor] |

Elektriker (m)	eletricista (m)	[eletriˈsista]
löten (vt)	soldar (vt)	[sowˈdar]
Lötkolben (m)	soldador (m)	[sowdaˈdor]
Strom (m)	corrente (f) elétrica	[koˈhẽtʃi eˈlɛtrika]

168. Werkzeug

Werkzeug (n)	ferramenta (f)	[fehaˈmẽta]
Werkzeuge (pl)	ferramentas (f pl)	[fehaˈmẽtas]
Ausrüstung (f)	equipamento (m)	[ekipaˈmẽtu]

Deutsch	Portugiesisch	Aussprache
Hammer (m)	martelo (m)	[mar'tɛlu]
Schraubenzieher (m)	chave (f) de fenda	['ʃavi de 'fẽda]
Axt (f)	machado (m)	[ma'ʃadu]
Säge (f)	serra (f)	['sɛha]
sägen (vt)	serrar (vt)	[se'har]
Hobel (m)	plaina (f)	['plajna]
hobeln (vt)	aplainar (vt)	[aplaj'nar]
Lötkolben (m)	soldador (m)	[sɔwda'dor]
löten (vt)	soldar (vt)	[sow'dar]
Feile (f)	lima (f)	['lima]
Kneifzange (f)	tenaz (f)	[te'najz]
Flachzange (f)	alicate (m)	[ali'katʃi]
Stemmeisen (n)	formão (m)	[for'mãw]
Bohrer (m)	broca (f)	['brɔka]
Bohrmaschine (f)	furadeira (f) elétrica	[fura'dejra e'lɛtrika]
bohren (vt)	furar (vt)	[fu'rar]
Messer (n)	faca (f)	['faka]
Klinge (f)	lâmina (f)	['lamina]
scharf (-e Messer usw.)	afiado	[a'fjadu]
stumpf	cego	['sɛgu]
stumpf werden (vi)	embotar-se (vr)	[ẽbo'tarsi]
schärfen (vt)	afiar, amolar (vt)	[a'fjar], [amo'lar]
Bolzen (m)	parafuso (m)	[para'fuzu]
Mutter (f)	porca (f)	['pɔrka]
Gewinde (n)	rosca (f)	['hoska]
Holzschraube (f)	parafuso (m)	[para'fuzu]
Nagel (m)	prego (m)	['prɛgu]
Nagelkopf (m)	cabeça (f) do prego	[ka'besa du 'prɛgu]
Lineal (n)	régua (f)	['hɛgwa]
Metermaß (n)	fita (f) métrica	['fita 'mɛtrika]
Wasserwaage (f)	nível (m)	['nivew]
Lupe (f)	lupa (f)	['lupa]
Messinstrument (n)	medidor (m)	[meʤi'dor]
messen (vt)	medir (vt)	[me'ʤir]
Skala (f)	escala (f)	[is'kala]
Ablesung (f)	indicação (f), registro (m)	[inʤika'sãw], [he'ʒistru]
Kompressor (m)	compressor (m)	[kõpre'sor]
Mikroskop (n)	microscópio (m)	[mikro'skɔpju]
Pumpe (f)	bomba (f)	['bõba]
Roboter (m)	robô (m)	[ho'bo]
Laser (m)	laser (m)	['lɛjzer]
Schraubenschlüssel (m)	chave (f) de boca	['ʃavi de 'boka]
Klebeband (n)	fita (f) adesiva	['fita ade'ziva]
Klebstoff (m)	cola (f)	['kɔla]

Sandpapier (n)	lixa (f)	['liʃa]
Sprungfeder (f)	mola (f)	['mɔla]
Magnet (m)	ímã (m)	['imã]
Handschuhe (pl)	luva (f)	['luva]
Leine (f)	corda (f)	['kɔrda]
Schnur (f)	corda (f)	['kɔrda]
Draht (m)	fio (m)	['fiu]
Kabel (n)	cabo (m)	['kabu]
schwerer Hammer (m)	marreta (f)	[ma'hɛta]
Brecheisen (n)	pé de cabra (m)	[pɛ de 'kabra]
Leiter (f)	escada (f) de mão	[is'kada de 'mãw]
Trittleiter (f)	escada (m)	[is'kada]
zudrehen (vt)	enroscar (vt)	[ẽhos'kar]
abdrehen (vt)	desenroscar (vt)	[dezẽhos'kar]
zusammendrücken (vt)	apertar (vt)	[aper'tar]
ankleben (vt)	colar (vt)	[ko'lar]
schneiden (vt)	cortar (vt)	[kor'tar]
Störung (f)	falha (f)	['faʎa]
Reparatur (f)	conserto (m)	[kõ'sɛrtu]
reparieren (vt)	consertar, reparar (vt)	[kõser'tar], [hepa'rar]
einstellen (vt)	regular, ajustar (vt)	[hegu'lar], [aʒus'tar]
prüfen (vt)	verificar (vt)	[verifi'kar]
Prüfung (f)	verificação (f)	[verifika'sãw]
Ablesung (f)	indicação (f), registro (m)	[indʒika'sãw], [he'ʒistru]
sicher (zuverlässigen)	seguro	[se'guru]
kompliziert (Adj)	complicado	[kõpli'kadu]
verrosten (vi)	enferrujar (vi)	[ẽfehu'ʒar]
rostig	enferrujado	[ẽfehu'ʒadu]
Rost (m)	ferrugem (f)	[fe'huʒẽ]

Transport

169. Flugzeug

Deutsch	Portugiesisch	Aussprache
Flugzeug (n)	avião (m)	[a'vjãw]
Flugticket (n)	passagem (f) aérea	[pa'saʒẽ a'erja]
Fluggesellschaft (f)	companhia (f) aérea	[kõpa'ɲia a'erja]
Flughafen (m)	aeroporto (m)	[aero'portu]
Überschall-	supersônico	[super'soniku]

Flugkapitän (m)	comandante (m) do avião	[komã'dãtʃi du a'vjãw]
Besatzung (f)	tripulação (f)	[tripula'sãw]
Pilot (m)	piloto (m)	[pi'lotu]
Flugbegleiterin (f)	aeromoça (f)	[aero'mosa]
Steuermann (m)	copiloto (m)	[kopi'lotu]

Flügel (pl)	asas (f pl)	['azas]
Schwanz (m)	cauda (f)	['kawda]
Kabine (f)	cabine (f)	[ka'bini]
Motor (m)	motor (m)	[mo'tor]
Fahrgestell (n)	trem (m) de pouso	[trẽj de 'pozu]
Turbine (f)	turbina (f)	[tur'bina]

Propeller (m)	hélice (f)	['ɛlisi]
Flugschreiber (m)	caixa-preta (f)	['kaɪʃa 'preta]
Steuerrad (n)	coluna (f) de controle	[ko'luna de kõ'troli]
Treibstoff (m)	combustível (m)	[kõbus'tʃivew]

Sicherheitskarte (f)	instruções (f pl) de segurança	[ĩstru'sõjs de segu'rãsa]
Sauerstoffmaske (f)	máscara (f) de oxigênio	['maskara de oksi'ʒenju]
Uniform (f)	uniforme (m)	[uni'fɔrmi]
Rettungsweste (f)	colete (m) salva-vidas	[ko'letʃi 'sawva 'vidas]
Fallschirm (m)	paraquedas (m)	[para'kɛdas]

Abflug, Start (m)	decolagem (f)	[deko'laʒẽ]
starten (vi)	descolar (vi)	[dʒisko'lar]
Startbahn (f)	pista (f) de decolagem	['pista de deko'laʒẽ]

| Sicht (f) | visibilidade (f) | [vizibili'dadʒi] |
| Flug (m) | voo (m) | ['vou] |

| Höhe (f) | altura (f) | [aw'tura] |
| Luftloch (n) | poço (m) de ar | ['posu de 'ar] |

Platz (m)	assento (m)	[a'sẽtu]
Kopfhörer (m)	fone (m) de ouvido	['foni de o'vidu]
Klapptisch (m)	mesa (f) retrátil	['meza he'tratʃiw]
Bullauge (f)	janela (f)	[ʒa'nɛla]
Durchgang (m)	corredor (m)	[kohe'dor]

170. Zug

Deutsch	Portugiesisch	Aussprache
Zug (m)	trem (m)	[trẽj]
elektrischer Zug (m)	trem (m) elétrico	[trẽj e'lɛtriku]
Schnellzug (m)	trem (m)	[trẽj]
Diesellok (f)	locomotiva (f) diesel	[lokomo'tʃiva 'dʒizew]
Dampflok (f)	locomotiva (f) a vapor	[lokomo'tʃiva a va'por]
Personenwagen (m)	vagão (f) de passageiros	[va'gãw de pasa'ʒejrus]
Speisewagen (m)	vagão-restaurante (m)	[va'gãw-hestaw'rãtʃi]
Schienen (pl)	carris (m pl)	[ka'his]
Eisenbahn (f)	estrada (f) de ferro	[is'trada de 'fɛhu]
Bahnschwelle (f)	travessa (f)	[tra'vɛsa]
Bahnsteig (m)	plataforma (f)	[plata'fɔrma]
Gleis (n)	linha (f)	['liɲa]
Eisenbahnsignal (n)	semáforo (m)	[se'maforu]
Station (f)	estação (f)	[ista'sãw]
Lokomotivführer (m)	maquinista (m)	[maki'nista]
Träger (m)	bagageiro (m)	[baga'ʒejru]
Schaffner (m)	hospedeiro, -a (m, f)	[ospe'dejru, -a]
Fahrgast (m)	passageiro (m)	[pasa'ʒejru]
Fahrkartenkontrolleur (m)	revisor (m)	[hevi'zor]
Flur (m)	corredor (m)	[kohe'dor]
Notbremse (f)	freio (m) de emergência	['freju de imer'ʒẽsja]
Abteil (n)	compartimento (m)	[kõpartʃi'mẽtu]
Liegeplatz (m), Schlafkoje (f)	cama (f)	['kama]
oberer Liegeplatz (m)	cama (f) de cima	['kama de 'sima]
unterer Liegeplatz (m)	cama (f) de baixo	['kama de 'baɪʃu]
Bettwäsche (f)	roupa (f) de cama	['hopa de 'kama]
Fahrkarte (f)	passagem (f)	[pa'saʒẽ]
Fahrplan (m)	horário (m)	[o'rarju]
Anzeigetafel (f)	painel (m) de informação	[paj'nɛw de ĩforma'sãw]
abfahren (der Zug)	partir (vt)	[par'tʃir]
Abfahrt (f)	partida (f)	[par'tʃida]
ankommen (der Zug)	chegar (vi)	[ʃe'gar]
Ankunft (f)	chegada (f)	[ʃe'gada]
mit dem Zug kommen	chegar de trem	[ʃe'gar de trẽj]
in den Zug einsteigen	pegar o trem	[pe'gar u trẽj]
aus dem Zug aussteigen	descer de trem	[de'ser de trẽj]
Zugunglück (n)	acidente (m) ferroviário	[asi'dẽtʃi feho'vjarju]
entgleisen (vi)	descarrilar (vi)	[dʒiskahi'ʎar]
Dampflok (f)	locomotiva (f) a vapor	[lokomo'tʃiva a va'por]
Heizer (m)	foguista (m)	[fo'gista]
Feuerbüchse (f)	fornalha (f)	[for'naʎa]
Kohle (f)	carvão (m)	[kar'vãw]

171. Schiff

Deutsch	Portugiesisch	Aussprache
Schiff (n)	navio (m)	[na'viu]
Fahrzeug (n)	embarcação (f)	[ēbarka'sāw]
Dampfer (m)	barco (m) a vapor	['barku a va'por]
Motorschiff (n)	barco (m) fluvial	['barku flu'vjaw]
Kreuzfahrtschiff (n)	transatlântico (m)	[trãzat'lãtʃiku]
Kreuzer (m)	cruzeiro (m)	[kru'zejru]
Jacht (f)	iate (m)	['jatʃi]
Schlepper (m)	rebocador (m)	[heboka'dor]
Lastkahn (m)	barcaça (f)	[bar'kasa]
Fähre (f)	ferry (m), balsa (f)	['fɛʀi], ['balsa]
Segelschiff (n)	veleiro (m)	[ve'lejru]
Brigantine (f)	bergantim (m)	[behgã'tʃĩ]
Eisbrecher (m)	quebra-gelo (m)	['kɛbra 'ʒelu]
U-Boot (n)	submarino (m)	[subma'rinu]
Boot (n)	bote, barco (m)	['botʃi], ['barku]
Dingi (n), Beiboot (n)	baleeira (f)	[bale'ejra]
Rettungsboot (n)	bote (m) salva-vidas	['botʃi 'sawva 'vidas]
Motorboot (n)	lancha (f)	['lãʃa]
Kapitän (m)	capitão (m)	[kapi'tãw]
Matrose (m)	marinheiro (m)	[mari'ɲejru]
Seemann (m)	marujo (m)	[ma'ruʒu]
Besatzung (f)	tripulação (f)	[tripula'sãw]
Bootsmann (m)	contramestre (m)	[kõtra'mɛstri]
Schiffsjunge (m)	grumete (m)	[gru'mɛtʃi]
Schiffskoch (m)	cozinheiro (m) de bordo	[kozi'ɲejru de 'bɔrdu]
Schiffsarzt (m)	médico (m) de bordo	['mɛdʒiku de 'bɔrdu]
Deck (n)	convés (m)	[kõ'vɛs]
Mast (m)	mastro (m)	['mastru]
Segel (n)	vela (f)	['vɛla]
Schiffsraum (m)	porão (m)	[po'rãw]
Bug (m)	proa (f)	['proa]
Heck (n)	popa (f)	['popa]
Ruder (n)	remo (m)	['hemu]
Schraube (f)	hélice (f)	['ɛlisi]
Kajüte (f)	cabine (m)	[ka'bini]
Messe (f)	sala (f) dos oficiais	['sala dus ofi'sjajs]
Maschinenraum (m)	sala (f) das máquinas	['sala das 'makinas]
Kommandobrücke (f)	ponte (m) de comando	['põtʃi de ko'mãdu]
Funkraum (m)	sala (f) de comunicações	['sala de komunika'sõjs]
Radiowelle (f)	onda (f)	['õda]
Schiffstagebuch (n)	diário (m) de bordo	['dʒjarju de 'bɔrdu]
Fernrohr (n)	luneta (f)	[lu'neta]
Glocke (f)	sino (m)	['sinu]

Fahne (f)	bandeira (f)	[bã'dejra]
Seil (n)	cabo (m)	['kabu]
Knoten (m)	nó (m)	[nɔ]
Geländer (n)	corrimão (m)	[kohi'mãw]
Treppe (f)	prancha (f) de embarque	['prãʃa de ẽ'barki]
Anker (m)	âncora (f)	['ãkora]
den Anker lichten	recolher a âncora	[heko'ʎer a 'ãkora]
Anker werfen	jogar a âncora	[ʒo'gar a 'ãkora]
Ankerkette (f)	amarra (f)	[a'maha]
Hafen (m)	porto (m)	['portu]
Anlegestelle (f)	cais, amarradouro (m)	[kajs], [amaha'doru]
anlegen (vi)	atracar (vi)	[atra'kar]
abstoßen (vt)	desatracar (vi)	[dʒizatra'kar]
Reise (f)	viagem (f)	['vjaʒẽ]
Kreuzfahrt (f)	cruzeiro (m)	[kru'zejru]
Kurs (m), Richtung (f)	rumo (m)	['humu]
Reiseroute (f)	itinerário (m)	[itʃine'rarju]
Fahrwasser (n)	canal (m) de navegação	[ka'naw de navega'sãw]
Untiefe (f)	banco (m) de areia	['bãku de a'reja]
stranden (vi)	encalhar (vt)	[ẽka'ʎar]
Sturm (m)	tempestade (f)	[tẽpes'tadʒi]
Signal (n)	sinal (m)	[si'naw]
untergehen (vi)	afundar-se (vr)	[afũ'darse]
Mann über Bord!	Homem ao mar!	['ɔmẽ aw mah]
SOS	SOS	[ɛseo'ɛsi]
Rettungsring (m)	boia (f) salva-vidas	['boja 'sawva 'vidas]

172. Flughafen

Flughafen (m)	aeroporto (m)	[aero'portu]
Flugzeug (n)	avião (m)	[a'vjãw]
Fluggesellschaft (f)	companhia (f) aérea	[kõpa'ɲia a'erja]
Fluglotse (m)	controlador (m) de tráfego aéreo	[kõtrola'dor de 'trafegu a'erju]
Abflug (m)	partida (f)	[par'tʃida]
Ankunft (f)	chegada (f)	[ʃe'gada]
anfliegen (vi)	chegar (vi)	[ʃe'gar]
Abflugzeit (f)	hora (f) de partida	['ɔra de par'tʃida]
Ankunftszeit (f)	hora (f) de chegada	['ɔra de ʃe'gada]
sich verspäten	estar atrasado	[is'tar atra'zadu]
Abflugverspätung (f)	atraso (m) de voo	[a'trazu de 'vou]
Anzeigetafel (f)	painel (m) de informação	[paj'nɛw de ĩforma'sãw]
Information (f)	informação (f)	[ĩforma'sãw]
ankündigen (vt)	anunciar (vt)	[anũ'sjar]

Flug (m)	voo (m)	['vou]
Zollamt (n)	alfândega (f)	[aw'fãdʒiga]
Zollbeamter (m)	funcionário (m) da alfândega	[fũsjo'narju da aw'fãdʒiga]

Zolldeklaration (f)	declaração (f) alfandegária	[deklara'sãw awfãde'garja]
ausfüllen (vt)	preencher (vt)	[preë'ʃer]
die Zollerklärung ausfüllen	preencher a declaração	[preë'ʃer a deklara'sãw]
Passkontrolle (f)	controle (m) de passaporte	[kõ'troli de pasa'pɔrtʃi]

Gepäck (n)	bagagem (f)	[ba'gaʒẽ]
Handgepäck (n)	bagagem (f) de mão	[ba'gaʒẽ de 'mãw]
Kofferkuli (m)	carrinho (m)	[ka'hiɲu]

Landung (f)	pouso (m)	['pozu]
Landebahn (f)	pista (f) de pouso	['pista de 'pozu]
landen (vi)	aterrissar (vi)	[atehi'sar]
Fluggasttreppe (f)	escada (f) de avião	[is'kada de a'vjãw]

Check-in (n)	check-in (m)	[ʃɛ'kin]
Check-in-Schalter (m)	balcão (m) do check-in	[baw'kãw du ʃɛ'kin]
sich registrieren lassen	fazer o check-in	[fa'zer u ʃɛ'kin]
Bordkarte (f)	cartão (m) de embarque	[kar'tãw de ẽ'barki]
Abfluggate (n)	portão (m) de embarque	[por'tãw de ẽ'barki]

Transit (m)	trânsito (m)	['trãzitu]
warten (vi)	esperar (vt)	[ispe'rar]
Wartesaal (m)	sala (f) de espera	['sala de is'pɛra]
begleiten (vt)	despedir-se de ...	[dʒispe'dʒirsi de]
sich verabschieden	despedir-se (vr)	[dʒispe'dʒirsi]

173. Fahrrad. Motorrad

Fahrrad (n)	bicicleta (f)	[bisi'klɛta]
Motorroller (m)	lambreta (f)	[lã'breta]
Motorrad (n)	moto (f)	['mɔtu]

Rad fahren	ir de bicicleta	[ir de bisi'klɛta]
Lenkstange (f)	guidão (m)	[gi'dãw]
Pedal (n)	pedal (m)	[pe'daw]
Bremsen (pl)	freios (m pl)	['frejus]
Sattel (m)	banco, selim (m)	['bãku], [se'lĩ]

Pumpe (f)	bomba (f)	['bõba]
Gepäckträger (m)	bagageiro (m) de teto	[baga'ʒejru de tɛtu]
Scheinwerfer (m)	lanterna (f)	[lã'tɛrna]
Helm (m)	capacete (m)	[kapa'setʃi]

Rad (n)	roda (f)	['hɔda]
Schutzblech (n)	para-choque (m)	[para'ʃɔki]
Felge (f)	aro (m)	['aru]
Speiche (f)	raio (m)	['haju]

Autos

174. Autotypen

Deutsch	Portugiesisch	Aussprache
Auto (n)	carro, automóvel (m)	['kaho], [awto'mɔvew]
Sportwagen (m)	carro (m) esportivo	['kaho ispor'tʃivu]
Limousine (f)	limusine (f)	[limu'zini]
Geländewagen (m)	todo o terreno (m)	['todu u te'hɛnu]
Kabriolett (n)	conversível (m)	[kõver'sivew]
Kleinbus (m)	minibus (m)	['minibus]
Krankenwagen (m)	ambulância (f)	[ãbu'lãsja]
Schneepflug (m)	limpa-neve (m)	['lĩpa 'nɛvi]
Lastkraftwagen (m)	caminhão (m)	[kami'ɲãw]
Tankwagen (m)	caminhão-tanque (m)	[kami'ɲãw-'tãki]
Kastenwagen (m)	perua, van (f)	[pe'rua], [van]
Sattelzug (m)	caminhão-trator (m)	[kami'ɲãw-tra'tor]
Anhänger (m)	reboque (m)	[he'bɔki]
komfortabel	confortável	[kõfor'tavew]
gebraucht	usado	[u'zadu]

175. Autos. Karosserie

Deutsch	Portugiesisch	Aussprache
Motorhaube (f)	capô (m)	[ka'po]
Kotflügel (m)	para-choque (m)	[para'ʃɔki]
Dach (n)	teto (m)	['tɛtu]
Windschutzscheibe (f)	para-brisa (m)	[para'briza]
Rückspiegel (m)	retrovisor (m)	[hetrovi'zor]
Scheibenwaschanlage (f)	esguicho (m)	[iʃ'giʃu]
Scheibenwischer (m)	limpadores (m) de para-brisas	[lĩpa'dores de para'brizas]
Seitenscheibe (f)	vidro (m) lateral	['vidru late'raw]
Fensterheber (m)	elevador (m) do vidro	[eleva'dor du 'vidru]
Antenne (f)	antena (f)	[ã'tɛna]
Schiebedach (n)	teto (m) solar	['tɛtu so'lar]
Stoßstange (f)	para-choque (m)	[para'ʃɔki]
Kofferraum (m)	porta-malas (f)	[pɔrta-'malas]
Dachgepäckträger (m)	bagageira (f)	[baga'ʒejra]
Wagenschlag (m)	porta (f)	['pɔrta]
Türgriff (m)	maçaneta (f)	[masa'neta]
Türschloss (n)	fechadura (f)	[feʃa'dura]
Nummernschild (n)	placa (f)	['plaka]

Auspufftopf (m)	silenciador (m)	[silẽsja'dor]
Benzintank (m)	tanque (m) de gasolina	['tãki de gazo'lina]
Auspuffrohr (n)	tubo (m) de exaustão	['tubu de ezaw'stãw]

Gas (n)	acelerador (m)	[aselera'dor]
Pedal (n)	pedal (m)	[pe'daw]
Gaspedal (n)	pedal (m) do acelerador	[pe'daw du aselera'dor]

Bremse (f)	freio (m)	['freju]
Bremspedal (n)	pedal (m) do freio	[pe'daw du 'freju]
bremsen (vi)	frear (vt)	[fre'ar]
Handbremse (f)	freio (m) de mão	['freju de mãw]

Kupplung (f)	embreagem (f)	[ẽb'rjaʒẽ]
Kupplungspedal (n)	pedal (m) da embreagem	[pe'daw da ẽb'rjaʒẽ]
Kupplungsscheibe (f)	disco (m) de embreagem	['dʒisku de ẽb'rjaʒẽ]
Stoßdämpfer (m)	amortecedor (m)	[amortese'dor]

Rad (n)	roda (f)	['hɔda]
Reserverad (n)	pneu (m) estepe	['pnew is'tɛpi]
Reifen (m)	pneu (m)	['pnew]
Radkappe (f)	calota (f)	[ka'lɔta]

Triebräder (pl)	rodas (f pl) motrizes	['hɔdas muo'trizis]
mit Vorderantrieb	de tração dianteira	[de tra'sãw dʒjã'tejra]
mit Hinterradantrieb	de tração traseira	[de tra'sãw tra'zejra]
mit Allradantrieb	de tração às 4 rodas	[de tra'sãw as 'kwatru 'hɔdas]

Getriebe (n)	caixa (f) de mudanças	['kaɪʃa de mu'dãsas]
Automatik-	automático	[awto'matʃiku]
Schalt-	mecânico	[me'kaniku]
Schalthebel (m)	alavanca (f) de câmbio	[ala'vãka de 'kãbju]

| Scheinwerfer (m) | farol (m) | [fa'rɔw] |
| Scheinwerfer (pl) | faróis (m pl) | [fa'rɔis] |

Abblendlicht (n)	farol (m) baixo	[fa'rɔw 'baɪʃu]
Fernlicht (n)	farol (m) alto	[fa'rɔw 'altu]
Stopplicht (n)	luzes (f pl) de parada	['luzes de pa'rada]

Standlicht (n)	luzes (f pl) de posição	['luzes de pozi'sãw]
Warnblinker (m)	luzes (f pl) de emergência	['luzes de emer'ʒẽsia]
Nebelscheinwerfer (pl)	faróis (m pl) de neblina	[fa'rɔis de ne'blina]
Blinker (m)	pisca-pisca (m)	[piska-'piska]
Rückfahrscheinwerfer (m)	luz (f) de marcha ré	[luz de 'marʃa hɛ]

176. Autos. Fahrgastraum

Wageninnere (n)	interior (m) do carro	[ĩte'rjor du 'kaho]
Leder-	de couro	[de 'koru]
aus Velours	de veludo	[de ve'ludu]
Polster (n)	estofamento (m)	[istofa'mẽtu]
Instrument (n)	indicador (m)	[ĩdʒika'dor]
Armaturenbrett (n)	painel (m)	[paj'nɛw]

Tachometer (m)	velocímetro (m)	[velo'simetru]
Nadel (f)	ponteiro (m)	[põ'tejru]
Kilometerzähler (m)	hodômetro, odômetro (m)	[o'dometru]
Anzeige (Temperatur-)	indicador (m)	[ĩdʒika'dor]
Pegel (m)	nível (m)	['nivew]
Kontrollleuchte (f)	luz (f) de aviso	[luz de a'vizu]
Steuerrad (n)	volante (m)	[vo'lãtʃi]
Hupe (f)	buzina (f)	[bu'zina]
Knopf (m)	botão (m)	[bo'tãw]
Umschalter (m)	interruptor (m)	[ĩtehup'tor]
Sitz (m)	assento (m)	[a'sẽtu]
Rückenlehne (f)	costas (f pl) do assento	['kɔstas du a'sẽtu]
Kopfstütze (f)	cabeceira (f)	[kabe'sejra]
Sicherheitsgurt (m)	cinto (m) de segurança	['sĩtu de segu'rãsa]
sich anschnallen	apertar o cinto	[aper'tar u 'sĩtu]
Einstellung (f)	ajuste (m)	[a'ʒustʃi]
Airbag (m)	airbag (m)	[ɛr'bɛgi]
Klimaanlage (f)	ar (m) condicionado	[ar kõdʒisjo'nadu]
Radio (n)	rádio (m)	['hadʒju]
CD-Spieler (m)	leitor (m) de CD	[lej'tor de 'sede]
einschalten (vt)	ligar (vt)	[li'gar]
Antenne (f)	antena (f)	[ã'tɛna]
Handschuhfach (n)	porta-luvas (m)	['pɔrta-'luvas]
Aschenbecher (m)	cinzeiro (m)	[sĩ'zejru]

177. Autos. Motor

Triebwerk (n), Motor (m)	motor (m)	[mo'tor]
Diesel-	a diesel	[a 'dʒizew]
Benzin-	a gasolina	[a gazo'lina]
Hubraum (m)	cilindrada (f)	[silĩ'drada]
Leistung (f)	potência (f)	[po'tẽsja]
Pferdestärke (f)	cavalo (m) de potência	[ka'valu de po'tẽsja]
Kolben (m)	pistão (m)	[pis'tãw]
Zylinder (m)	cilindro (m)	[si'lĩdru]
Ventil (n)	válvula (f)	['vawvula]
Injektor (m)	injetor (m)	[ĩʒɛ'tor]
Generator (m)	gerador (m)	[ʒera'dor]
Vergaser (m)	carburador (m)	[karbura'dor]
Motoröl (n)	óleo (m) de motor	['ɔlju de mo'tor]
Kühler (m)	radiador (m)	[hadʒja'dor]
Kühlflüssigkeit (f)	líquido (m) de arrefecimento	['likidu de ahefesi'mẽtu]
Ventilator (m)	ventilador (m)	[vẽtʃila'dor]
Autobatterie (f)	bateria (f)	[bate'ria]
Anlasser (m)	dispositivo (m) de arranque	[dʒispozi'tʃivu de a'hãki]

Zündung (f)	ignição (f)	[igni'sãw]
Zündkerze (f)	vela (f) de ignição	['vɛla de igni'sãw]
Klemme (f)	terminal (m)	[termi'naw]
Pluspol (m)	terminal (m) positivo	[termi'naw pozi'tʃivu]
Minuspol (m)	terminal (m) negativo	[termi'naw nega'tʃivu]
Sicherung (f)	fusível (m)	[fu'zivew]
Luftfilter (m)	filtro (m) de ar	['fiwtru de ar]
Ölfilter (m)	filtro (m) de óleo	['fiwtru de 'ɔlju]
Treibstofffilter (m)	filtro (m) de combustível	['fiwtru de kõbus'tʃivew]

178. Autos. Unfall. Reparatur

Unfall (m)	acidente (m) de carro	[asi'dẽtʃi de 'kaho]
Verkehrsunfall (m)	acidente (m) rodoviário	[asi'dẽtʃi hodo'vjarju]
fahren gegen ...	bater ...	[ba'ter]
verunglücken (vi)	sofrer um acidente	[so'frer ũ asi'dẽtʃi]
Schaden (m)	dano (m)	['danu]
heil (Adj)	intato	[ĩ'tatu]
Panne (f)	pane (f)	['pani]
kaputtgehen (vi)	avariar (vi)	[ava'rjar]
Abschleppseil (n)	cabo (m) de reboque	['kabu de he'bɔki]
Reifenpanne (f)	furo (m)	['furu]
platt sein	estar furado	[is'tar fu'radu]
pumpen (vt)	encher (vt)	[ẽ'ʃer]
Reifendruck (m)	pressão (f)	[pre'sãw]
prüfen (vt)	verificar (vt)	[verifi'kar]
Reparatur (f)	reparo (m)	[he'paru]
Reparaturwerkstatt (f)	oficina (f) automotiva	[ɔfi'sina awtɔmo'tʃiva]
Ersatzteil (n)	peça (f) de reposição	['pɛsa de hepozi'sãw]
Einzelteil (n)	peça (f)	['pɛsa]
Bolzen (m)	parafuso (m)	[para'fuzu]
Schraube (f)	parafuso (m)	[para'fuzu]
Schraubenmutter (f)	porca (f)	['pɔrka]
Scheibe (f)	arruela (f)	[a'hwɛla]
Lager (n)	rolamento (m)	[hola'mẽtu]
Rohr (Abgas-)	tubo (m)	['tubu]
Dichtung (f)	junta, gaxeta (f)	['ʒũta], [ga'ʃɛta]
Draht (m)	fio, cabo (m)	['fiu], ['kabu]
Wagenheber (m)	macaco (m)	[ma'kaku]
Schraubenschlüssel (m)	chave (f) de boca	['ʃavi de 'bɔka]
Hammer (m)	martelo (m)	[mar'tɛlu]
Pumpe (f)	bomba (f)	['bõba]
Schraubenzieher (m)	chave (f) de fenda	['ʃavi de 'fẽda]
Feuerlöscher (m)	extintor (m)	[istĩ'tor]
Warndreieck (n)	triângulo (m) de emergência	['trjãgulu de imer'ʒẽsja]

abwürgen (Motor)	morrer (vi)	[mo'her]
Anhalten (~ des Motors)	paragem (f)	[pa'raʒẽ]
kaputt sein	estar quebrado	[is'tar ke'bradu]
überhitzt werden (Motor)	superaquecer-se (vr)	[superake'sersi]
verstopft sein	entupir-se (vr)	[ẽtu'pirsi]
einfrieren (Schloss, Rohr)	congelar-se (vr)	[kõʒe'larsi]
zerplatzen (vi)	rebentar (vi)	[hebẽ'tar]
Druck (m)	pressão (f)	[pre'sãw]
Pegel (m)	nível (m)	['nivew]
schlaff (z.B. -e Riemen)	frouxo	['froʃu]
Delle (f)	batida (f)	[ba'tʃida]
Klopfen (n)	ruído (m)	['hwidu]
Riß (m)	fissura (f)	[fi'sura]
Kratzer (m)	arranhão (m)	[aha'ɲãw]

179. Autos. Straßen

Fahrbahn (f)	estrada (f)	[is'trada]
Schnellstraße (f)	autoestrada (f)	[awtois'trada]
Autobahn (f)	rodovia (f)	[hodo'via]
Richtung (f)	direção (f)	[dʒire'sãw]
Entfernung (f)	distância (f)	[dʒis'tãsja]
Brücke (f)	ponte (f)	['põtʃi]
Parkplatz (m)	parque (m) de estacionamento	['parki de istasjona'mẽtu]
Platz (m)	praça (f)	['prasa]
Autobahnkreuz (n)	nó (m) rodoviário	[nɔ hodo'vjarju]
Tunnel (m)	túnel (m)	['tunew]
Tankstelle (f)	posto (m) de gasolina	['postu de gazo'lina]
Parkplatz (m)	parque (m) de estacionamento	['parki de istasjona'mẽtu]
Zapfsäule (f)	bomba (f) de gasolina	['bõba de gazo'lina]
Reparaturwerkstatt (f)	oficina (f) automotiva	[ɔfi'sina awtɔmo'tʃiva]
tanken (vt)	abastecer (vt)	[abaste'ser]
Treibstoff (m)	combustível (m)	[kõbus'tʃivew]
Kanister (m)	galão (m) de gasolina	[ga'lãw de gazo'lina]
Asphalt (m)	asfalto (m)	[as'fawtu]
Markierung (f)	marcação (f) de estradas	[marka'sãw de is'tradas]
Bordstein (m)	meio-fio (m)	['meju-'fiu]
Leitplanke (f)	guard-rail (m)	[gward-'hejl]
Graben (m)	valeta (f)	[va'leta]
Straßenrand (m)	acostamento (m)	[akosta'mẽtu]
Straßenlaterne (f)	poste (m) de luz	['postʃi de luz]
fahren (vt)	dirigir (vt)	[dʒiri'ʒir]
abbiegen (nach links ~)	virar (vi)	[vi'rar]
umkehren (vi)	dar retorno	[dar he'tornu]
Rückwärtsgang (m)	ré (f)	[hɛ]

hupen (vi)	buzinar (vi)	[buzi'nar]
Hupe (f)	buzina (f)	[bu'zina]
stecken (im Schlamm ~)	atolar-se (vr)	[ato'larsi]
durchdrehen (Räder)	patinar (vi)	[patʃi'nar]
abstellen (Motor ~)	desligar (vt)	[dʒizli'gar]
Geschwindigkeit (f)	velocidade (f)	[velosi'dadʒi]
Geschwindigkeit überschreiten	exceder a velocidade	[ese'der a velosi'dadʒi]
bestrafen (vt)	multar (vt)	[muw'tar]
Ampel (f)	semáforo (m)	[se'maforu]
Führerschein (m)	carteira (f) de motorista	[kar'tejra de moto'rista]
Bahnübergang (m)	passagem (f) de nível	[pa'saʒē de 'nivew]
Straßenkreuzung (f)	cruzamento (m)	[kruza'mētu]
Fußgängerüberweg (m)	faixa (f)	['fajʃa]
Kehre (f)	curva (f)	['kurva]
Fußgängerzone (f)	zona (f) de pedestres	['zɔna de pe'dɛstris]

180. Verkehrszeichen

Verkehrsregeln (pl)	código (m) de trânsito	['kɔdʒigu de 'trãzitu]
Verkehrszeichen (n)	sinal (m) de trânsito	[si'naw de 'trãzitu]
Überholen (n)	ultrapassagem (f)	[uwtrapa'saʒē]
Kurve (f)	curva (f)	['kurva]
Wende (f)	retorno (m)	[he'tornu]
Kreisverkehr (m)	rotatória (f)	['hota'tɔrja]
Einfahrt verboten	sentido proibido	[sē'tʃidu proi'bidu]
Verkehr verboten	trânsito proibido	['trãzitu proi'bidu]
Überholverbot	proibido de ultrapassar	[proi'bidu de uwtrapa'sar]
Parken verboten	estacionamento proibido	[istasjona'mētu proi'bidu]
Halteverbot	paragem proibida	[pa'raʒē proi'bida]
gefährliche Kurve (f)	curva (f) perigosa	['kurva peri'gɔza]
Gefälle (n)	descida (f) perigosa	[de'sida peri'gɔza]
Einbahnstraße (f)	trânsito de sentido único	['trãzitu de sē'tʃidu 'uniku]
Fußgängerüberweg (m)	faixa (f)	['fajʃa]
Schleudergefahr	pavimento (m) escorregado	[pavi'mētu iskohega'dʒiu]
Vorfahrt gewähren!	conceder passagem	[kōse'der pa'saʒē]

MENSCHEN. LEBENSEREIGNISSE

Lebensereignisse

181. Feiertage. Ereignis

Fest (n)	festa (f)	['fɛsta]
Nationalfeiertag (m)	feriado (m) nacional	[fe'rjadu nasjo'naw]
Feiertag (m)	feriado (m)	[fe'rjadu]
feiern (vt)	festejar (vt)	[feste'ʒar]
Ereignis (n)	evento (m)	[e'vẽtu]
Veranstaltung (f)	evento (m)	[e'vẽtu]
Bankett (n)	banquete (m)	[bã'ketʃi]
Empfang (m)	recepção (f)	[hesep'sãw]
Festmahl (n)	festim (m)	[fes'tʃĩ]
Jahrestag (m)	aniversário (m)	[aniver'sarju]
Jubiläumsfeier (f)	jubileu (m)	[ʒubi'lew]
begehen (vt)	celebrar (vt)	[sele'brar]
Neujahr (n)	Ano (m) Novo	['anu 'novu]
Frohes Neues Jahr!	Feliz Ano Novo!	[fe'liz 'anu 'novu]
Weihnachtsmann (m)	Papai Noel (m)	[pa'paj nɔ'ɛl]
Weihnachten (n)	Natal (m)	[na'taw]
Frohe Weihnachten!	Feliz Natal!	[fe'liz na'taw]
Tannenbaum (m)	árvore (f) de Natal	['arvori de na'taw]
Feuerwerk (n)	fogos (m pl) de artifício	['fogus de artʃi'fisju]
Hochzeit (f)	casamento (m)	[kaza'mẽtu]
Bräutigam (m)	noivo (m)	['nojvu]
Braut (f)	noiva (f)	['nojva]
einladen (vt)	convidar (vt)	[kõvi'dar]
Einladung (f)	convite (m)	[kõ'vitʃi]
Gast (m)	convidado (m)	[kõvi'dadu]
besuchen (vt)	visitar (vt)	[vizi'tar]
Gäste empfangen	receber os convidados	[hese'ber us kõvi'dadus]
Geschenk (n)	presente (m)	[pre'zẽtʃi]
schenken (vt)	oferecer, dar (vt)	[ofere'ser], [dar]
Geschenke bekommen	receber presentes	[hese'ber pre'zẽtʃis]
Blumenstrauß (m)	buquê (m) de flores	[bu'ke de 'floris]
Glückwunsch (m)	felicitações (f pl)	[felisita'sõjs]
gratulieren (vi)	felicitar (vt)	[felisi'tar]
Glückwunschkarte (f)	cartão (m) de parabéns	[kar'tãw de para'bẽjs]

eine Karte abschicken	enviar um cartão postal	[ẽ'vjar ũ kart'ãw pos'taw]
eine Karte erhalten	receber um cartão postal	[hese'ber ũ kart'ãw pos'taw]
Trinkspruch (m)	brinde (m)	['brĩdʒi]
anbieten (vt)	oferecer (vt)	[ofere'ser]
Champagner (m)	champanhe (m)	[ʃã'paɲi]
sich amüsieren	divertir-se (vr)	[dʒiver'tʃirsi]
Fröhlichkeit (f)	diversão (f)	[dʒiver'sãw]
Freude (f)	alegria (f)	[ale'gria]
Tanz (m)	dança (f)	['dãsa]
tanzen (vi, vt)	dançar (vi)	[dã'sar]
Walzer (m)	valsa (f)	['vawsa]
Tango (m)	tango (m)	['tãgu]

182. Bestattungen. Begräbnis

Friedhof (m)	cemitério (m)	[semi'tɛrju]
Grab (n)	sepultura (f), túmulo (m)	[sepuw'tura], ['tumulu]
Kreuz (n)	cruz (f)	[kruz]
Grabstein (m)	lápide (f)	['lapidʒi]
Zaun (m)	cerca (f)	['serka]
Kapelle (f)	capela (f)	[ka'pɛla]
Tod (m)	morte (f)	['mɔrtʃi]
sterben (vi)	morrer (vi)	[mo'her]
Verstorbene (m)	defunto (m)	[de'fũtu]
Trauer (f)	luto (m)	['lutu]
begraben (vt)	enterrar, sepultar (vt)	[ẽte'har], [sepuw'tar]
Bestattungsinstitut (n)	casa (f) funerária	['kaza fune'raria]
Begräbnis (n)	funeral (m)	[fune'raw]
Kranz (m)	coroa (f) de flores	[ko'roa de 'flɔris]
Sarg (m)	caixão (m)	[kaɪ'ʃãw]
Katafalk (m)	carro (m) funerário	['kaho fune'rarju]
Totenhemd (n)	mortalha (f)	[mor'taʎa]
Trauerzug (m)	procissão (f) funerária	[prosi'sãw fune'rarja]
Urne (f)	urna (f) funerária	['urna fune'rarja]
Krematorium (n)	crematório (m)	[krema'tɔrju]
Nachruf (m)	obituário (m), necrologia (f)	[obi'twarju], [nekrolo'ʒia]
weinen (vi)	chorar (vi)	[ʃo'rar]
schluchzen (vi)	soluçar (vi)	[solu'sar]

183. Krieg. Soldaten

Zug (m)	pelotão (m)	[pelo'tãw]
Kompanie (f)	companhia (f)	[kõpa'ɲia]

Regiment (n)	regimento (m)	[heʒi'mẽtu]
Armee (f)	exército (m)	[e'zɛrsitu]
Division (f)	divisão (f)	[dʒivi'zãw]
Abteilung (f)	esquadrão (m)	[iskwa'drãw]
Heer (n)	hoste (f)	['ɔste]
Soldat (m)	soldado (m)	[sow'dadu]
Offizier (m)	oficial (m)	[ofi'sjaw]
Soldat (m)	soldado (m) raso	[sow'dadu 'hazu]
Feldwebel (m)	sargento (m)	[sar'ʒẽtu]
Leutnant (m)	tenente (m)	[te'nẽtʃi]
Hauptmann (m)	capitão (m)	[kapi'tãw]
Major (m)	major (m)	[ma'ʒɔr]
Oberst (m)	coronel (m)	[koro'nɛw]
General (m)	general (m)	[ʒene'raw]
Matrose (m)	marujo (m)	[ma'ruʒu]
Kapitän (m)	capitão (m)	[kapi'tãw]
Bootsmann (m)	contramestre (m)	[kõtra'mɛstri]
Artillerist (m)	artilheiro (m)	[artʃi'ʎejru]
Fallschirmjäger (m)	soldado (m) paraquedista	[sow'dadu parake'dʒista]
Pilot (m)	piloto (m)	[pi'lotu]
Steuermann (m)	navegador (m)	[navega'dor]
Mechaniker (m)	mecânico (m)	[me'kaniku]
Pionier (m)	sapador-mineiro (m)	[sapa'dor-mi'nejru]
Fallschirmspringer (m)	paraquedista (m)	[parake'dʒista]
Aufklärer (m)	explorador (m)	[isplora'dor]
Scharfschütze (m)	atirador (m) de tocaia	[atʃira'dor de to'kaja]
Patrouille (f)	patrulha (f)	[pa'truʎa]
patrouillieren (vi)	patrulhar (vt)	[patru'ʎar]
Wache (f)	sentinela (f)	[sẽtʃi'nɛla]
Krieger (m)	guerreiro (m)	[ge'hejru]
Patriot (m)	patriota (m)	[pa'trjɔta]
Held (m)	herói (m)	[e'rɔj]
Heldin (f)	heroína (f)	[ero'ina]
Verräter (m)	traidor (m)	[traj'dor]
verraten (vt)	trair (vt)	[tra'ir]
Deserteur (m)	desertor (m)	[dezer'tor]
desertieren (vi)	desertar (vt)	[deser'tar]
Söldner (m)	mercenário (m)	[merse'narju]
Rekrut (m)	recruta (m)	[he'kruta]
Freiwillige (m)	voluntário (m)	[volũ'tarju]
Getoetete (m)	morto (m)	['mortu]
Verwundete (m)	ferido (m)	[fe'ridu]
Kriegsgefangene (m)	prisioneiro (m) de guerra	[prizjo'nejru de 'gɛha]

184. Krieg. Militärische Aktionen. Teil 1

Krieg (m)	guerra (f)	['gɛha]
Krieg führen	guerrear (vt)	[ge'hjar]
Bürgerkrieg (m)	guerra (f) civil	['gɛha si'viw]

heimtückisch (Adv)	perfidamente	[perfida'mẽtʃi]
Kriegserklärung (f)	declaração (f) de guerra	[deklara'sãw de 'gɛha]
erklären (den Krieg ~)	declarar guerra	[dekla'rar 'gɛha]
Aggression (f)	agressão (f)	[agre'sãw]
einfallen (Staat usw.)	atacar (vt)	[ata'kar]

einfallen (in ein Land ~)	invadir (vt)	[ĩva'dʒir]
Invasoren (pl)	invasor (m)	[ĩva'zor]
Eroberer (m), Sieger (m)	conquistador (m)	[kõkista'dor]

Verteidigung (f)	defesa (f)	[de'feza]
verteidigen (vt)	defender (vt)	[defẽ'der]
sich verteidigen	defender-se (vr)	[defẽ'dersi]

Feind (m)	inimigo (m)	[ini'migu]
Gegner (m)	adversário (m)	[adʒiver'sarju]
Feind-	inimigo	[ini'migu]

Strategie (f)	estratégia (f)	[istra'tɛʒa]
Taktik (f)	tática (f)	['tatʃika]

Befehl (m)	ordem (f)	['ordẽ]
Anordnung (f)	comando (m)	[ko'mãdu]
befehlen (vt)	ordenar (vt)	[orde'nar]
Auftrag (m)	missão (f)	[mi'sãw]
geheim (Adj)	secreto	[se'krɛtu]

Schlacht (f)	batalha (f)	[ba'taʎa]
Kampf (m)	combate (m)	[kõ'batʃi]

Angriff (m)	ataque (m)	[a'taki]
Sturm (m)	assalto (m)	[a'sawtu]
stürmen (vt)	assaltar (vt)	[asaw'tar]
Belagerung (f)	assédio, sítio (m)	[a'sɛdʒu], ['sitʃu]

Angriff (m)	ofensiva (f)	[ɔfẽ'siva]
angreifen (vt)	tomar à ofensiva	[to'mar a ofẽ'siva]

Rückzug (m)	retirada (f)	[hetʃi'rada]
sich zurückziehen	retirar-se (vr)	[hetʃi'rarse]

Einkesselung (f)	cerco (m)	['serku]
einkesseln (vt)	cercar (vt)	[ser'kar]

Bombenangriff (m)	bombardeio (m)	[bõbar'deju]
eine Bombe abwerfen	lançar uma bomba	[lã'sar 'uma 'bõba]
bombardieren (vt)	bombardear (vt)	[bõbar'dʒjar]
Explosion (f)	explosão (f)	[isplo'zãw]
Schuss (m)	tiro (m)	['tʃiru]

schießen (vt)	dar um tiro	[dar ũ 'tʃiru]
Schießerei (f)	tiroteio (m)	[tʃiro'teju]
zielen auf ...	apontar para ...	[apõ'tar 'para]
richten (die Waffe)	apontar (vt)	[apõ'tar]
treffen (ins Schwarze ~)	acertar (vt)	[aser'tar]
versenken (vt)	afundar (vt)	[afũ'dar]
Loch (im Schiffsrumpf)	brecha (f)	['brɛʃa]
versinken (Schiff)	afundar-se (vr)	[afũ'darse]
Front (f)	frente (m)	['frẽtʃi]
Evakuierung (f)	evacuação (f)	[evakwa'sãw]
evakuieren (vt)	evacuar (vt)	[eva'kwar]
Schützengraben (m)	trincheira (f)	[trĩ'ʃejra]
Stacheldraht (m)	arame (m) enfarpado	[a'rami ẽfar'padu]
Sperre (z.B. Panzersperre)	barreira (f) anti-tanque	[ba'hejra ãtʃi-'tãki]
Wachtturm (m)	torre (f) de vigia	['tohi de vi'ʒia]
Lazarett (n)	hospital (m) militar	[ospi'taw mili'tar]
verwunden (vt)	ferir (vt)	[fe'rir]
Wunde (f)	ferida (f)	[fe'rida]
Verwundete (m)	ferido (m)	[fe'ridu]
verletzt sein	ficar ferido	[fi'kar fe'ridu]
schwer (-e Verletzung)	grave	['gravi]

185. Krieg. Militärische Aktionen. Teil 2

Gefangenschaft (f)	cativeiro (m)	[katʃi'vejru]
gefangen nehmen (vt)	capturar (vt)	[kaptu'rar]
in Gefangenschaft sein	estar em cativeiro	[is'tar ẽ katʃi'vejru]
in Gefangenschaft geraten	ser aprisionado	[ser aprizjo'nadu]
Konzentrationslager (n)	campo (m) de concentração	['kãpu de kõsẽtra'sãw]
Kriegsgefangene (m)	prisioneiro (m) de guerra	[prizjo'nejru de 'gɛha]
fliehen (vi)	escapar (vi)	[iska'par]
verraten (vt)	trair (vt)	[tra'ir]
Verräter (m)	traidor (m)	[traj'dor]
Verrat (m)	traição (f)	[traj'sãw]
erschießen (vt)	fuzilar, executar (vt)	[fuzi'lar], [ezeku'tar]
Erschießung (f)	fuzilamento (m)	[fuzila'mẽtu]
Ausrüstung (persönliche ~)	equipamento (m)	[ekipa'mẽtu]
Schulterstück (n)	insígnia (f) de ombro	[ĩ'signia de 'õbru]
Gasmaske (f)	máscara (f) de gás	['maskara de gajs]
Funkgerät (n)	rádio (m)	['hadʒju]
Chiffre (f)	cifra (f), código (m)	['sifra], ['kɔdʒigu]
Geheimhaltung (f)	conspiração (f)	[kõspira'sãw]
Kennwort (n)	senha (f)	['sɛɲa]
Mine (f)	mina (f)	['mina]

Minen legen	minar (vt)	[mi'nar]
Minenfeld (n)	campo (m) minado	['kãpu mi'nadu]

Luftalarm (m)	alarme (m) aéreo	[a'larmi a'erju]
Alarm (m)	alarme (m)	[a'larmi]
Signal (n)	sinal (m)	[si'naw]
Signalrakete (f)	sinalizador (m)	[sinaliza'dor]

Hauptquartier (n)	quartel-general (m)	[kwar'tɛw ʒene'raw]
Aufklärung (f)	reconhecimento (m)	[hekoɲesi'mẽtu]
Lage (f)	situação (f)	[sitwa'sãw]
Bericht (m)	relatório (m)	[hela'tɔrju]
Hinterhalt (m)	emboscada (f)	[ẽbos'kada]
Verstärkung (f)	reforço (m)	[he'forsu]

Zielscheibe (f)	alvo (m)	['awvu]
Schießplatz (m)	campo (m) de tiro	['kãpu de 'tʃiru]
Manöver (n)	manobras (f pl)	[ma'nɔbras]

Panik (f)	pânico (m)	['paniku]
Verwüstung (f)	devastação (f)	[devasta'sãw]
Trümmer (pl)	ruínas (f pl)	['hwinas]
zerstören (vt)	destruir (vt)	[dʒis'trwir]

überleben (vi)	sobreviver (vi)	[sobrivi'ver]
entwaffnen (vt)	desarmar (vt)	[dʒizar'mar]
handhaben (vt)	manusear (vt)	[manu'zjar]

Stillgestanden!	Sentido!	[sẽ'tʃidu]
Rühren!	Descansar!	[dʒiskã'sar]

Heldentat (f)	façanha (f)	[fa'saɲa]
Eid (m), Schwur (m)	juramento (m)	[ʒura'mẽtu]
schwören (vi, vt)	jurar (vi)	[ʒu'rar]

Lohn (Orden, Medaille)	condecoração (f)	[kõdekora'sãw]
auszeichnen (mit Orden)	condecorar (vt)	[kõdeko'rar]
Medaille (f)	medalha (f)	[me'daʎa]
Orden (m)	ordem (f)	['ordẽ]

Sieg (m)	vitória (f)	[vi'tɔrja]
Niederlage (f)	derrota (f)	[de'hɔta]
Waffenstillstand (m)	armistício (m)	[armis'tʃisju]

Fahne (f)	bandeira (f)	[bã'dejra]
Ruhm (m)	glória (f)	['glɔrja]
Parade (f)	parada (f)	[pa'rada]
marschieren (vi)	marchar (vi)	[mar'ʃar]

186. Waffen

Waffe (f)	arma (f)	['arma]
Schusswaffe (f)	arma (f) de fogo	['arma de 'fogu]
blanke Waffe (f)	arma (f) branca	['arma 'brãka]

chemischen Waffen (pl)	arma (f) química	['arma 'kimika]
Kern-, Atom-	nuclear	[nu'kljar]
Kernwaffe (f)	arma (f) nuclear	['arma nu'kljar]
Bombe (f)	bomba (f)	['bõba]
Atombombe (f)	bomba (f) atômica	['bõba a'tomika]
Pistole (f)	pistola (f)	[pis'tɔla]
Gewehr (n)	rifle (m)	['hifli]
Maschinenpistole (f)	semi-automática (f)	[semi-awto'matʃika]
Maschinengewehr (n)	metralhadora (f)	[metraʎa'dora]
Mündung (f)	boca (f)	['boka]
Lauf (Gewehr-)	cano (m)	['kanu]
Kaliber (n)	calibre (m)	[ka'libri]
Abzug (m)	gatilho (m)	[ga'tʃiʎu]
Visier (n)	mira (f)	['mira]
Magazin (n)	carregador (m)	[kahega'dor]
Kolben (m)	coronha (f)	[ko'rɔɲa]
Handgranate (f)	granada (f) de mão	[gra'nada de mãw]
Sprengstoff (m)	explosivo (m)	[isplo'zivu]
Kugel (f)	bala (f)	['bala]
Patrone (f)	cartucho (m)	[kar'tuʃu]
Ladung (f)	carga (f)	['karga]
Munition (f)	munições (f pl)	[muni'sõjs]
Bomber (m)	bombardeiro (m)	[bõbar'dejru]
Kampfflugzeug (n)	avião (m) de caça	[a'vjãw de 'kasa]
Hubschrauber (m)	helicóptero (m)	[eli'kɔpteru]
Flugabwehrkanone (f)	canhão (m) antiaéreo	[ka'ɲãw ãtʃja'ɛrju]
Panzer (m)	tanque (m)	['tãki]
Panzerkanone (f)	canhão (m)	[ka'ɲãw]
Artillerie (f)	artilharia (f)	[artʃiʎa'ria]
Kanone (f)	canhão (m)	[ka'ɲãw]
richten (die Waffe)	fazer a pontaria	[fa'zer a põta'ria]
Geschoß (n)	projétil (m)	[pro'ʒɛtʃiw]
Wurfgranate (f)	granada (f) de morteiro	[gra'nada de mor'tejru]
Granatwerfer (m)	morteiro (m)	[mor'tejru]
Splitter (m)	estilhaço (m)	[istʃi'ʎasu]
U-Boot (n)	submarino (m)	[subma'rinu]
Torpedo (m)	torpedo (m)	[tor'pedu]
Rakete (f)	míssil (m)	['misiw]
laden (Gewehr)	carregar (vt)	[kahe'gar]
schießen (vi)	disparar, atirar (vi)	[dʒispa'rar], [atʃi'rar]
zielen auf ...	apontar para ...	[apõ'tar 'para]
Bajonett (n)	baioneta (f)	[bajo'neta]
Degen (m)	espada (f)	[is'pada]
Säbel (m)	sabre (m)	['sabri]

Speer (m)	lança (f)	['lãsa]
Bogen (m)	arco (m)	['arku]
Pfeil (m)	flecha (f)	['flɛʃa]
Muskete (f)	mosquete (m)	[mos'ketʃi]
Armbrust (f)	besta (f)	['besta]

187. Menschen der Antike

vorzeitlich	primitivo	[primi'tʃivu]
prähistorisch	pré-histórico	[prɛ-is'tɔriku]
alt (antik)	antigo	[ã'tʃigu]

Steinzeit (f)	Idade (f) da Pedra	[i'dadʒi da 'pɛdra]
Bronzezeit (f)	Idade (f) do Bronze	[i'dadʒi du 'brõzi]
Eiszeit (f)	Era (f) do Gelo	['ɛra du 'ʒelu]

Stamm (m)	tribo (f)	['tribu]
Kannibale (m)	canibal (m)	[kani'baw]
Jäger (m)	caçador (m)	[kasa'dor]
jagen (vi)	caçar (vi)	[ka'sar]
Mammut (n)	mamute (m)	[ma'mutʃi]

Höhle (f)	caverna (f)	[ka'vɛrna]
Feuer (n)	fogo (m)	['fogu]
Lagerfeuer (n)	fogueira (f)	[fo'gejra]
Höhlenmalerei (f)	pintura (f) rupestre	[pĩ'tura hu'pɛstri]

Werkzeug (n)	ferramenta (f)	[feha'mẽta]
Speer (m)	lança (f)	['lãsa]
Steinbeil (n), Steinaxt (f)	machado (m) de pedra	[ma'ʃadu de 'pɛdra]

| Krieg führen | guerrear (vt) | [ge'hjar] |
| domestizieren (vt) | domesticar (vt) | [domestʃi'kar] |

| Idol (n) | ídolo (m) | ['idolu] |
| anbeten (vt) | adorar, venerar (vt) | [ado'rar], [vene'rar] |

| Aberglaube (m) | superstição (f) | [superstʃi'sãw] |
| Brauch (m), Ritus (m) | ritual (m) | [hi'twaw] |

| Evolution (f) | evolução (f) | [evolu'sãw] |
| Entwicklung (f) | desenvolvimento (m) | [dʒizẽvowvi'mẽtu] |

| Verschwinden (n) | extinção (f) | [istʃi'sãw] |
| sich anpassen | adaptar-se (vr) | [adap'tarse] |

Archäologie (f)	arqueologia (f)	[arkjolo'ʒia]
Archäologe (m)	arqueólogo (m)	[ar'kjɔlogu]
archäologisch	arqueológico	[arkjo'lɔʒiku]

Ausgrabungsstätte (f)	escavação (f)	[iskava'sãw]
Ausgrabungen (pl)	escavações (f pl)	[iskava'sõjs]
Fund (m)	achado (m)	[a'ʃadu]
Fragment (n)	fragmento (m)	[frag'mẽtu]

188. Mittelalter

Volk (n)	povo (m)	['pɔvu]
Völker (pl)	povos (m pl)	['pɔvus]
Stamm (m)	tribo (f)	['tribu]
Stämme (pl)	tribos (f pl)	['tribus]
Barbaren (pl)	bárbaros (pl)	['barbarus]
Gallier (pl)	gauleses (pl)	[gaw'lezes]
Goten (pl)	godos (pl)	['godus]
Slawen (pl)	eslavos (pl)	[iʃ'lavus]
Wikinger (pl)	viquingues (pl)	['vikĩgis]
Römer (pl)	romanos (pl)	[ho'manus]
römisch	romano	[ho'manu]
Byzantiner (pl)	bizantinos (pl)	[bizã'tʃinus]
Byzanz (n)	Bizâncio	[bi'zãsju]
byzantinisch	bizantino	[bizã'tʃinu]
Kaiser (m)	imperador (m)	[ĩpera'dor]
Häuptling (m)	líder (m)	['lider]
mächtig (Kaiser usw.)	poderoso	[pode'rozu]
König (m)	rei (m)	[hej]
Herrscher (Monarch)	governante (m)	[gover'nãtʃi]
Ritter (m)	cavaleiro (m)	[kava'lejru]
Feudalherr (m)	senhor feudal (m)	[se'ɲor few'daw]
feudal, Feudal-	feudal	[few'daw]
Vasall (m)	vassalo (m)	[va'salu]
Herzog (m)	duque (m)	['duki]
Graf (m)	conde (m)	['kõdʒi]
Baron (m)	barão (m)	[ba'rãw]
Bischof (m)	bispo (m)	['bispu]
Rüstung (f)	armadura (f)	[arma'dura]
Schild (m)	escudo (m)	[is'kudu]
Schwert (n)	espada (f)	[is'pada]
Visier (n)	viseira (f)	[vi'zejra]
Panzerhemd (n)	cota (f) de malha	['kɔta de 'maʎa]
Kreuzzug (m)	cruzada (f)	[kru'zada]
Kreuzritter (m)	cruzado (m)	[kru'zadu]
Territorium (n)	território (m)	[tehi'tɔrju]
einfallen (vt)	atacar (vt)	[ata'kar]
erobern (vt)	conquistar (vt)	[kõkis'tar]
besetzen (Land usw.)	ocupar, invadir (vt)	[oku'parsi], [ĩva'dʒir]
Belagerung (f)	assédio, sítio (m)	[a'sɛdʒu], ['sitʃju]
belagert	sitiado	[si'tʃjadu]
belagern (vt)	assediar, sitiar (vt)	[ase'dʒjar], [si'tʃjar]
Inquisition (f)	inquisição (f)	[ĩkizi'sãw]
Inquisitor (m)	inquisidor (m)	[ĩkizi'dor]

Folter (f)	tortura (f)	[tor'tura]
grausam (-e Folter)	cruel	[kru'ɛw]
Häretiker (m)	herege (m)	[e'reʒi]
Häresie (f)	heresia (f)	[ere'zia]

Seefahrt (f)	navegação (f) marítima	[navega'sãu ma'ritʃima]
Seeräuber (m)	pirata (m)	[pi'rata]
Seeräuberei (f)	pirataria (f)	[pirata'ria]
Enterung (f)	abordagem (f)	[abor'daʒẽ]
Beute (f)	presa (f), butim (m)	['preza], [bu'tĩ]
Schätze (pl)	tesouros (m pl)	[te'zorus]

Entdeckung (f)	descobrimento (m)	[dʒiskobri'mẽtu]
entdecken (vt)	descobrir (vt)	[dʒisko'brir]
Expedition (f)	expedição (f)	[ispedʒi'sãw]

Musketier (m)	mosqueteiro (m)	[moske'tejru]
Kardinal (m)	cardeal (m)	[kar'dʒjaw]
Heraldik (f)	heráldica (f)	[e'rawdʒika]
heraldisch	heráldico	[e'rawdʒiku]

189. Führungspersonen. Chef. Behörden

König (m)	rei (m)	[hej]
Königin (f)	rainha (f)	[ha'iɲa]
königlich	real	[he'aw]
Königreich (n)	reino (m)	['hejnu]

| Prinz (m) | príncipe (m) | ['prĩsipi] |
| Prinzessin (f) | princesa (f) | [prĩ'seza] |

Präsident (m)	presidente (m)	[prezi'dẽtʃi]
Vizepräsident (m)	vice-presidente (m)	['visi-prezi'dẽtʃi]
Senator (m)	senador (m)	[sena'dor]

Monarch (m)	monarca (m)	[mo'narka]
Herrscher (m)	governante (m)	[gover'nãtʃi]
Diktator (m)	ditador (m)	[dʒita'dor]
Tyrann (m)	tirano (m)	[tʃi'ranu]
Magnat (m)	magnata (m)	[mag'nata]

Direktor (m)	diretor (m)	[dʒire'tor]
Chef (m)	chefe (m)	['ʃɛfi]
Leiter (einer Abteilung)	gerente (m)	[ʒe'rẽtʃi]
Boss (m)	patrão (m)	[pa'trãw]
Eigentümer (m)	dono (m)	['donu]

Leiter (Delegations-)	chefe (m)	['ʃɛfi]
Behörden (pl)	autoridades (f pl)	[awtori'dadʒis]
Vorgesetzten (pl)	superiores (m pl)	[supe'rjores]

Gouverneur (m)	governador (m)	[governa'dor]
Konsul (m)	cônsul (m)	['kõsuw]
Diplomat (m)	diplomata (m)	[dʒiplo'mata]

Bürgermeister (m)	Presidente (m) da Câmara	[prezi'dẽtʃi da 'kamara]
Sheriff (m)	xerife (m)	[ʃe'rifi]
Kaiser (m)	imperador (m)	[ĩpera'dor]
Zar (m)	czar (m)	['kzar]
Pharao (m)	faraó (m)	[fara'ɔ]
Khan (m)	cã, khan (m)	[kã]

190. Straße. Weg. Richtungen

Fahrbahn (f)	estrada (f)	[is'trada]
Weg (m)	via (f)	['via]
Autobahn (f)	rodovia (f)	[hodo'via]
Schnellstraße (f)	autoestrada (f)	[awtois'trada]
Bundesstraße (f)	estrada (f) nacional	[is'trada nasjo'naw]
Hauptstraße (f)	estrada (f) principal	[is'trada prĩsi'paw]
Feldweg (m)	estrada (f) de terra	[is'trada de 'tɛha]
Pfad (m)	trilha (f)	['triʎa]
Fußweg (m)	vereda (f)	[ve'reda]
Wo?	Onde?	['õdʒi]
Wohin?	Para onde?	['para 'õdʒi]
Woher?	De onde?	[de 'õdʒi]
Richtung (f)	direção (f)	[dʒire'sãw]
zeigen (vt)	indicar (vt)	[ĩdʒi'kar]
nach links	para a esquerda	['para a is'kerda]
nach rechts	para a direita	['para a dʒi'rejta]
geradeaus	em frente	[ẽ 'frẽtʃi]
zurück	para trás	['para trajs]
Kurve (f)	curva (f)	['kurva]
abbiegen (nach links ~)	virar (vi)	[vi'rar]
umkehren (vi)	dar retorno	[dar he'tornu]
sichtbar sein	estar visível	[is'tar vi'zivew]
erscheinen (vi)	aparecer (vi)	[apare'ser]
Aufenthalt (m)	paragem (f)	[pa'raʒẽ]
sich erholen	descansar (vi)	[dʒiskã'sar]
Erholung (f)	descanso, repouso (m)	[dʒis'kãsu], [he'pozu]
sich verirren	perder-se (vr)	[per'dersi]
führen nach ... (Straße usw.)	conduzir a ...	[kõdu'zir a]
ankommen in ...	chegar a ...	[ʃe'gar a]
Strecke (f)	trecho (m)	['treʃu]
Asphalt (m)	asfalto (m)	[as'fawtu]
Bordstein (m)	meio-fio (m)	['meju-'fiu]
Graben (m)	valeta (f)	[va'leta]

Gully (m)	tampa (f) de esgoto	['tãpa de iz'gotu]
Straßenrand (m)	acostamento (m)	[akosta'mẽtu]
Schlagloch (n)	buraco (m)	[bu'raku]
gehen (zu Fuß gehen)	ir (vi)	[ir]
überholen (vt)	ultrapassar (vt)	[uwtrapa'sar]
Schritt (m)	passo (m)	['pasu]
zu Fuß	a pé	[a pɛ]
blockieren (Straße usw.)	bloquear (vt)	[blo'kjar]
Schlagbaum (m)	cancela (f)	[kã'sɛla]
Sackgasse (f)	beco (m) sem saída	['beku sẽ sa'ida]

191. Gesetzesverstoß Verbrecher. Teil 1

Bandit (m)	bandido (m)	[bã'dʒidu]
Verbrechen (n)	crime (m)	['krimi]
Verbrecher (m)	criminoso (m)	[krimi'nozu]
Dieb (m)	ladrão (m)	[la'drãw]
stehlen (vt)	roubar (vt)	[ho'bar]
Diebstahl (Aktivität)	furto (m)	['furtu]
Stehlen (n)	furto (m)	['furtu]
kidnappen (vt)	raptar, sequestrar (vt)	[hap'tar], [sekwes'trar]
Kidnapping (n)	sequestro (m)	[se'kwɛstru]
Kidnapper (m)	sequestrador (m)	[sekwestra'dor]
Lösegeld (n)	resgate (m)	[hez'gatʃi]
Lösegeld verlangen	pedir resgate	[pe'dʒir hez'gatʃi]
rauben (vt)	roubar (vt)	[ho'bar]
Raub (m)	assalto, roubo (m)	[a'sawtu], ['hobu]
Räuber (m)	assaltante (m)	[asaw'tãtʃi]
erpressen (vt)	extorquir (vt)	[istor'kir]
Erpresser (m)	extorsionário (m)	[istorsjo'narju]
Erpressung (f)	extorsão (f)	[istor'sãw]
morden (vt)	matar, assassinar (vt)	[ma'tar], [asasi'nar]
Mord (m)	homicídio (m)	[omi'sidʒju]
Mörder (m)	homicida, assassino (m)	[ɔmi'sida], [asa'sinu]
Schuss (m)	tiro (m)	['tʃiru]
schießen (vt)	dar um tiro	[dar ũ 'tʃiru]
erschießen (vt)	matar a tiro	[ma'tar a 'tʃiru]
feuern (vi)	disparar, atirar (vi)	[dʒispa'rar], [atʃi'rar]
Schießerei (f)	tiroteio (m)	[tʃiro'teju]
Vorfall (m)	incidente (m)	[ĩsi'dẽtʃi]
Schlägerei (f)	briga (f)	['briga]
Hilfe!	Socorro!	[so'kohu]
Opfer (n)	vítima (f)	['vitʃima]

beschädigen (vt)	danificar (vt)	[danifi'kar]
Schaden (m)	dano (m)	['danu]
Leiche (f)	cadáver (m)	[ka'daver]
schwer (-es Verbrechen)	grave	['gravi]

angreifen (vt)	atacar (vt)	[ata'kar]
schlagen (vt)	bater (vt)	[ba'ter]
verprügeln (vt)	espancar (vt)	[ispã'kar]
wegnehmen (vt)	tirar (vt)	[tʃi'rar]
erstechen (vt)	esfaquear (vt)	[isfaki'ar]
verstümmeln (vt)	mutilar (vt)	[mutʃi'lar]
verwunden (vt)	ferir (vt)	[fe'rir]

Erpressung (f)	chantagem (f)	[ʃã'taʒẽ]
erpressen (vt)	chantagear (vt)	[ʃãta'ʒjar]
Erpresser (m)	chantagista (m)	[ʃãta'ʒista]

Schutzgelderpressung (f)	extorsão (f)	[istor'sãw]
Erpresser (Racketeer)	extorsionário (m)	[istorsjo'narju]
Gangster (m)	gângster (m)	['gãŋster]
Mafia (f)	máfia (f)	['mafja]

Taschendieb (m)	punguista (m)	[pũ'gista]
Einbrecher (m)	assaltante, ladrão (m)	[asaw'tãtʃi], [la'drãw]
Schmuggel (m)	contrabando (m)	[kõtra'bãdu]
Schmuggler (m)	contrabandista (m)	[kõtrabã'dʒista]

Fälschung (f)	falsificação (f)	[fawsifika'sãw]
fälschen (vt)	falsificar (vt)	[fawsifi'kar]
gefälscht	falsificado	[fawsifi'kadu]

192. Gesetzesbruch. Verbrecher. Teil 2

Vergewaltigung (f)	estupro (m)	[is'tupru]
vergewaltigen (vt)	estuprar (vt)	[istu'prar]
Gewalttäter (m)	estuprador (m)	[istupra'dor]
Besessene (m)	maníaco (m)	[ma'niaku]

Prostituierte (f)	prostituta (f)	[prostʃi'tuta]
Prostitution (f)	prostituição (f)	[prostʃitwi'sãw]
Zuhälter (m)	cafetão (m)	[kafe'tãw]

| Drogenabhängiger (m) | drogado (m) | [dro'gadu] |
| Drogenhändler (m) | traficante (m) | [trafi'kãtʃi] |

sprengen (vt)	explodir (vt)	[isplo'dʒir]
Explosion (f)	explosão (f)	[isplo'zãw]
in Brand stecken	incendiar (vt)	[ĩsẽ'dʒjar]
Brandstifter (m)	incendiário (m)	[ĩsẽ'dʒjarju]

Terrorismus (m)	terrorismo (m)	[teho'rizmu]
Terrorist (m)	terrorista (m)	[teho'rista]
Geisel (m, f)	refém (m)	[he'fẽ]
betrügen (vt)	enganar (vt)	[ẽga'nar]

Betrug (m)	engano (m)	[ẽ'gãnu]
Betrüger (m)	vigarista (m)	[viga'rista]
bestechen (vt)	subornar (vt)	[subor'nar]
Bestechlichkeit (f)	suborno (m)	[su'bornu]
Bestechungsgeld (n)	suborno (m)	[su'bornu]
Gift (n)	veneno (m)	[ve'nɛnu]
vergiften (vt)	envenenar (vt)	[ẽvene'nar]
sich vergiften	envenenar-se (vr)	[ẽvene'narsi]
Selbstmord (m)	suicídio (m)	[swi'sidʒju]
Selbstmörder (m)	suicida (m)	[swi'sida]
drohen (vi)	ameaçar (vt)	[amea'sar]
Drohung (f)	ameaça (f)	[ame'asa]
versuchen (vt)	atentar contra a vida de ...	[atẽ'tar 'kõtra a 'vida de]
Attentat (n)	atentado (m)	[atẽ'tadu]
stehlen (Auto ~)	roubar (vt)	[ho'bar]
entführen (Flugzeug ~)	sequestrar (vt)	[sekwes'trar]
Rache (f)	vingança (f)	[vĩ'gãsa]
sich rächen	vingar (vt)	[vĩ'gar]
foltern (vt)	torturar (vt)	[tortu'rar]
Folter (f)	tortura (f)	[tor'tura]
quälen (vt)	atormentar (vt)	[atormẽ'tar]
Seeräuber (m)	pirata (m)	[pi'rata]
Rowdy (m)	desordeiro (m)	[dʒizor'dejru]
bewaffnet	armado	[ar'madu]
Gewalt (f)	violência (f)	[vjo'lẽsja]
ungesetzlich	ilegal	[ile'gaw]
Spionage (f)	espionagem (f)	[ispio'naʒẽ]
spionieren (vi)	espionar (vi)	[ispjo'nar]

193. Polizei Recht. Teil 1

Justiz (f)	justiça (f)	[ʒus'tʃisa]
Gericht (n)	tribunal (m)	[tribu'naw]
Richter (m)	juiz (m)	[ʒwiz]
Geschworenen (pl)	jurados (m pl)	[ʒu'radus]
Geschworenengericht (n)	tribunal (m) do júri	[tribu'naw du 'ʒuri]
richten (vt)	julgar (vt)	[ʒuw'gar]
Rechtsanwalt (m)	advogado (m)	[adʒivo'gadu]
Angeklagte (m)	réu (m)	['hɛw]
Anklagebank (f)	banco (m) dos réus	['bãku dus hɛws]
Anklage (f)	acusação (f)	[akuza'sãw]
Beschuldigte (m)	acusado (m)	[aku'zadu]

Deutsch	Portugiesisch	Aussprache
Urteil (n)	sentença (f)	[sẽ'tẽsa]
verurteilen (vt)	sentenciar (vt)	[sẽtẽ'sjar]
Schuldige (m)	culpado (m)	[kuw'padu]
bestrafen (vt)	punir (vt)	[pu'nir]
Strafe (f)	punição (f)	[puni'sãw]
Geldstrafe (f)	multa (f)	['muwta]
lebenslange Haft (f)	prisão (f) perpétua	[pri'zãw per'pɛtwa]
Todesstrafe (f)	pena (f) de morte	['pena de 'mɔrtʃi]
elektrischer Stuhl (m)	cadeira (f) elétrica	[ka'dejra e'lɛtrika]
Galgen (m)	forca (f)	['fɔrka]
hinrichten (vt)	executar (vt)	[ezeku'tar]
Hinrichtung (f)	execução (f)	[ezeku'sãw]
Gefängnis (n)	prisão (f)	[pri'zãw]
Zelle (f)	cela (f) de prisão	['sɛla de pri'zãw]
Eskorte (f)	escolta (f)	[is'kɔwta]
Gefängniswärter (m)	guarda (m) prisional	['gwarda prizjo'naw]
Gefangene (m)	preso (m)	['prezu]
Handschellen (pl)	algemas (f pl)	[aw'ʒɛmas]
Handschellen anlegen	algemar (vt)	[awʒe'mar]
Ausbruch (Flucht)	fuga, evasão (f)	['fuga], [eva'zãw]
ausbrechen (vi)	fugir (vi)	[fu'ʒir]
verschwinden (vi)	desaparecer (vi)	[dʒizapare'ser]
aus ... entlassen	soltar, libertar (vt)	[sow'tar], [liber'tar]
Amnestie (f)	anistia (f)	[anis'tʃia]
Polizei (f)	polícia (f)	[po'lisja]
Polizist (m)	polícia (m)	[po'lisja]
Polizeiwache (f)	delegacia (f) de polícia	[delega'sia de po'lisja]
Gummiknüppel (m)	cassetete (m)	[kase'tɛtʃi]
Sprachrohr (n)	megafone (m)	[mega'fɔni]
Streifenwagen (m)	carro (m) de patrulha	['kaho de pa'truʎa]
Sirene (f)	sirene (f)	[si'rɛni]
die Sirene einschalten	ligar a sirene	[li'gar a si'rɛni]
Sirenengeheul (n)	toque (m) da sirene	['tɔki da si'rɛni]
Tatort (m)	cena (f) do crime	['sɛna du 'krimi]
Zeuge (m)	testemunha (f)	[teste'muɲa]
Freiheit (f)	liberdade (f)	[liber'dadʒi]
Komplize (m)	cúmplice (m)	['kũplisi]
verschwinden (vi)	escapar (vi)	[iska'par]
Spur (f)	traço (m)	['trasu]

194. Polizei. Recht. Teil 2

Deutsch	Portugiesisch	Aussprache
Fahndung (f)	procura (f)	[pro'kura]
suchen (vt)	procurar (vt)	[proku'rar]

Deutsch	Portugiesisch	Aussprache
Verdacht (m)	suspeita (f)	[sus'pejta]
verdächtig (Adj)	suspeito	[sus'pejtu]
anhalten (Polizei)	parar (vt)	[pa'rar]
verhaften (vt)	deter (vt)	[de'ter]
Fall (m), Klage (f)	caso (m)	['kazu]
Untersuchung (f)	investigação (f)	[ĩvestʃiga'sãw]
Detektiv (m)	detetive (m)	[dete'tʃivi]
Ermittlungsrichter (m)	investigador (m)	[ĩvestʃiga'dor]
Version (f)	versão (f)	[ver'sãw]
Motiv (n)	motivo (m)	[mo'tʃivu]
Verhör (n)	interrogatório (m)	[ĩtehoga'tɔrju]
verhören (vt)	interrogar (vt)	[ĩteho'gar]
vernehmen (vt)	questionar (vt)	[kestʃo'nar]
Kontrolle (Personen-)	verificação (f)	[verifika'sãw]
Razzia (f)	batida (f) policial	[ba'tʃida poli'sjaw]
Durchsuchung (f)	busca (f)	['buska]
Verfolgung (f)	perseguição (f)	[persegi'sãw]
nachjagen (vi)	perseguir (vt)	[perse'gir]
verfolgen (vt)	seguir, rastrear (vt)	[se'gir], [has'trjar]
Verhaftung (f)	prisão (f)	[pri'zãw]
verhaften (vt)	prender (vt)	[prẽ'der]
fangen (vt)	pegar, capturar (vt)	[pe'gar], [kaptu'rar]
Festnahme (f)	captura (f)	[kap'tura]
Dokument (n)	documento (m)	[doku'mẽtu]
Beweis (m)	prova (f)	['prɔva]
beweisen (vt)	provar (vt)	[pro'var]
Fußspur (f)	pegada (f)	[pe'gada]
Fingerabdrücke (pl)	impressões (f pl) digitais	[impre'sõjs ʤiʒi'tajs]
Beweisstück (n)	prova (f)	['prɔva]
Alibi (n)	álibi (m)	['alibi]
unschuldig	inocente	[ino'sẽtʃi]
Ungerechtigkeit (f)	injustiça (f)	[ĩʒus'tʃisa]
ungerecht	injusto	[ĩ'ʒustu]
Kriminal-	criminal	[krimi'naw]
beschlagnahmen (vt)	confiscar (vt)	[kõfis'kar]
Droge (f)	droga (f)	['drɔga]
Waffe (f)	arma (f)	['arma]
entwaffnen (vt)	desarmar (vt)	[ʤizar'mar]
befehlen (vt)	ordenar (vt)	[orde'nar]
verschwinden (vi)	desaparecer (vi)	[ʤizapare'ser]
Gesetz (n)	lei (f)	[lej]
gesetzlich	legal	[le'gaw]
ungesetzlich	ilegal	[ile'gaw]
Verantwortlichkeit (f)	responsabilidade (f)	[hespõsabili'daʤi]
verantwortlich	responsável	[hespõ'savew]

NATUR

Die Erde. Teil 1

195. Weltall

Kosmos (m)	espaço, cosmo (m)	[isˈpasu], [ˈkɔzmu]
kosmisch, Raum-	espacial, cósmico	[ispaˈsjaw], [ˈkɔzmiku]
Weltraum (m)	espaço (m) cósmico	[isˈpasu ˈkɔzmiku]
All (n)	mundo (m)	[ˈmũdu]
Universum (n)	universo (m)	[uniˈvɛrsu]
Galaxie (f)	galáxia (f)	[gaˈlaksja]
Stern (m)	estrela (f)	[isˈtrela]
Gestirn (n)	constelação (f)	[kõstelaˈsãw]
Planet (m)	planeta (m)	[plaˈneta]
Satellit (m)	satélite (m)	[saˈtɛlitʃi]
Meteorit (m)	meteorito (m)	[meteoˈritu]
Komet (m)	cometa (m)	[koˈmeta]
Asteroid (m)	asteroide (m)	[asteˈrɔjdʒi]
Umlaufbahn (f)	órbita (f)	[ˈɔrbita]
sich drehen	girar (vi)	[ʒiˈrar]
Atmosphäre (f)	atmosfera (f)	[atmosˈfɛra]
Sonne (f)	Sol (m)	[sɔw]
Sonnensystem (n)	Sistema (m) Solar	[sisˈtɛma soˈlar]
Sonnenfinsternis (f)	eclipse (m) solar	[eˈklipsi soˈlar]
Erde (f)	Terra (f)	[ˈtɛha]
Mond (m)	Lua (f)	[ˈlua]
Mars (m)	Marte (m)	[ˈmartʃi]
Venus (f)	Vênus (f)	[ˈvenus]
Jupiter (m)	Júpiter (m)	[ˈʒupiter]
Saturn (m)	Saturno (m)	[saˈturnu]
Merkur (m)	Mercúrio (m)	[merˈkurju]
Uran (m)	Urano (m)	[uˈranu]
Neptun (m)	Netuno (m)	[neˈtunu]
Pluto (m)	Plutão (m)	[pluˈtãw]
Milchstraße (f)	Via Láctea (f)	[ˈvia ˈlaktja]
Der Große Bär	Ursa Maior (f)	[ursa maˈjɔr]
Polarstern (m)	Estrela Polar (f)	[isˈtrela poˈlar]
Marsbewohner (m)	marciano (m)	[marˈsjanu]
Außerirdischer (m)	extraterrestre (m)	[estrateˈhɛstri]

außerirdisches Wesen (n)	alienígena (m)	[alje'niʒena]
fliegende Untertasse (f)	disco (m) voador	['dʒisku vwa'dor]
Raumschiff (n)	nave (f) espacial	['navi ispa'sjaw]
Raumstation (f)	estação (f) orbital	[eʃta'sãw orbi'taw]
Raketenstart (m)	lançamento (m)	[lãsa'mẽtu]
Triebwerk (n)	motor (m)	[mo'tor]
Düse (f)	bocal (m)	[bo'kaw]
Treibstoff (m)	combustível (m)	[kõbus'tʃivew]
Kabine (f)	cabine (f)	[ka'bini]
Antenne (f)	antena (f)	[ã'tɛna]
Bullauge (n)	vigia (f)	[vi'ʒia]
Sonnenbatterie (f)	bateria (f) solar	[bate'ria so'lar]
Raumanzug (m)	traje (m) espacial	['traʒi ispa'sjaw]
Schwerelosigkeit (f)	imponderabilidade (f)	[ĩpõderabili'dadʒi]
Sauerstoff (m)	oxigênio (m)	[oksi'ʒenju]
Ankopplung (f)	acoplagem (f)	[ako'plaʒẽ]
koppeln (vi)	fazer uma acoplagem	[fa'zer 'uma ako'plaʒẽ]
Observatorium (n)	observatório (m)	[observa'tɔrju]
Teleskop (n)	telescópio (m)	[tele'skɔpju]
beobachten (vt)	observar (vt)	[obser'var]
erforschen (vt)	explorar (vt)	[isplo'rar]

196. Die Erde

Erde (f)	Terra (f)	['tɛha]
Erdkugel (f)	globo (m) terrestre	['globu te'hɛstri]
Planet (m)	planeta (m)	[pla'neta]
Atmosphäre (f)	atmosfera (f)	[atmos'fɛra]
Geographie (f)	geografia (f)	[ʒeogra'fia]
Natur (f)	natureza (f)	[natu'reza]
Globus (m)	globo (m)	['globu]
Landkarte (f)	mapa (m)	['mapa]
Atlas (m)	atlas (m)	['atlas]
Europa (n)	Europa (f)	[ew'rɔpa]
Asien (n)	Ásia (f)	['azja]
Afrika (n)	África (f)	['afrika]
Australien (n)	Austrália (f)	[aws'tralja]
Amerika (n)	América (f)	[a'mɛrika]
Nordamerika (n)	América (f) do Norte	[a'mɛrika du 'nɔrtʃi]
Südamerika (n)	América (f) do Sul	[a'mɛrika du suw]
Antarktis (f)	Antártida (f)	[ã'tartʃida]
Arktis (f)	Ártico (m)	['artʃiku]

197. Himmelsrichtungen

Norden (m)	norte (m)	['nɔrtʃi]
nach Norden	para norte	['para 'nɔrtʃi]
im Norden	no norte	[nu 'nɔrtʃi]
nördlich	do norte	[du 'nɔrtʃi]

Süden (m)	sul (m)	[suw]
nach Süden	para sul	['para suw]
im Süden	no sul	[nu suw]
südlich	do sul	[du suw]

Westen (m)	oeste, ocidente (m)	['wɛstʃi], [osi'dẽtʃi]
nach Westen	para oeste	['para 'wɛstʃi]
im Westen	no oeste	[nu 'wɛstʃi]
westlich, West-	ocidental	[osidẽ'taw]

Osten (m)	leste, oriente (m)	['lɛstʃi], [o'rjẽtʃi]
nach Osten	para leste	['para 'lɛstʃi]
im Osten	no leste	[nu 'lɛstʃi]
östlich	oriental	[orjẽ'taw]

198. Meer. Ozean

Meer (n), See (f)	mar (m)	[mah]
Ozean (m)	oceano (m)	[o'sjanu]
Golf (m)	golfo (m)	['gowfu]
Meerenge (f)	estreito (m)	[is'trejtu]

Festland (n)	terra (f) firme	['tɛha 'firmi]
Kontinent (m)	continente (m)	[kõtʃi'nẽtʃi]
Insel (f)	ilha (f)	['iʎa]
Halbinsel (f)	península (f)	[pe'nĩsula]
Archipel (m)	arquipélago (m)	[arki'pɛlagu]

Bucht (f)	baía (f)	[ba'ia]
Hafen (m)	porto (m)	['portu]
Lagune (f)	lagoa (f)	[la'goa]
Kap (n)	cabo (m)	['kabu]

Atoll (n)	atol (m)	[a'tɔw]
Riff (n)	recife (m)	[he'sifi]
Koralle (f)	coral (m)	[ko'raw]
Korallenriff (n)	recife (m) de coral	[he'sifi de ko'raw]

tief (Adj)	profundo	[pro'fũdu]
Tiefe (f)	profundidade (f)	[profũdʒi'dadʒi]
Abgrund (m)	abismo (m)	[a'bizmu]
Graben (m)	fossa (f) oceânica	['fɔsa o'sjanika]

Strom (m)	corrente (f)	[ko'hẽtʃi]
umspülen (vt)	banhar (vt)	[ba'ɲar]
Ufer (n)	litoral (m)	[lito'raw]

Küste (f)	costa (f)	['kɔsta]
Flut (f)	maré (f) alta	[ma'rɛ 'awta]
Ebbe (f)	refluxo (m)	[he'fluksu]
Sandbank (f)	restinga (f)	[hes'tʃĩga]
Boden (m)	fundo (m)	['fũdu]
Welle (f)	onda (f)	['õda]
Wellenkamm (m)	crista (f) da onda	['krista da 'õda]
Schaum (m)	espuma (f)	[is'puma]
Sturm (m)	tempestade (f)	[tẽpes'tadʒi]
Orkan (m)	furacão (m)	[fura'kãw]
Tsunami (m)	tsunami (m)	[tsu'nami]
Windstille (f)	calmaria (f)	[kawma'ria]
ruhig	calmo	['kawmu]
Pol (m)	polo (m)	['pɔlu]
Polar-	polar	[po'lar]
Breite (f)	latitude (f)	[latʃi'tudʒi]
Länge (f)	longitude (f)	[lõʒi'tudʒi]
Breitenkreis (m)	paralela (f)	[para'lɛla]
Äquator (m)	equador (m)	[ekwa'dor]
Himmel (m)	céu (m)	[sɛw]
Horizont (m)	horizonte (m)	[ori'zõtʃi]
Luft (f)	ar (m)	[ar]
Leuchtturm (m)	farol (m)	[fa'rɔw]
tauchen (vi)	mergulhar (vi)	[mergu'ʎar]
versinken (vi)	afundar-se (vr)	[afũ'darse]
Schätze (pl)	tesouros (m pl)	[te'zorus]

199. Namen der Meere und Ozeane

Atlantischer Ozean (m)	Oceano (m) Atlântico	[o'sjanu at'lãtʃiku]
Indischer Ozean (m)	Oceano (m) Índico	[o'sjanu 'ĩdiku]
Pazifischer Ozean (m)	Oceano (m) Pacífico	[o'sjanu pa'sifiku]
Arktischer Ozean (m)	Oceano (m) Ártico	[o'sjanu 'artʃiku]
Schwarzes Meer (n)	Mar (m) Negro	[mah 'negru]
Rotes Meer (n)	Mar (m) Vermelho	[mah ver'meʎu]
Gelbes Meer (n)	Mar (m) Amarelo	[mah ama'rɛlu]
Weißes Meer (n)	Mar (m) Branco	[mah 'brãku]
Kaspisches Meer (n)	Mar (m) Cáspio	[mah 'kaspju]
Totes Meer (n)	Mar (m) Morto	[mah 'mortu]
Mittelmeer (n)	Mar (m) Mediterrâneo	[mah medʒite'hanju]
Ägäisches Meer (n)	Mar (m) Egeu	[mah e'ʒew]
Adriatisches Meer (n)	Mar (m) Adriático	[mah a'drjatʃiku]
Arabisches Meer (n)	Mar (m) Arábico	[mah a'rabiku]
Japanisches Meer (n)	Mar (m) do Japão	[mah du ʒa'pãw]

Beringmeer (n)	Mar (m) de Bering	[mah de be'rĩgi]
Südchinesisches Meer (n)	Mar (m) da China Meridional	[mah da 'ʃina meridʒjo'naw]
Korallenmeer (n)	Mar (m) de Coral	[mah de ko'raw]
Tasmansee (f)	Mar (m) de Tasman	[mah de tazman]
Karibisches Meer (n)	Mar (m) do Caribe	[mah du ka'ribi]
Barentssee (f)	Mar (m) de Barents	[mah de barẽts]
Karasee (f)	Mar (m) de Kara	[mah de 'kara]
Nordsee (f)	Mar (m) do Norte	[mah du 'nɔrtʃi]
Ostsee (f)	Mar (m) Báltico	[mah 'bawtʃiku]
Nordmeer (n)	Mar (m) da Noruega	[mah da nor'wɛga]

200. Berge

Berg (m)	montanha (f)	[mõ'taɲa]
Gebirgskette (f)	cordilheira (f)	[kordʒi'ʎejra]
Bergrücken (m)	serra (f)	['sɛha]
Gipfel (m)	cume (m)	['kumi]
Spitze (f)	pico (m)	['piku]
Bergfuß (m)	pé (m)	[pɛ]
Abhang (m)	declive (m)	[de'klivi]
Vulkan (m)	vulcão (m)	[vuw'kãw]
tätiger Vulkan (m)	vulcão (m) ativo	[vuw'kãw a'tʃivu]
schlafender Vulkan (m)	vulcão (m) extinto	[vuw'kãw is'tʃĩtu]
Ausbruch (m)	erupção (f)	[erup'sãw]
Krater (m)	cratera (f)	[kra'tɛra]
Magma (n)	magma (m)	['magma]
Lava (f)	lava (f)	['lava]
glühend heiß (-e Lava)	fundido	[fũ'dʒidu]
Cañon (m)	cânion, desfiladeiro (m)	['kanjon], [dʒisfila'dejru]
Schlucht (f)	garganta (f)	[gar'gãta]
Spalte (f)	fenda (f)	['fẽda]
Abgrund (m) (steiler ~)	precipício (m)	[presi'pisju]
Gebirgspass (m)	passo, colo (m)	['pasu], ['kɔlu]
Plateau (n)	planalto (m)	[pla'nawtu]
Fels (m)	falésia (f)	[fa'lɛzja]
Hügel (m)	colina (f)	[ko'lina]
Gletscher (m)	geleira (f)	[ʒe'lejra]
Wasserfall (m)	cachoeira (f)	[kaʃ'wejra]
Geiser (m)	gêiser (m)	['ʒɛjzer]
See (m)	lago (m)	['lagu]
Ebene (f)	planície (f)	[pla'nisi]
Landschaft (f)	paisagem (f)	[paj'zaʒẽ]
Echo (n)	eco (m)	['ɛku]
Bergsteiger (m)	alpinista (m)	[awpi'nista]

Kletterer (m)	escalador (m)	[iskala'dor]
bezwingen (vt)	conquistar (vt)	[kõkis'tar]
Aufstieg (m)	subida, escalada (f)	[su'bida], [iska'lada]

201. Namen der Berge

Alpen (pl)	Alpes (m pl)	['awpis]
Montblanc (m)	Monte Branco (m)	['mõtʃi 'brãku]
Pyrenäen (pl)	Pirineus (m pl)	[piri'news]
Karpaten (pl)	Cárpatos (m pl)	['karpatus]
Uralgebirge (n)	Urais (m pl)	[u'rajs]
Kaukasus (m)	Cáucaso (m)	['kawkazu]
Elbrus (m)	Elbrus (m)	[el'brus]
Altai (m)	Altai (m)	[al'taj]
Tian Shan (m)	Tian Shan (m)	[tjan ʃan]
Pamir (m)	Pamir (m)	[pa'mir]
Himalaja (m)	Himalaia (m)	[ima'laja]
Everest (m)	monte Everest (m)	['mõtʃi eve'rest]
Anden (pl)	Cordilheira (f) dos Andes	[kordʒi'ʎejra dus 'ãdʒis]
Kilimandscharo (m)	Kilimanjaro (m)	[kilimã'ʒaru]

202. Flüsse

Fluss (m)	rio (m)	['hiu]
Quelle (f)	fonte, nascente (f)	['fõtʃi], [na'sẽtʃi]
Flussbett (n)	leito (m) de rio	['lejtu de 'hiu]
Stromgebiet (n)	bacia (f)	[ba'sia]
einmünden in ...	desaguar no ...	[dʒiza'gwar nu]
Nebenfluss (m)	afluente (m)	[a'flwẽtʃi]
Ufer (n)	margem (f)	['marʒẽ]
Strom (m)	corrente (f)	[ko'hẽtʃi]
stromabwärts	rio abaixo	['hiu a'baɪʃu]
stromaufwärts	rio acima	['hiu a'sima]
Überschwemmung (f)	inundação (f)	[ĩtrodu'sãw]
Hochwasser (n)	cheia (f)	['ʃeja]
aus den Ufern treten	transbordar (vi)	[trãzbor'dar]
überfluten (vt)	inundar (vt)	[inũ'dar]
Sandbank (f)	banco (m) de areia	['bãku de a'reja]
Stromschnelle (f)	corredeira (f)	[kohe'dejra]
Damm (m)	barragem (f)	[ba'haʒẽ]
Kanal (m)	canal (m)	[ka'naw]
Stausee (m)	reservatório (m) de água	[hezerva'tɔrju de 'agwa]
Schleuse (f)	eclusa (f)	[e'kluza]
Gewässer (n)	corpo (m) de água	['korpu de 'agwa]

Sumpf (m), Moor (n)	pântano (m)	['pãtanu]
Marsch (f)	lamaçal (m)	[lama'saw]
Strudel (m)	rodamoinho (m)	[hodamo'iɲu]

Bach (m)	riacho (m)	['hjaʃu]
Trink- (z.B. Trinkwasser)	potável	[po'tavew]
Süß- (Wasser)	doce	['dosi]

| Eis (n) | gelo (m) | ['ʒelu] |
| zufrieren (vi) | congelar-se (vr) | [kõʒe'larsi] |

203. Namen der Flüsse

| Seine (f) | rio Sena (m) | ['hiu 'sɛna] |
| Loire (f) | rio Loire (m) | ['hiu lu'ar] |

Themse (f)	rio Tâmisa (m)	['hiu 'tamiza]
Rhein (m)	rio Reno (m)	['hiu 'henu]
Donau (f)	rio Danúbio (m)	['hiu da'nubju]

Wolga (f)	rio Volga (m)	['hiu 'vɔlga]
Don (m)	rio Don (m)	['hiu dɔn]
Lena (f)	rio Lena (m)	['hiu 'lena]

Gelber Fluss (m)	rio Amarelo (m)	['hiu ama'rɛlu]
Jangtse (m)	rio Yangtzé (m)	['hiu jã'gtzɛ]
Mekong (m)	rio Mekong (m)	['hiu mi'kõg]
Ganges (m)	rio Ganges (m)	['hiu 'gændʒiːz]

Nil (m)	rio Nilo (m)	['hiu 'nilu]
Kongo (m)	rio Congo (m)	['hiu 'kõgu]
Okavango (m)	rio Cubango (m)	['hiu ku'bãgu]
Sambesi (m)	rio Zambeze (m)	['hiu zã'bezi]
Limpopo (m)	rio Limpopo (m)	['hiu lĩ'popu]
Mississippi (m)	rio Mississippi (m)	['hiu misi'sipi]

204. Wald

| Wald (m) | floresta (f), bosque (m) | [flo'rɛsta], ['bɔski] |
| Wald- | florestal | [flores'taw] |

Dickicht (n)	mata (f) fechada	['mata fe'ʃada]
Gehölz (n)	arvoredo (m)	[arvo'redu]
Lichtung (f)	clareira (f)	[kla'rejra]

| Dickicht (n) | matagal (m) | [mata'gaw] |
| Gebüsch (n) | mato (m), caatinga (f) | ['matu], [ka'tʃĩga] |

Fußweg (m)	trilha, vereda (f)	['triʎa], [ve'reda]
Erosionsrinne (f)	ravina (f)	[ha'vina]
Baum (m)	árvore (f)	['arvori]
Blatt (n)	folha (f)	['foʎa]

Deutsch	Portugiesisch	Aussprache
Laub (n)	folhagem (f)	[foˈʎaʒẽ]
Laubfall (m)	queda (f) das folhas	[ˈkɛda das ˈfoʎas]
fallen (Blätter)	cair (vi)	[kaˈir]
Wipfel (m)	topo (m)	[ˈtopu]
Zweig (m)	ramo (m)	[ˈhamu]
Ast (m)	galho (m)	[ˈgaʎu]
Knospe (f)	botão (m)	[boˈtãw]
Nadel (f)	agulha (f)	[aˈguʎa]
Zapfen (m)	pinha (f)	[ˈpiɲa]
Höhlung (f)	buraco (m) de árvore	[buˈraku de ˈarvori]
Nest (n)	ninho (m)	[ˈniɲu]
Höhle (f)	toca (f)	[ˈtɔka]
Stamm (m)	tronco (m)	[ˈtrõku]
Wurzel (f)	raiz (f)	[haˈiz]
Rinde (f)	casca (f) de árvore	[ˈkaska de ˈarvori]
Moos (n)	musgo (m)	[ˈmuzgu]
entwurzeln (vt)	arrancar pela raiz	[ahãˈkar ˈpɛla haˈiz]
fällen (vt)	cortar (vt)	[korˈtar]
abholzen (vt)	desflorestar (vt)	[dʒisfloresˈtar]
Baumstumpf (m)	toco, cepo (m)	[ˈtoku], [ˈsepu]
Lagerfeuer (n)	fogueira (f)	[foˈgejra]
Waldbrand (m)	incêndio (m) florestal	[ĩˈsẽdʒju floresˈtaw]
löschen (vt)	apagar (vt)	[apaˈgar]
Förster (m)	guarda-parque (m)	[ˈgwarda ˈparki]
Schutz (m)	proteção (f)	[proteˈsãw]
beschützen (vt)	proteger (vt)	[proteˈʒer]
Wilddieb (m)	caçador (m) furtivo	[kasaˈdor furˈtʃivu]
Falle (f)	armadilha (f)	[armaˈdʒiʎa]
sammeln, pflücken (vt)	colher (vt)	[koˈʎer]
sich verirren	perder-se (vr)	[perˈdersi]

205. natürliche Lebensgrundlagen

Deutsch	Portugiesisch	Aussprache
Naturressourcen (pl)	recursos (m pl) naturais	[heˈkursus natuˈrajs]
Bodenschätze (pl)	minerais (m pl)	[mineˈrajs]
Vorkommen (n)	depósitos (m pl)	[deˈpozitus]
Feld (Ölfeld usw.)	jazida (f)	[ʒaˈzida]
gewinnen (vt)	extrair (vt)	[istraˈjir]
Gewinnung (f)	extração (f)	[istraˈsãw]
Erz (n)	minério (m)	[miˈnɛrju]
Bergwerk (n)	mina (f)	[ˈmina]
Schacht (m)	poço (m) de mina	[ˈposu de ˈmina]
Bergarbeiter (m)	mineiro (m)	[miˈnejru]
Erdgas (n)	gás (m)	[gajs]
Gasleitung (f)	gasoduto (m)	[gazoˈdutu]

Erdöl (n)	petróleo (m)	[pe'trɔlju]
Erdölleitung (f)	oleoduto (m)	[oljo'dutu]
Ölquelle (f)	poço (m) de petróleo	['posu de pe'trɔlju]
Bohrturm (m)	torre (f) petrolífera	['tohi petro'lifera]
Tanker (m)	petroleiro (m)	[petro'lejru]
Sand (m)	areia (f)	[a'reja]
Kalkstein (m)	calcário (m)	[kaw'karju]
Kies (m)	cascalho (m)	[kas'kaʎu]
Torf (m)	turfa (f)	['turfa]
Ton (m)	argila (f)	[ar'ʒila]
Kohle (f)	carvão (m)	[kar'vãw]
Eisen (n)	ferro (m)	['fɛhu]
Gold (n)	ouro (m)	['oru]
Silber (n)	prata (f)	['prata]
Nickel (n)	níquel (m)	['nikew]
Kupfer (n)	cobre (m)	['kɔbri]
Zink (n)	zinco (m)	['zĩku]
Mangan (n)	manganês (m)	[mãga'nes]
Quecksilber (n)	mercúrio (m)	[mer'kurju]
Blei (n)	chumbo (m)	['ʃũbu]
Mineral (n)	mineral (m)	[mine'raw]
Kristall (m)	cristal (m)	[kris'taw]
Marmor (m)	mármore (m)	['marmori]
Uran (n)	urânio (m)	[u'ranju]

Die Erde. Teil 2

206. Wetter

Wetter (n)	tempo (m)	['tẽpu]
Wetterbericht (m)	previsão (f) do tempo	[previ'zãw du 'tẽpu]
Temperatur (f)	temperatura (f)	[tẽpera'tura]
Thermometer (n)	termômetro (m)	[ter'mometru]
Barometer (n)	barômetro (m)	[ba'rometru]
feucht	úmido	['umidu]
Feuchtigkeit (f)	umidade (f)	[umi'dadʒi]
Hitze (f)	calor (m)	[ka'lor]
glutheiß	tórrido	['tɔhidu]
ist heiß	está muito calor	[is'ta 'mwĩtu ka'lor]
ist warm	está calor	[is'ta ka'lor]
warm (Adj)	quente	['kẽtʃi]
ist kalt	está frio	[is'ta 'friu]
kalt (Adj)	frio	['friu]
Sonne (f)	sol (m)	[sɔw]
scheinen (vi)	brilhar (vi)	[bri'ʎar]
sonnig (Adj)	de sol, ensolarado	[de sɔw], [ẽsola'radu]
aufgehen (vi)	nascer (vi)	[na'ser]
untergehen (vi)	pôr-se (vr)	['porsi]
Wolke (f)	nuvem (f)	['nuvẽj]
bewölkt, wolkig	nublado	[nu'bladu]
Regenwolke (f)	nuvem (f) preta	['nuvẽj 'preta]
trüb (-er Tag)	escuro	[is'kuru]
Regen (m)	chuva (f)	['ʃuva]
Es regnet	está a chover	[is'ta a ʃo'ver]
regnerisch (-er Tag)	chuvoso	[ʃu'vozu]
nieseln (vi)	chuviscar (vi)	[ʃuvis'kar]
strömender Regen (m)	chuva (f) torrencial	['ʃuva tohẽ'sjaw]
Regenschauer (m)	aguaceiro (m)	[agwa'sejru]
stark (-er Regen)	forte	['fortʃi]
Pfütze (f)	poça (f)	['posa]
nass werden (vi)	molhar-se (vr)	[mo'ʎarsi]
Nebel (m)	nevoeiro (m)	[nevo'ejru]
neblig (-er Tag)	de nevoeiro	[de nevu'ejru]
Schnee (m)	neve (f)	['nɛvi]
Es schneit	está nevando	[is'ta ne'vãdu]

207. Unwetter Naturkatastrophen

Gewitter (n)	trovoada (f)	[tro'vwada]
Blitz (m)	relâmpago (m)	[he'lãpagu]
blitzen (vi)	relampejar (vi)	[helãpe'ʒar]
Donner (m)	trovão (m)	[tro'vãw]
donnern (vi)	trovejar (vi)	[trove'ʒar]
Es donnert	está trovejando	[is'ta trove'ʒãdu]
Hagel (m)	granizo (m)	[gra'nizu]
Es hagelt	está caindo granizo	[is'ta ka'ĩdu gra'nizu]
überfluten (vt)	inundar (vt)	[inũ'dar]
Überschwemmung (f)	inundação (f)	[ĩtrodu'sãw]
Erdbeben (n)	terremoto (m)	[tehe'mɔtu]
Erschütterung (f)	abalo, tremor (m)	[a'balu], [tre'mor]
Epizentrum (n)	epicentro (m)	[epi'sẽtru]
Ausbruch (m)	erupção (f)	[erup'sãw]
Lava (f)	lava (f)	['lava]
Wirbelsturm (m)	tornado (m)	[tor'nadu]
Tornado (m)	tornado (m)	[tor'nadu]
Taifun (m)	tufão (m)	[tu'fãw]
Orkan (m)	furacão (m)	[fura'kãw]
Sturm (m)	tempestade (f)	[tẽpes'tadʒi]
Tsunami (m)	tsunami (m)	[tsu'nami]
Zyklon (m)	ciclone (m)	[si'klɔni]
Unwetter (n)	mau tempo (m)	[maw 'tẽpu]
Brand (m)	incêndio (m)	[ĩ'sẽdʒju]
Katastrophe (f)	catástrofe (f)	[ka'tastrofi]
Meteorit (m)	meteorito (m)	[meteo'ritu]
Lawine (f)	avalanche (f)	[ava'lãʃi]
Schneelawine (f)	deslizamento (m) de neve	[dʒizliza'mẽtu de 'nɛvi]
Schneegestöber (n)	nevasca (f)	[ne'vaska]
Schneesturm (m)	tempestade (f) de neve	[tẽpes'tadʒi de 'nɛvi]

208. Geräusche. Klänge

Stille (f)	silêncio (m)	[si'lẽsju]
Laut (m)	som (m)	[sõ]
Lärm (m)	ruído, barulho (m)	['hwidu], [ba'ruʎu]
lärmen (vi)	fazer barulho	[fa'zer ba'ruʎu]
lärmend (Adj)	ruidoso, barulhento	[hwi'dozu], [baru'ʎẽtu]
laut (in lautemTon)	alto	['awtu]
laut (eine laute Stimme)	alto	['awtu]
ständig (Adj)	constante	[kõs'tãtʃi]

Schrei (m)	grito (m)	['gritu]
schreien (vi)	gritar (vi)	[gri'tar]
Flüstern (n)	sussurro (m)	[su'suhu]
flüstern (vt)	sussurrar (vi, vt)	[susu'har]

| Gebell (n) | latido (m) | [la'tʃidu] |
| bellen (vi) | latir (vi) | [la'tʃir] |

Stöhnen (n)	gemido (m)	[ʒe'midu]
stöhnen (vi)	gemer (vi)	[ʒe'mer]
Husten (m)	tosse (f)	['tɔsi]
husten (vi)	tossir (vi)	[to'sir]

Pfiff (m)	assobio (m)	[aso'biu]
pfeifen (vi)	assobiar (vi)	[aso'bjar]
Klopfen (n)	batida (f)	[ba'tʃida]
klopfen (vi)	bater (vi)	[ba'ter]

| krachen (Laut) | estalar (vi) | [ista'lar] |
| Krachen (n) | estalido, estalo (m) | [ista'lidu], [is'talu] |

Sirene (f)	sirene (f)	[si'rɛni]
Pfeife (Zug usw.)	apito (m)	[a'pitu]
pfeifen (vi)	apitar (vi)	[api'tar]
Hupe (f)	buzina (f)	[bu'zina]
hupen (vi)	buzinar (vi)	[buzi'nar]

209. Winter

Winter (m)	inverno (m)	[ĩ'vɛrnu]
Winter-	de inverno	[de ĩ'vɛrnu]
im Winter	no inverno	[nu ĩ'vɛrnu]

Schnee (m)	neve (f)	['nɛvi]
Es schneit	está nevando	[is'ta ne'vãdu]
Schneefall (m)	queda (f) de neve	['kɛda de 'nɛvi]
Schneewehe (f)	amontoado (m) de neve	[amõ'twadu de 'nɛvi]

Schneeflocke (f)	floco (m) de neve	['flɔku de 'nɛvi]
Schneeball (m)	bola (f) de neve	['bɔla de 'nɛvi]
Schneemann (m)	boneco (m) de neve	[bo'nɛku de 'nɛvi]
Eiszapfen (m)	sincelo (m)	[sĩ'sɛlu]

Dezember (m)	dezembro (m)	[de'zẽbru]
Januar (m)	janeiro (m)	[ʒa'nejru]
Februar (m)	fevereiro (m)	[feve'rejru]

| Frost (m) | gelo (m) | ['ʒelu] |
| frostig, Frost- | gelado | [ʒe'ladu] |

unter Null	abaixo de zero	[a'baɪʃu de 'zɛru]
leichter Frost (m)	primeira geada (f)	[pri'mejra 'ʒjada]
Reif (m)	geada (f) branca	['ʒjada 'brãka]
Kälte (f)	frio (m)	['friu]

Es ist kalt	está frio	[is'ta 'friu]
Pelzmantel (m)	casaco (m) de pele	[kaz'aku de 'pɛli]
Fausthandschuhe (pl)	mitenes (f pl)	[mi'tɛnes]
erkranken (vi)	adoecer (vi)	[adoe'ser]
Erkältung (f)	resfriado (m)	[hes'frjadu]
sich erkälten	ficar resfriado	[fi'kar hes'frjadu]
Eis (n)	gelo (m)	['ʒelu]
Glatteis (n)	gelo (m) na estrada	['ʒelu na is'trada]
zufrieren (vi)	congelar-se (vr)	[kõʒe'larsi]
Eisscholle (f)	bloco (m) de gelo	['bloku de 'ʒelu]
Ski (pl)	esqui (m)	[is'ki]
Skiläufer (m)	esquiador (m)	[iskja'dor]
Ski laufen	esquiar (vi)	[is'kjar]
Schlittschuh laufen	patinar (vi)	[patʃi'nar]

Fauna

210. Säugetiere. Raubtiere

Raubtier (n)	predador (m)	[preda'dor]
Tiger (m)	tigre (m)	['tʃigri]
Löwe (m)	leão (m)	[le'ãw]
Wolf (m)	lobo (m)	['lobu]
Fuchs (m)	raposa (f)	[ha'pozu]
Jaguar (m)	jaguar (m)	[ʒa'gwar]
Leopard (m)	leopardo (m)	[ljo'pardu]
Gepard (m)	chita (f)	['ʃita]
Panther (m)	pantera (f)	[pã'tɛra]
Puma (m)	puma (m)	['puma]
Schneeleopard (m)	leopardo-das-neves (m)	[ljo'pardu das 'nɛvis]
Luchs (m)	lince (m)	['lĩsi]
Kojote (m)	coiote (m)	[ko'jotʃi]
Schakal (m)	chacal (m)	[ʃa'kaw]
Hyäne (f)	hiena (f)	['jena]

211. Tiere in freier Wildbahn

Tier (n)	animal (m)	[ani'maw]
Bestie (f)	besta (f)	['besta]
Eichhörnchen (n)	esquilo (m)	[is'kilu]
Igel (m)	ouriço (m)	[o'risu]
Hase (m)	lebre (f)	['lɛbri]
Kaninchen (n)	coelho (m)	[ko'eʎu]
Dachs (m)	texugo (m)	[te'ʃugu]
Waschbär (m)	guaxinim (m)	[gwaʃi'nĩ]
Hamster (m)	hamster (m)	['amster]
Murmeltier (n)	marmota (f)	[mah'mɔta]
Maulwurf (m)	toupeira (f)	[to'pejra]
Maus (f)	rato (m)	['hatu]
Ratte (f)	ratazana (f)	[hata'zana]
Fledermaus (f)	morcego (m)	[mor'segu]
Hermelin (n)	arminho (m)	[ar'miɲu]
Zobel (m)	zibelina (f)	[zibe'lina]
Marder (m)	marta (f)	['mahta]
Wiesel (n)	doninha (f)	[dɔ'niɲa]
Nerz (m)	visom (m)	[vi'zõ]

Biber (m)	castor (m)	[kas'tor]
Fischotter (m)	lontra (f)	['lõtra]
Pferd (n)	cavalo (m)	[ka'valu]
Elch (m)	alce (m)	['awsi]
Hirsch (m)	veado (m)	['vjadu]
Kamel (n)	camelo (m)	[ka'melu]
Bison (m)	bisão (m)	[bi'zãw]
Wisent (m)	auroque (m)	[aw'rɔki]
Büffel (m)	búfalo (m)	['bufalu]
Zebra (n)	zebra (f)	['zebra]
Antilope (f)	antílope (m)	[ã'tʃilopi]
Reh (n)	corça (f)	['korsa]
Damhirsch (m)	gamo (m)	['gamu]
Gämse (f)	camurça (f)	[ka'mursa]
Wildschwein (n)	javali (m)	[ʒava'li]
Wal (m)	baleia (f)	[ba'leja]
Seehund (m)	foca (f)	['fɔka]
Walroß (n)	morsa (f)	['mɔhsa]
Seebär (m)	urso-marinho (m)	['ursu ma'riɲu]
Delfin (m)	golfinho (m)	[gow'fiɲu]
Bär (m)	urso (m)	['ursu]
Eisbär (m)	urso (m) polar	['ursu po'lar]
Panda (m)	panda (m)	['pãda]
Affe (m)	macaco (m)	[ma'kaku]
Schimpanse (m)	chimpanzé (m)	[ʃĩpã'zɛ]
Orang-Utan (m)	orangotango (m)	[orãgu'tãgu]
Gorilla (m)	gorila (m)	[go'rila]
Makak (m)	macaco (m)	[ma'kaku]
Gibbon (m)	gibão (m)	[ʒi'bãw]
Elefant (m)	elefante (m)	[ele'fãtʃi]
Nashorn (n)	rinoceronte (m)	[hinose'rõtʃi]
Giraffe (f)	girafa (f)	[ʒi'rafa]
Flusspferd (n)	hipopótamo (m)	[ipo'pɔtamu]
Känguru (n)	canguru (m)	[kãgu'ru]
Koala (m)	coala (m)	['kwala]
Manguste (f)	mangusto (m)	[mã'gustu]
Chinchilla (n)	chinchila (f)	[ʃĩ'ʃila]
Stinktier (n)	cangambá (f)	[kã'gãba]
Stachelschwein (n)	porco-espinho (m)	['pɔrku is'piɲu]

212. Haustiere

Katze (f)	gata (f)	['gata]
Kater (m)	gato (m) macho	['gatu 'maʃu]
Hund (m)	cão (m)	['kãw]

Pferd (n)	cavalo (m)	[ka'valu]
Hengst (m)	garanhão (m)	[gara'ɲãw]
Stute (f)	égua (f)	['ɛgwa]
Kuh (f)	vaca (f)	['vaka]
Stier (m)	touro (m)	['toru]
Ochse (m)	boi (m)	[boj]
Schaf (n)	ovelha (f)	[o'veʎa]
Widder (m)	carneiro (m)	[kar'nejru]
Ziege (f)	cabra (f)	['kabra]
Ziegenbock (m)	bode (m)	['bɔdʒi]
Esel (m)	burro (m)	['buhu]
Maultier (n)	mula (f)	['mula]
Schwein (n)	porco (m)	['porku]
Ferkel (n)	leitão (m)	[lej'tãw]
Kaninchen (n)	coelho (m)	[ko'eʎu]
Huhn (n)	galinha (f)	[ga'liɲa]
Hahn (m)	galo (m)	['galu]
Ente (f)	pata (f)	['pata]
Enterich (m)	pato (m)	['patu]
Gans (f)	ganso (m)	['gãsu]
Puter (m)	peru (m)	[pe'ru]
Pute (f)	perua (f)	[pe'rua]
Haustiere (pl)	animais (m pl) domésticos	[ani'majs do'mɛstʃikus]
zahm	domesticado	[domestʃi'kadu]
zähmen (vt)	domesticar (vt)	[domestʃi'kar]
züchten (vt)	criar (vt)	[krjar]
Farm (f)	fazenda (f)	[fa'zẽda]
Geflügel (n)	aves (f pl) domésticas	['avis do'mɛstʃikas]
Vieh (n)	gado (m)	['gadu]
Herde (f)	rebanho (m), manada (f)	[he'baɲu], [ma'nada]
Pferdestall (m)	estábulo (m)	[is'tabulu]
Schweinestall (m)	chiqueiro (m)	[ʃi'kejru]
Kuhstall (m)	estábulo (m)	[is'tabulu]
Kaninchenstall (m)	coelheira (f)	[kue'ʎejra]
Hühnerstall (m)	galinheiro (m)	[gali'ɲejru]

213. Hunde. Hunderassen

Hund (m)	cão (m)	['kãw]
Schäferhund (m)	cão pastor (m)	['kãw pas'tor]
Deutsche Schäferhund (m)	pastor-alemão (m)	[pas'tor ale'mãw]
Pudel (m)	poodle (m)	['pudw]
Dachshund (m)	linguicinha (m)	[lĩgwi'siɲa]
Bulldogge (f)	buldogue (m)	[buw'dɔgi]

Boxer (m)	boxer (m)	['bɔkser]
Mastiff (m)	mastim (m)	[mas'tʃĩ]
Rottweiler (m)	rottweiler (m)	[hɔt'vejler]
Dobermann (m)	dóberman (m)	['dɔberman]

Basset (m)	basset (m)	[ba'sɛt]
Bobtail (m)	pastor inglês (m)	[pas'tor ĩ'gles]
Dalmatiner (m)	dálmata (m)	['dalmata]
Cocker-Spaniel (m)	cocker spaniel (m)	['kɔker spa'njel]

| Neufundländer (m) | terra-nova (m) | ['tɛha-'nɔva] |
| Bernhardiner (m) | são-bernardo (m) | [sãw-ber'nardu] |

Eskimohund (m)	husky (m) siberiano	['aski sibe'rjanu]
Chow-Chow (m)	Chow-chow (m)	[ʃou'ʃou]
Spitz (m)	spitz alemão (m)	['spits ale'mãw]
Mops (m)	pug (m)	[pug]

214. Tierlaute

Gebell (n)	latido (m)	[la'tʃidu]
bellen (vi)	latir (vi)	[la'tʃir]
miauen (vi)	miar (vi)	[mjar]
schnurren (Katze)	ronronar (vi)	[hõho'nar]

muhen (vi)	mugir (vi)	[mu'ʒir]
brüllen (Stier)	bramir (vi)	[bra'mir]
knurren (Hund usw.)	rosnar (vi)	[hoz'nar]

Heulen (n)	uivo (m)	['wivu]
heulen (vi)	uivar (vi)	[wi'var]
winseln (vi)	ganir (vi)	[ga'nir]

meckern (Ziege)	balir (vi)	[ba'lih]
grunzen (vi)	grunhir (vi)	[gru'ɲir]
kreischen (vi)	guinchar (vi)	[gĩ'ʃar]

quaken (vi)	coaxar (vi)	[koa'ʃar]
summen (Insekt)	zumbir (vi)	[zũ'bir]
zirpen (vi)	ziziar (vi)	[zi'zjar]

215. Jungtiere

Tierkind (n)	cria (f), filhote (m)	['kria], [fi'ʎotʃi]
Kätzchen (n)	filhote de gato, gatinho (m)	[fi'ʎotʃi de gatu], [ga'tiɲu]
Mausjunge (n)	ratinho (m)	[ha'tiɲu]
Hündchen (n), Welpe (m)	cachorro (m)	[ka'ʃohu]

Häschen (n)	filhote (m) de lebre	[fi'ʎotʃi de 'lɛbri]
Kaninchenjunge (n)	coelhinho (m)	[kue'ʎiɲu]
Wolfsjunge (n)	lobinho (m)	[lo'biɲu]
Fuchsjunge (n)	filhote (m) de raposa	[fi'ʎotʃi de ha'pozu]

Bärenjunge (n)	filhote (m) de urso	[fi'ʎɔtʃi de 'ursu]
Löwenjunge (n)	filhote (m) de leão	[fi'ʎɔtʃi de le'ãw]
junger Tiger (m)	filhote (m) de tigre	[fi'ʎɔtʃi de 'tʃigri]
Elefantenjunge (n)	filhote (m) de elefante	[fi'ʎɔtʃi de ele'fãtʃi]

Ferkel (n)	leitão (m)	[lej'tãw]
Kalb (junge Kuh)	bezerro (m)	[be'zehu]
Ziegenkitz (n)	cabrito (m)	[ka'britu]
Lamm (n)	cordeiro (m)	[kor'dejru]
Hirschkalb (n)	filhote (m) de veado	[fi'ʎɔtʃi de 'vjadu]
Kamelfohlen (n)	cria (f) de camelo	['kria de ka'melu]

| junge Schlange (f) | filhote (m) de serpente | [fi'ʎɔtʃi de ser'pẽtʃi] |
| Fröschlein (n) | filhote (m) de rã | [fi'ʎɔtʃi de hã] |

junger Vogel (m)	cria (f) de ave	['kria de 'avi]
Küken (n)	pinto (m)	['pĩtu]
Entlein (n)	patinho (m)	[pa'tʃiɲu]

216. Vögel

Vogel (m)	pássaro (m), ave (f)	['pasaru], ['avi]
Taube (f)	pombo (m)	['põbu]
Spatz (m)	pardal (m)	[par'daw]
Meise (f)	chapim-real (m)	[ʃa'pĩ-he'aw]
Elster (f)	pega-rabuda (f)	['pega-ha'buda]

Rabe (m)	corvo (m)	['korvu]
Krähe (f)	gralha-cinzenta (f)	['graʎa sĩ'zẽta]
Dohle (f)	gralha-de-nuca-cinzenta (f)	['graʎa de 'nuka sĩ'zẽta]
Saatkrähe (f)	gralha-calva (f)	['graʎa 'kawvu]

Ente (f)	pato (m)	['patu]
Gans (f)	ganso (m)	['gãsu]
Fasan (m)	faisão (m)	[faj'zãw]

Adler (m)	águia (f)	['agja]
Habicht (m)	açor (m)	[a'sor]
Falke (m)	falcão (m)	[faw'kãw]
Greif (m)	abutre (m)	[a'butri]
Kondor (m)	condor (m)	[kõ'dor]

Schwan (m)	cisne (m)	['sizni]
Kranich (m)	grou (m)	[grow]
Storch (m)	cegonha (f)	[se'gɔɲa]

Papagei (m)	papagaio (m)	[papa'gaju]
Kolibri (m)	beija-flor (m)	[bejʒa'flɔr]
Pfau (m)	pavão (m)	[pa'vãw]

Strauß (m)	avestruz (m)	[aves'truz]
Reiher (m)	garça (f)	['garsa]
Flamingo (m)	flamingo (m)	[fla'mĩgu]
Pelikan (m)	pelicano (m)	[peli'kanu]

| Nachtigall (f) | rouxinol (m) | [hoʃi'nɔw] |
| Schwalbe (f) | andorinha (f) | [ãdo'riɲa] |

Drossel (f)	tordo-zornal (m)	['tɔrdu-zor'nal]
Singdrossel (f)	tordo-músico (m)	['tɔrdu-'muziku]
Amsel (f)	melro-preto (m)	['mɛwhu 'pretu]

Segler (m)	andorinhão (m)	[ãdori'ɲãw]
Lerche (f)	laverca, cotovia (f)	[la'verka], [kutu'via]
Wachtel (f)	codorna (f)	[ko'dɔrna]

Specht (m)	pica-pau (m)	['pika 'paw]
Kuckuck (m)	cuco (m)	['kuku]
Eule (f)	coruja (f)	[ko'ruʒa]
Uhu (m)	bufo-real (m)	['bufu-he'aw]
Auerhahn (m)	tetraz-grande (m)	[tɛ'tras-'grãdʒi]
Birkhahn (m)	tetraz-lira (m)	[tɛ'tras-'lira]
Rebhuhn (n)	perdiz-cinzenta (f)	[per'dis sĩ'zẽta]

Star (m)	estorninho (m)	[istor'niɲu]
Kanarienvogel (m)	canário (m)	[ka'narju]
Haselhuhn (n)	galinha-do-mato (f)	[ga'liɲa du 'matu]
Buchfink (m)	tentilhão (m)	[tẽtʃi'ʎãw]
Gimpel (m)	dom-fafe (m)	[dõ'fafi]

Möwe (f)	gaivota (f)	[gaj'vɔta]
Albatros (m)	albatroz (m)	[alba'trɔs]
Pinguin (m)	pinguim (m)	[pĩ'gwĩ]

217. Vögel. Gesang und Laute

singen (vt)	cantar (vi)	[kã'tar]
schreien (vi)	gritar, chamar (vi)	[gri'tar], [ʃa'mar]
kikeriki schreien	cantar (vi)	[kã'tar]
kikeriki	cocorocó (m)	[kɔkuru'kɔ]

gackern (vi)	cacarejar (vi)	[kakare'ʒar]
krächzen (vi)	crocitar, grasnar (vi)	[krosi'tar], [graz'nar]
schnattern (Ente)	grasnar (vi)	[graz'nar]
piepsen (vi)	piar (vi)	[pjar]
zwitschern (vi)	chilrear, gorjear (vi)	[ʃiw'hjar], [gor'ʒjar]

218. Fische. Meerestiere

Brachse (f)	brema (f)	['brema]
Karpfen (m)	carpa (f)	['karpa]
Barsch (m)	perca (f)	['pehka]
Wels (m)	siluro (m)	[si'luru]
Hecht (m)	lúcio (m)	['lusju]

| Lachs (m) | salmão (m) | [saw'mãw] |
| Stör (m) | esturjão (m) | [istur'ʒãw] |

Hering (m)	arenque (m)	[a'rẽki]
atlantische Lachs (m)	salmão (m) do Atlântico	[saw'mãw du at'lãtʃiku]
Makrele (f)	cavala, sarda (f)	[ka'vala], ['sarda]
Scholle (f)	solha (f), linguado (m)	['soʎa], [lĩ'gwadu]
Zander (m)	lúcio perca (m)	['lusju 'perka]
Dorsch (m)	bacalhau (m)	[baka'ʎaw]
Tunfisch (m)	atum (m)	[a'tũ]
Forelle (f)	truta (f)	['truta]
Aal (m)	enguia (f)	[ẽ'gia]
Zitterrochen (m)	raia (f) elétrica	['haja e'lɛtrika]
Muräne (f)	moreia (f)	[mo'reja]
Piranha (m)	piranha (f)	[pi'raɲa]
Hai (m)	tubarão (m)	[tuba'rãw]
Delfin (m)	golfinho (m)	[gow'fiɲu]
Wal (m)	baleia (f)	[ba'leja]
Krabbe (f)	caranguejo (m)	[karã'geʒu]
Meduse (f)	água-viva (f)	['agwa 'viva]
Krake (m)	polvo (m)	['powvu]
Seestern (m)	estrela-do-mar (f)	[is'trela du 'mar]
Seeigel (m)	ouriço-do-mar (m)	[o'risu du 'mar]
Seepferdchen (n)	cavalo-marinho (m)	[ka'valu ma'riɲu]
Auster (f)	ostra (f)	['ostra]
Garnele (f)	camarão (m)	[kama'rãw]
Hummer (m)	lagosta (f)	[la'gosta]
Languste (f)	lagosta (f)	[la'gosta]

219. Amphibien Reptilien

Schlange (f)	cobra (f)	['kɔbra]
Gift-, giftig	venenoso	[vene'nozu]
Viper (f)	víbora (f)	['vibora]
Kobra (f)	naja (f)	['naʒa]
Python (m)	píton (m)	['piton]
Boa (f)	jiboia (f)	[ʒi'bɔja]
Ringelnatter (f)	cobra-de-água (f)	[kɔbra de 'agwa]
Klapperschlange (f)	cascavel (f)	[kaska'vɛw]
Anakonda (f)	anaconda, sucuri (f)	[ana'kõda], [sukuri]
Eidechse (f)	lagarto (m)	[la'gartu]
Leguan (m)	iguana (f)	[i'gwana]
Waran (m)	varano (m)	[va'ranu]
Salamander (m)	salamandra (f)	[sala'mãdra]
Chamäleon (n)	camaleão (m)	[kamale'ãu]
Skorpion (m)	escorpião (m)	[iskorpi'ãw]
Schildkröte (f)	tartaruga (f)	[tarta'ruga]
Frosch (m)	rã (f)	[hã]

| Kröte (f) | sapo (m) | ['sapu] |
| Krokodil (n) | crocodilo (m) | [kroko'dʒilu] |

220. Insekten

Insekt (n)	inseto (m)	[ĩ'sɛtu]
Schmetterling (m)	borboleta (f)	[borbo'leta]
Ameise (f)	formiga (f)	[for'miga]
Fliege (f)	mosca (f)	['moska]
Mücke (f)	mosquito (m)	[mos'kitu]
Käfer (m)	escaravelho (m)	[iskara'veʎu]

Wespe (f)	vespa (f)	['vespa]
Biene (f)	abelha (f)	[a'beʎa]
Hummel (f)	mamangaba (f)	[mamã'gaba]
Bremse (f)	moscardo (m)	[mos'kardu]

| Spinne (f) | aranha (f) | [a'raɲa] |
| Spinnennetz (n) | teia (f) de aranha | ['teja de a'raɲa] |

Libelle (f)	libélula (f)	[li'bɛlula]
Grashüpfer (m)	gafanhoto (m)	[gafa'ɲotu]
Schmetterling (m)	traça (f)	['trasa]

Schabe (f)	barata (f)	[ba'rata]
Zecke (f)	carrapato (m)	[kaha'patu]
Floh (m)	pulga (f)	['puwga]
Kriebelmücke (f)	borrachudo (m)	[boha'ʃudu]

Heuschrecke (f)	gafanhoto-migratório (m)	[gafa'ɲotu-migra'tɔrju]
Schnecke (f)	caracol (m)	[kara'kɔw]
Heimchen (n)	grilo (m)	['grilu]
Leuchtkäfer (m)	pirilampo, vaga-lume (m)	[piri'lãpu], [vaga-'lumi]
Marienkäfer (m)	joaninha (f)	[ʒwa'niɲa]
Maikäfer (m)	besouro (m)	[be'zoru]

Blutegel (m)	sanguessuga (f)	[sãgi'suga]
Raupe (f)	lagarta (f)	[la'garta]
Wurm (m)	minhoca (f)	[mi'ɲɔka]
Larve (f)	larva (f)	['larva]

221. Tiere. Körperteile

Schnabel (m)	bico (m)	['biku]
Flügel (pl)	asas (f pl)	['azas]
Fuß (m)	pata (f)	['pata]
Gefieder (n)	plumagem (f)	[plu'maʒẽ]
Feder (f)	pena, pluma (f)	['pena], ['pluma]
Haube (f)	crista (f)	['krista]

| Kiemen (pl) | guelras (f pl) | ['gɛwhas] |
| Laich (m) | ovas (f pl) | ['ɔvas] |

Larve (f)	**larva** (f)	['larva]
Flosse (f)	**barbatana** (f)	[barba'tana]
Schuppe (f)	**escama** (f)	[is'kama]
Stoßzahn (m)	**presa** (f)	['preza]
Pfote (f)	**pata** (f)	['pata]
Schnauze (f)	**focinho** (m)	[fo'siɲu]
Rachen (m)	**boca** (f)	['boka]
Schwanz (m)	**cauda** (f), **rabo** (m)	['kawda], ['habu]
Barthaar (n)	**bigodes** (m pl)	[bi'gɔdʒis]
Huf (m)	**casco** (m)	['kasku]
Horn (n)	**corno** (m)	['kornu]
Panzer (m)	**carapaça** (f)	[kara'pasa]
Muschel (f)	**concha** (f)	['kõʃa]
Schale (f)	**casca** (f) **de ovo**	['kaska de 'ovu]
Fell (n)	**pelo** (m)	['pelu]
Haut (f)	**pele** (f), **couro** (m)	['pɛli], ['koru]

222. Tierverhalten

fliegen (vi)	**voar** (vi)	[vo'ar]
herumfliegen (vi)	**dar voltas**	[dar 'vɔwtas]
wegfliegen (vi)	**voar** (vi)	[vo'ar]
schlagen (mit den Flügeln ~)	**bater as asas**	[ba'ter as 'azas]
picken (vt)	**bicar** (vi)	[bi'kar]
bebrüten (vt)	**incubar** (vt)	[īku'bar]
ausschlüpfen (vi)	**sair do ovo**	[sa'ir du 'ovu]
ein Nest bauen	**fazer o ninho**	[fa'zer u 'niɲu]
kriechen (vi)	**rastejar** (vi)	[haste'ʒar]
stechen (Insekt)	**picar** (vt)	[pi'kar]
beißen (vt)	**morder** (vt)	[mor'der]
schnüffeln (vt)	**cheirar** (vt)	[ʃej'rar]
bellen (vi)	**latir** (vi)	[la'tʃir]
zischen (vi)	**silvar** (vi)	[siw'var]
erschrecken (vt)	**assustar** (vt)	[asus'tar]
angreifen (vt)	**atacar** (vt)	[ata'kar]
nagen (vi)	**roer** (vt)	[hwer]
kratzen (vt)	**arranhar** (vt)	[aha'ɲar]
sich verstecken	**esconder-se** (vr)	[iskõ'dersi]
spielen (vi)	**brincar** (vi)	[brĩ'kar]
jagen (vi)	**caçar** (vi)	[ka'sar]
Winterschlaf halten	**hibernar** (vi)	[iber'nar]
aussterben (vi)	**extinguir-se** (vr)	[istʃĩ'girsi]

223. Tiere. Lebensräume

Lebensraum (f)	hábitat (m)	['abitatʃi]
Wanderung (f)	migração (f)	[migra'sãw]
Berg (m)	montanha (f)	[mõ'taɲa]
Riff (n)	recife (m)	[he'sifi]
Fels (m)	falésia (f)	[fa'lɛzja]
Wald (m)	floresta (f)	[flo'rɛsta]
Dschungel (m, n)	selva (f)	['sɛwva]
Savanne (f)	savana (f)	[sa'vana]
Tundra (f)	tundra (f)	['tũdra]
Steppe (f)	estepe (f)	[is'tɛpi]
Wüste (f)	deserto (m)	[de'zɛrtu]
Oase (f)	oásis (m)	[o'asis]
Meer (n), See (f)	mar (m)	[mah]
See (m)	lago (m)	['lagu]
Ozean (m)	oceano (m)	[o'sjanu]
Sumpf (m)	pântano (m)	['pãtanu]
Süßwasser-	de água doce	[de 'agwa 'dosi]
Teich (m)	lagoa (f)	[la'goa]
Fluss (m)	rio (m)	['hiu]
Höhle (f), Bau (m)	toca (f) do urso	['tɔka du 'ursu]
Nest (n)	ninho (m)	['niɲu]
Höhlung (f)	buraco (m) de árvore	[bu'raku de 'arvori]
Loch (z.B. Wurmloch)	toca (f)	['tɔka]
Ameisenhaufen (m)	formigueiro (m)	[formi'gejru]

224. Tierpflege

Zoo (m)	jardim (m) zoológico	[ʒar'dʒĩ zo'lɔʒiku]
Schutzgebiet (n)	reserva (f) natural	[he'zɛrva natu'raw]
Zucht (z.B. Hunde~)	viveiro (m)	[vi'vejru]
Freigehege (n)	jaula (f) de ar livre	['ʒawla de ar 'livri]
Käfig (m)	jaula, gaiola (f)	['ʒawla], [ga'jɔla]
Hundehütte (f)	casinha (f) de cachorro	[ka'ziɲa de ka'ʃohu]
Taubenschlag (m)	pombal (m)	[põ'baw]
Aquarium (n)	aquário (m)	[a'kwarju]
Delphinarium (n)	delfinário (m)	[delfi'narju]
züchten (vt)	criar (vt)	[krjar]
Wurf (m)	cria (f)	['kria]
zähmen (vt)	domesticar (vt)	[domestʃi'kar]
dressieren (vt)	adestrar (vt)	[ades'trar]
Futter (n)	ração (f)	[ha'sãw]
füttern (vt)	alimentar (vt)	[alimẽ'tar]

Zoohandlung (f)	loja (f) de animais	['lɔʒa de animajs]
Maulkorb (m)	focinheira (m)	[fosi'ɲejra]
Halsband (n)	coleira (f)	[ko'lejra]
Rufname (m)	nome (m)	['nɔmi]
Stammbaum (m)	pedigree (m)	[pedʒi'gri]

225. Tiere. Verschiedenes

Rudel (Wölfen)	alcateia (f)	[awka'tɛja]
Vogelschwarm (m)	bando (m)	['bɐ̃du]
Schwarm (~ Heringe usw.)	cardume (m)	[kar'dumi]
Pferdeherde (f)	manada (f)	[ma'nada]
Männchen (n)	macho (m)	['maʃu]
Weibchen (n)	fêmea (f)	['femja]
hungrig	faminto	[fa'mĩtu]
wild	selvagem	[sew'vaʒẽ]
gefährlich	perigoso	[peri'gozu]

226. Pferde

Pferd (n)	cavalo (m)	[ka'valu]
Rasse (f)	raça (f)	['hasa]
Fohlen (n)	potro (m)	['potru]
Stute (f)	égua (f)	['ɛgwa]
Mustang (m)	mustangue (m)	[mus'tɐ̃gi]
Pony (n)	pônei (m)	['ponej]
schweres Zugpferd (n)	cavalo (m) de tiro	[ka'valu de 'tʃiru]
Mähne (f)	crina (f)	['krina]
Schwanz (m)	rabo (m)	['habu]
Huf (m)	casco (m)	['kasku]
Hufeisen (n)	ferradura (f)	[feha'dura]
beschlagen (vt)	ferrar (vt)	[fe'har]
Schmied (m)	ferreiro (m)	[fe'hejru]
Sattel (m)	sela (f)	['sɛla]
Steigbügel (m)	estribo (m)	[is'tribu]
Zaum (m)	brida (f)	['brida]
Zügel (pl)	rédeas (f pl)	['hɛdʒjas]
Peitsche (f)	chicote (m)	[ʃi'kɔtʃi]
Reiter (m)	cavaleiro (m)	[kava'lejru]
satteln (vt)	colocar sela	[kolo'kar 'sɛla]
besteigen (vt)	montar no cavalo	[mõ'tar nu ka'valu]
Galopp (m)	galope (m)	[ga'lɔpi]
galoppieren (vi)	galopar (vi)	[galo'par]

Trab (m)	trote (m)	['trɔtʃi]
im Trab	a trote	[a 'trɔtʃi]
traben (vi)	ir a trote	[ir a 'trɔtʃi]
Rennpferd (n)	cavalo (m) de corrida	[ka'valu de ko'hida]
Rennen (n)	corridas (f pl)	[ko'hidas]
Pferdestall (m)	estábulo (m)	[is'tabulu]
füttern (vt)	alimentar (vt)	[alimẽ'tar]
Heu (n)	feno (m)	['fenu]
tränken (vt)	dar água	[dar 'agwa]
striegeln (vt)	limpar (vt)	[lĩ'par]
Pferdewagen (m)	carroça (f)	[ka'hɔsa]
weiden (vi)	pastar (vi)	[pas'tar]
wiehern (vi)	relinchar (vi)	[helĩ'ʃar]
ausschlagen (Pferd)	dar um coice	[dar ũ 'kojsi]

Flora

227. Bäume

Deutsch	Portugiesisch	Aussprache
Baum (m)	árvore (f)	['arvori]
Laub-	decídua	[de'sidwa]
Nadel-	conífera	[ko'nifera]
immergrün	perene	[pe'rɛni]
Apfelbaum (m)	macieira (f)	[ma'sjejra]
Birnbaum (m)	pereira (f)	[pe'rejra]
Süßkirschbaum (m)	cerejeira (f)	[sere'ʒejra]
Sauerkirschbaum (m)	ginjeira (f)	[ʒĩ'ʒejra]
Pflaumenbaum (m)	ameixeira (f)	[amej'ʃejra]
Birke (f)	bétula (f)	['bɛtula]
Eiche (f)	carvalho (m)	[kar'vaʎu]
Linde (f)	tília (f)	['tʃilja]
Espe (f)	choupo-tremedor (m)	['ʃopu-treme'dor]
Ahorn (m)	bordo (m)	['bɔrdu]
Fichte (f)	espruce (m)	[is'pruse]
Kiefer (f)	pinheiro (m)	[pi'ɲejru]
Lärche (f)	alerce, lariço (m)	[a'lɛrse], [la'risu]
Tanne (f)	abeto (m)	[a'bɛtu]
Zeder (f)	cedro (m)	['sɛdru]
Pappel (f)	choupo, álamo (m)	['ʃopu], ['alamu]
Vogelbeerbaum (m)	tramazeira (f)	[trama'zejra]
Weide (f)	salgueiro (m)	[saw'gejru]
Erle (f)	amieiro (m)	[a'mjejru]
Buche (f)	faia (f)	['faja]
Ulme (f)	ulmeiro, olmo (m)	[ul'mejru], ['ɔwmu]
Esche (f)	freixo (m)	['frejʃu]
Kastanie (f)	castanheiro (m)	[kasta'ɲejru]
Magnolie (f)	magnólia (f)	[mag'nɔlja]
Palme (f)	palmeira (f)	[paw'mejra]
Zypresse (f)	cipreste (m)	[si'prɛstʃi]
Mangrovenbaum (m)	mangue (m)	['mãgi]
Baobab (m)	embondeiro, baobá (m)	[ẽbõ'dejru], [bao'ba]
Eukalyptus (m)	eucalipto (m)	[ewka'liptu]
Mammutbaum (m)	sequoia (f)	[se'kwɔja]

228. Büsche

Deutsch	Portugiesisch	Aussprache
Strauch (m)	arbusto (m)	[ar'bustu]
Gebüsch (n)	arbusto (m), moita (f)	[ar'bustu], ['mɔjta]

| Weinstock (m) | videira (f) | [vi'dejra] |
| Weinberg (m) | vinhedo (m) | [vi'ɲedu] |

Himbeerstrauch (m)	framboeseira (f)	[frãboe'zejra]
schwarze Johannisbeere (f)	groselheira-negra (f)	[groze'ʎejra 'negra]
rote Johannisbeere (f)	groselheira-vermelha (f)	[grozɛ'ʎejra ver'meʎa]
Stachelbeerstrauch (m)	groselheira (f) espinhosa	[groze'ʎejra ispi'ɲoza]

Akazie (f)	acácia (f)	[a'kasja]
Berberitze (f)	bérberis (f)	['bɛrberis]
Jasmin (m)	jasmim (m)	[ʒaz'mĩ]

Wacholder (m)	junípero (m)	[ʒu'niperu]
Rosenstrauch (m)	roseira (f)	[ho'zejra]
Heckenrose (f)	roseira (f) brava	[ho'zejra 'brava]

229. Pilze

Pilz (m)	cogumelo (m)	[kogu'mɛlu]
essbarer Pilz (m)	cogumelo (m) comestível	[kogu'mɛlu komes'tʃivew]
Giftpilz (m)	cogumelo (m) venenoso	[kogu'mɛlu vene'nozu]
Hut (m)	chapéu (m)	[ʃa'pɛw]
Stiel (m)	pé, caule (m)	[pɛ], ['kauli]

Steinpilz (m)	boleto, porcino (m)	[bu'letu], [pɔrsinu]
Rotkappe (f)	boleto (m) alaranjado	[bu'letu alarã'ʒadu]
Birkenpilz (m)	boleto (m) de bétula	[bu'letu de 'bɛtula]
Pfifferling (m)	cantarelo (m)	[kãta'rɛlu]
Täubling (m)	rússula (f)	['rusula]

Morchel (f)	morchella (f)	[mor'ʃɛla]
Fliegenpilz (m)	agário-das-moscas (m)	[a'garju das 'moskas]
Grüner Knollenblätterpilz	cicuta (f) verde	[si'kuta 'verdʒi]

230. Obst. Beeren

Frucht (f)	fruta (f)	['fruta]
Früchte (pl)	frutas (f pl)	['frutas]
Apfel (m)	maçã (f)	[ma'sã]
Birne (f)	pera (f)	['pera]
Pflaume (f)	ameixa (f)	[a'mejʃa]

Erdbeere (f)	morango (m)	[mo'rãgu]
Sauerkirsche (f)	ginja (f)	['ʒĩʒa]
Süßkirsche (f)	cereja (f)	[se'reʒa]
Weintrauben (pl)	uva (f)	['uva]

Himbeere (f)	framboesa (f)	[frãbo'eza]
schwarze Johannisbeere (f)	groselha (f) negra	[gro'zɛʎa 'negra]
rote Johannisbeere (f)	groselha (f) vermelha	[[gro'zɛʎa ver'meʎa]
Stachelbeere (f)	groselha (f) espinhosa	[gro'zɛʎa ispi'ɲoza]
Moosbeere (f)	oxicoco (m)	[oksi'koku]

Apfelsine (f)	laranja (f)	[laˈrãʒa]
Mandarine (f)	tangerina (f)	[tãʒeˈrina]
Ananas (f)	abacaxi (m)	[abakaˈʃi]
Banane (f)	banana (f)	[baˈnana]
Dattel (f)	tâmara (f)	[ˈtamara]

Zitrone (f)	limão (m)	[liˈmãw]
Aprikose (f)	damasco (m)	[daˈmasku]
Pfirsich (m)	pêssego (m)	[ˈpesegu]
Kiwi (f)	quiuí (m)	[kiˈvi]
Grapefruit (f)	toranja (f)	[toˈrãʒa]

Beere (f)	baga (f)	[ˈbaga]
Beeren (pl)	bagas (f pl)	[ˈbagas]
Preiselbeere (f)	arando (m) vermelho	[aˈrãdu verˈmeʎu]
Walderdbeere (f)	morango-silvestre (m)	[moˈrãgu siwˈvɛstri]
Heidelbeere (f)	mirtilo (m)	[mihˈtʃilu]

231. Blumen. Pflanzen

| Blume (f) | flor (f) | [flɔr] |
| Blumenstrauß (m) | buquê (m) de flores | [buˈke de ˈfloris] |

Rose (f)	rosa (f)	[ˈhɔza]
Tulpe (f)	tulipa (f)	[tuˈlipa]
Nelke (f)	cravo (m)	[ˈkravu]
Gladiole (f)	gladíolo (m)	[glaˈdʒiolu]

Kornblume (f)	escovinha (f)	[iskoˈviɲa]
Glockenblume (f)	campainha (f)	[kampaˈiɲa]
Löwenzahn (m)	dente-de-leão (m)	[ˈdẽtʃi] de leˈãw]
Kamille (f)	camomila (f)	[kamoˈmila]

Aloe (f)	aloé (m)	[aloˈɛ]
Kaktus (m)	cacto (m)	[ˈkaktu]
Gummibaum (m)	fícus (m)	[ˈfikus]

Lilie (f)	lírio (m)	[ˈlirju]
Geranie (f)	gerânio (m)	[ʒeˈranju]
Hyazinthe (f)	jacinto (m)	[ʒaˈsĩtu]

Mimose (f)	mimosa (f)	[miˈmɔza]
Narzisse (f)	narciso (m)	[narˈsizu]
Kapuzinerkresse (f)	capuchinha (f)	[kapuˈʃiɲa]

Orchidee (f)	orquídea (f)	[orˈkidʒja]
Pfingstrose (f)	peônia (f)	[piˈonia]
Veilchen (n)	violeta (f)	[vjoˈleta]

Stiefmütterchen (n)	amor-perfeito (m)	[aˈmor perˈfejtu]
Vergissmeinnicht (n)	não-me-esqueças (m)	[ˈnãw mi isˈkesas]
Gänseblümchen (n)	margarida (f)	[margaˈrida]
Mohn (m)	papoula (f)	[paˈpola]
Hanf (m)	cânhamo (m)	[ˈkaɲamu]

Minze (f)	hortelã, menta (f)	[orteˈlã], [ˈmẽta]
Maiglöckchen (n)	lírio-do-vale (m)	[ˈlirju du ˈvali]
Schneeglöckchen (n)	campânula-branca (f)	[kãˈpanula-ˈbrãka]
Brennnessel (f)	urtiga (f)	[urˈtʃiga]
Sauerampfer (m)	azedinha (f)	[azeˈdʒinha]
Seerose (f)	nenúfar (m)	[neˈnufar]
Farn (m)	samambaia (f)	[samãˈbaja]
Flechte (f)	líquen (m)	[ˈlikẽ]
Gewächshaus (n)	estufa (f)	[isˈtufa]
Rasen (m)	gramado (m)	[graˈmadu]
Blumenbeet (n)	canteiro (m) de flores	[kãˈtejru de ˈfloris]
Pflanze (f)	planta (f)	[ˈplãta]
Gras (n)	grama (f)	[ˈgrama]
Grashalm (m)	folha (f) de grama	[ˈfoʎa de ˈgrama]
Blatt (n)	folha (f)	[ˈfoʎa]
Blütenblatt (n)	pétala (f)	[ˈpɛtala]
Stiel (m)	talo (m)	[ˈtalu]
Knolle (f)	tubérculo (m)	[tuˈberkulu]
Jungpflanze (f)	broto, rebento (m)	[ˈbrotu], [heˈbẽtu]
Dorn (m)	espinho (m)	[isˈpiɲu]
blühen (vi)	florescer (vi)	[floreˈser]
welken (vi)	murchar (vi)	[murˈʃar]
Geruch (m)	cheiro (m)	[ˈʃejru]
abschneiden (vt)	cortar (vt)	[korˈtar]
pflücken (vt)	colher (vt)	[koˈʎer]

232. Getreide, Körner

Getreide (n)	grão (m)	[ˈgrãw]
Getreidepflanzen (pl)	cereais (m pl)	[seˈrjajs]
Ähre (f)	espiga (f)	[isˈpiga]
Weizen (m)	trigo (m)	[ˈtrigu]
Roggen (m)	centeio (m)	[sẽˈteju]
Hafer (m)	aveia (f)	[aˈveja]
Hirse (f)	painço (m)	[paˈĩsu]
Gerste (f)	cevada (f)	[seˈvada]
Mais (m)	milho (m)	[ˈmiʎu]
Reis (m)	arroz (m)	[aˈhoz]
Buchweizen (m)	trigo-sarraceno (m)	[ˈtrigu-sahaˈsẽnu]
Erbse (f)	ervilha (f)	[erˈviʎa]
weiße Bohne (f)	feijão (m) roxo	[fejˈʒãw ˈhoʃu]
Sojabohne (f)	soja (f)	[ˈsɔʒa]
Linse (f)	lentilha (f)	[lẽˈtʃiʎa]
Bohnen (pl)	feijão (m)	[fejˈʒãw]

233. Gemüse. Grünzeug

Gemüse (n)	vegetais (m pl)	[veʒe'tajs]
grünes Gemüse (pl)	verdura (f)	[ver'dura]
Tomate (f)	tomate (m)	[to'matʃi]
Gurke (f)	pepino (m)	[pe'pinu]
Karotte (f)	cenoura (f)	[se'nora]
Kartoffel (f)	batata (f)	[ba'tata]
Zwiebel (f)	cebola (f)	[se'bola]
Knoblauch (m)	alho (m)	['aʎu]
Kohl (m)	couve (f)	['kovi]
Blumenkohl (m)	couve-flor (f)	['kovi 'flɔr]
Rosenkohl (m)	couve-de-bruxelas (f)	['kovi de bru'ʃelas]
Brokkoli (m)	brócolis (m pl)	['brɔkolis]
Rote Bete (f)	beterraba (f)	[bete'haba]
Aubergine (f)	berinjela (f)	[beri'ʒɛla]
Zucchini (f)	abobrinha (f)	[abo'briɲa]
Kürbis (m)	abóbora (f)	[a'bɔbora]
Rübe (f)	nabo (m)	['nabu]
Petersilie (f)	salsa (f)	['sawsa]
Dill (m)	endro, aneto (m)	['ẽdru], [a'netu]
Kopf Salat (m)	alface (f)	[aw'fasi]
Sellerie (m)	aipo (m)	['ajpu]
Spargel (m)	aspargo (m)	[as'pargu]
Spinat (m)	espinafre (m)	[ispi'nafri]
Erbse (f)	ervilha (f)	[er'viʎa]
Bohnen (pl)	feijão (m)	[fej'ʒãw]
Mais (m)	milho (m)	['miʎu]
weiße Bohne (f)	feijão (m) roxo	[fej'ʒãw 'hoʃu]
Pfeffer (m)	pimentão (m)	[pimẽ'tãw]
Radieschen (n)	rabanete (m)	[haba'netʃi]
Artischocke (f)	alcachofra (f)	[awka'ʃofra]

REGIONALE GEOGRAPHIE

Länder. Nationalitäten

234. Westeuropa

Europa (n)	Europa (f)	[ew'rɔpa]
Europäische Union (f)	União (f) Europeia	[u'njãw euro'pɛja]
Europäer (m)	europeu (m)	[ewro'peu]
europäisch	europeu	[ewro'peu]
Österreich	Áustria (f)	['awstrja]
Österreicher (m)	austríaco (m)	[aws'triaku]
Österreicherin (f)	austríaca (f)	[aws'triaka]
österreichisch	austríaco	[aws'triaku]
Großbritannien	Grã-Bretanha (f)	[grã-bre'taɲa]
England	Inglaterra (f)	[ĩgla'tɛha]
Brite (m)	inglês (m)	[ĩ'gles]
Britin (f)	inglesa (f)	[ĩ'gleza]
englisch	inglês	[ĩ'gles]
Belgien	Bélgica (f)	['bɛwʒika]
Belgier (m)	belga (m)	['bɛwga]
Belgierin (f)	belga (f)	['bɛwga]
belgisch	belga	['bɛwga]
Deutschland	Alemanha (f)	[ale'mãɲa]
Deutsche (m)	alemão (m)	[ale'mãw]
Deutsche (f)	alemã (f)	[ale'mã]
deutsch	alemão	[ale'mãw]
Niederlande (f)	Países Baixos (m pl)	[pa'jisis 'baɪʃus]
Holland (n)	Holanda (f)	[o'lãda]
Holländer (m)	holandês (m)	[olã'des]
Holländerin (f)	holandesa (f)	[ɔlã'deza]
holländisch	holandês	[olã'des]
Griechenland	Grécia (f)	['grɛsja]
Grieche (m)	grego (m)	['gregu]
Griechin (f)	grega (f)	['grega]
griechisch	grego	['gregu]
Dänemark	Dinamarca (f)	[dʒina'marka]
Däne (m)	dinamarquês (m)	[dʒinamar'kes]
Dänin (f)	dinamarquesa (f)	[dʒinamar'keza]
dänisch	dinamarquês	[dʒinamar'kes]
Irland	Irlanda (f)	[ir'lãda]
Ire (m)	irlandês (m)	[irlã'des]

Irin (f)	irlandesa (f)	[irlã'deza]
irisch	irlandês	[irlã'des]
Island	Islândia (f)	[iz'lãdʒa]
Isländer (m)	islandês (m)	[izlã'des]
Isländerin (f)	islandesa (f)	[izlã'deza]
isländisch	islandês	[izlã'des]
Spanien	Espanha (f)	[is'paɲa]
Spanier (m)	espanhol (m)	[ispa'ɲow]
Spanierin (f)	espanhola (f)	[ispa'ɲɔla]
spanisch	espanhol	[ispa'ɲow]
Italien	Itália (f)	[i'talja]
Italiener (m)	italiano (m)	[ita'ljanu]
Italienerin (f)	italiana (f)	[ita'ljana]
italienisch	italiano	[ita'ljanu]
Zypern	Chipre (m)	['ʃipri]
Zypriot (m)	cipriota (m)	[si'prjɔta]
Zypriotin (f)	cipriota (f)	[si'prjɔta]
zyprisch	cipriota	[si'prjɔta]
Malta	Malta (f)	['mawta]
Malteser (m)	maltês (m)	[maw'tes]
Malteserin (f)	maltesa (f)	[maw'teza]
maltesisch	maltês	[maw'tes]
Norwegen	Noruega (f)	[nor'wɛga]
Norweger (m)	norueguês (m)	[norwe'ges]
Norwegerin (f)	norueguesa (f)	[norwe'geza]
norwegisch	norueguês	[norwe'ges]
Portugal	Portugal (m)	[portu'gaw]
Portugiese (m)	português (m)	[portu'ges]
Portugiesin (f)	portuguesa (f)	[portu'geza]
portugiesisch	português	[portu'ges]
Finnland	Finlândia (f)	[fi'lãdʒja]
Finne (m)	finlandês (m)	[filã'des]
Finnin (f)	finlandesa (f)	[filã'deza]
finnisch	finlandês	[filã'des]
Frankreich	França (f)	['frãsa]
Franzose (m)	francês (m)	[frã'ses]
Französin (f)	francesa (f)	[frã'seza]
französisch	francês	[frã'ses]
Schweden	Suécia (f)	['swɛsja]
Schwede (m)	sueco (m)	['swɛku]
Schwedin (f)	sueca (f)	['swɛka]
schwedisch	sueco	['swɛku]
Schweiz (f)	Suíça (f)	['swisa]
Schweizer (m)	suíço (m)	['swisu]
Schweizerin (f)	suíça (f)	['swisa]

schweizerisch	suíço	['swisu]
Schottland	Escócia (f)	[is'kɔsja]
Schotte (m)	escocês (m)	[isko'ses]
Schottin (f)	escocesa (f)	[isko'seza]
schottisch	escocês	[isko'ses]
Vatikan (m)	Vaticano (m)	[vatʃi'kanu]
Liechtenstein	Liechtenstein (m)	[liʃtẽs'tajn]
Luxemburg	Luxemburgo (m)	[luʃẽ'burgu]
Monaco	Mônaco (m)	['monaku]

235. Mittel- und Osteuropa

Albanien	Albânia (f)	[aw'banja]
Albaner (m)	albanês (m)	[awba'nes]
Albanerin (f)	albanesa (f)	[awba'neza]
albanisch	albanês	[awba'nes]
Bulgarien	Bulgária (f)	[buw'garja]
Bulgare (m)	búlgaro (m)	['buwgaru]
Bulgarin (f)	búlgara (f)	['buwgara]
bulgarisch	búlgaro	['buwgaru]
Ungarn	Hungria (f)	[ũ'gria]
Ungar (m)	húngaro (m)	['ũgaru]
Ungarin (f)	húngara (f)	['ũgara]
ungarisch	húngaro	['ũgaru]
Lettland	Letônia (f)	[le'tonja]
Lette (m)	letão (m)	[le'tãw]
Lettin (f)	letã (f)	[le'tã]
lettisch	letão	[le'tãw]
Litauen	Lituânia (f)	[li'twanja]
Litauer (m)	lituano (m)	[litu'ãnu]
Litauerin (f)	lituana (f)	[litu'ãna]
litauisch	lituano	[litu'ãnu]
Polen	Polônia (f)	[po'lonja]
Pole (m)	polonês (m)	[polo'nez]
Polin (f)	polonesa (f)	[polo'neza]
polnisch	polonês	[polo'nez]
Rumänien	Romênia (f)	[ho'menja]
Rumäne (m)	romeno (m)	[ho'mɛnu]
Rumänin (f)	romena (f)	[ho'mɛnu]
rumänisch	romeno	[ho'mɛnu]
Serbien	Sérvia (f)	['sɛhvia]
Serbe (m)	sérvio (m)	['sɛhviu]
Serbin (f)	sérvia (f)	['sɛhvia]
serbisch	sérvio	['sɛhviu]
Slowakei (f)	Eslováquia (f)	islɔ'vakja]
Slowake (m)	eslovaco (m)	islɔ'vaku]

| Slowakin (f) | eslovaca (f) | [islɔ'vaka] |
| slowakisch | eslovaco | [islɔ'vaku] |

Kroatien	Croácia (f)	[kro'asja]
Kroate (m)	croata (m)	['krwata]
Kroatin (f)	croata (f)	['krwata]
kroatisch	croata	['krwata]

Tschechien	República (f) Checa	[he'publika 'ʃeka]
Tscheche (m)	checo (m)	['ʃɛku]
Tschechin (f)	checa (f)	['ʃɛka]
tschechisch	checo	['ʃɛku]

Estland	Estônia (f)	[is'tonja]
Este (m)	estônio (m)	[is'tonju]
Estin (f)	estônia (f)	[is'tonja]
estnisch	estônio	[is'tonju]

Bosnien und Herzegowina	Bósnia e Herzegovina (f)	['bɔsnia i ɛrtsegɔ'vina]
Makedonien	Macedônia (f)	[mase'donja]
Slowenien	Eslovênia (f)	[islɔ'venja]
Montenegro	Montenegro (m)	[mõtʃi'negru]

236. Frühere UdSSR Republiken

Aserbaidschan	Azerbaijão (m)	[azerbaj'ʒãw]
Aserbaidschaner (m)	azeri (m)	[aze'ri]
Aserbaidschanerin (f)	azeri (f)	[aze'ri]
aserbaidschanisch	azeri, azerbaijano	[aze'ri], [azerbaj'ʒãnu]

Armenien	Armênia (f)	[ar'menja]
Armenier (m)	armênio (m)	[ar'menju]
Armenierin (f)	armênia (f)	[ar'menja]
armenisch	armênio	[ar'menju]

Weißrussland	Belarus	[bela'rus]
Weißrusse (m)	bielorrusso (m)	[bjɛlo'husu]
Weißrussin (f)	bielorrussa (f)	[bjɛlo'husa]
weißrussisch	bielorrusso	[bjɛlo'husu]

Georgien	Geórgia (f)	['ʒɔrʒa]
Georgier (m)	georgiano (m)	[ʒɔr'ʒanu]
Georgierin (f)	georgiana (f)	[ʒɔr'ʒana]
georgisch	georgiano	[ʒɔr'ʒanu]

Kasachstan	Cazaquistão (m)	[kazakis'tãw]
Kasache (m)	cazaque (m)	[ka'zaki]
Kasachin (f)	cazaque (f)	[ka'zaki]
kasachisch	cazaque	[ka'zaki]

Kirgisien	Quirguistão (m)	[kirgis'tãw]
Kirgise (m)	quirguiz (m)	[kir'gis]
Kirgisin (f)	quirguiz (f)	[kir'gis]
kirgisisch	quirguiz	[kir'gis]

Moldawien	**Moldávia** (f)	[mow'davja]
Moldauer (m)	**moldavo** (m)	[mɔw'davu]
Moldauerin (f)	**moldava** (f)	[mɔw'dava]
moldauisch	**moldavo**	[mɔw'davu]
Russland	**Rússia** (f)	['husja]
Russe (m)	**russo** (m)	['husu]
Russin (f)	**russa** (f)	['husa]
russisch	**russo**	['husu]
Tadschikistan	**Tajiquistão** (m)	[taʒiki'stãw]
Tadschike (m)	**tajique** (m)	[ta'ʒiki]
Tadschikin (f)	**tajique** (f)	[ta'ʒiki]
tadschikisch	**tajique**	[ta'ʒiki]
Turkmenistan	**Turquemenistão** (m)	[turkemenis'tãw]
Turkmene (m)	**turcomeno** (m)	[tuhko'menu]
Turkmenin (f)	**turcomena** (f)	[tuhko'mena]
turkmenisch	**turcomeno**	[tuhko'menu]
Usbekistan	**Uzbequistão** (f)	[uzbekis'tãw]
Usbeke (m)	**uzbeque** (m)	[uz'beki]
Usbekin (f)	**uzbeque** (f)	[uz'beki]
usbekisch	**uzbeque**	[uz'beki]
Ukraine (f)	**Ucrânia** (f)	[u'kranja]
Ukrainer (m)	**ucraniano** (m)	[ukra'njanu]
Ukrainerin (f)	**ucraniana** (f)	[ukra'njana]
ukrainisch	**ucraniano**	[ukra'njanu]

237. Asien

Asien	**Ásia** (f)	['azja]
asiatisch	**asiático**	[a'zjatʃiku]
Vietnam	**Vietnã** (m)	[vjet'nã]
Vietnamese (m)	**vietnamita** (m)	[vjetna'mita]
Vietnamesin (f)	**vietnamita** (f)	[vjetna'mita]
vietnamesisch	**vietnamita**	[vjetna'mita]
Indien	**Índia** (f)	['ĩdʒa]
Inder (m)	**indiano** (m)	[ĩ'dʒjanu]
Inderin (f)	**indiana** (f)	[ĩ'dʒjana]
indisch	**indiano**	[ĩ'dʒjanu]
Israel	**Israel** (m)	[izha'ɛw]
Israeli (m)	**israelense** (m)	[izhae'lẽsi]
Israeli (f)	**israelita** (f)	[izhae'lita]
israelisch	**israelense**	[izhae'lẽsi]
Jude (m)	**judeu** (m)	[ʒu'dew]
Jüdin (f)	**judia** (f)	[ʒu'dʒia]
jüdisch	**judeu**	[ʒu'dew]
China	**China** (f)	['ʃina]

Chinese (m)	chinês (m)	[ʃi'nes]
Chinesin (f)	chinesa (f)	[ʃi'neza]
chinesisch	chinês	[ʃi'nes]
Koreaner (m)	coreano (m)	[ko'rjanu]
Koreanerin (f)	coreana (f)	[ko'rjana]
koreanisch	coreano	[ko'rjanu]
Libanon (m)	Líbano (m)	['libanu]
Libanese (m)	libanês (m)	[liba'nes]
Libanesin (f)	libanesa (f)	[liba'neza]
libanesisch	libanês	[liba'nes]
Mongolei (f)	Mongólia (f)	[mõ'gɔlja]
Mongole (m)	mongol (m)	[mõ'gɔw]
Mongolin (f)	mongol (f)	[mõ'gɔw]
mongolisch	mongol	[mõ'gɔw]
Malaysia	Malásia (f)	[ma'lazja]
Malaie (m)	malaio (m)	[ma'laju]
Malaiin (f)	malaia (f)	[ma'laja]
malaiisch	malaio	[ma'laju]
Pakistan	Paquistão (m)	[pakis'tãw]
Pakistaner (m)	paquistanês (m)	[pakista'nes]
Pakistanerin (f)	paquistanesa (f)	[pakista'neza]
pakistanisch	paquistanês	[pakista'nes]
Saudi-Arabien	Arábia (f) Saudita	[a'rabja saw'dʒita]
Araber (m)	árabe (m)	['arabi]
Araberin (f)	árabe (f)	['arabi]
arabisch	árabe	['arabi]
Thailand	Tailândia (f)	[taj'lãdʒja]
Thailänder (m)	tailandês (m)	[tajlã'des]
Thailänderin (f)	tailandesa (f)	[tajlã'deza]
thailändisch	tailandês	[tajlã'des]
Taiwan	Taiwan (m)	[taj'wan]
Taiwaner (m)	taiwanês (m)	[tajwa'nes]
Taiwanerin (f)	taiwanesa (f)	[tajwa'neza]
taiwanisch	taiwanês	[tajwa'nes]
Türkei (f)	Turquia (f)	[tur'kia]
Türke (m)	turco (m)	['turku]
Türkin (f)	turca (f)	['turka]
türkisch	turco	['turku]
Japan	Japão (m)	[ʒa'pãw]
Japaner (m)	japonês (m)	[ʒapo'nes]
Japanerin (f)	japonesa (f)	[ʒapo'neza]
japanisch	japonês	[ʒapo'nes]
Afghanistan	Afeganistão (m)	[afeganis'tãw]
Bangladesch	Bangladesh (m)	[bãgla'dɛs]
Indonesien	Indonésia (f)	[ĩdo'nɛzja]

Jordanien	Jordânia (f)	[ʒorˈdanja]
Irak	Iraque (m)	[iˈraki]
Iran	Irã (m)	[iˈrã]
Kambodscha	Camboja (f)	[kãˈbɔja]
Kuwait	Kuwait (m)	[kuˈwejt]
Laos	Laos (m)	[ˈlaws]
Myanmar	Birmânia (f)	[birˈmanja]
Nepal	Nepal (m)	[neˈpaw]
Vereinigten Arabischen Emirate	Emirados Árabes Unidos	[emiˈradus ˈarabis uˈnidus]
Syrien	Síria (f)	[ˈsirja]
Palästina	Palestina (f)	[palesˈtʃina]
Südkorea	Coreia (f) do Sul	[koˈrɛja du suw]
Nordkorea	Coreia (f) do Norte	[koˈrɛja du ˈnɔrtʃi]

238. Nordamerika

Die Vereinigten Staaten	Estados Unidos da América (m pl)	[iˈstadus uˈnidus da aˈmɛrika]
Amerikaner (m)	americano (m)	[ameriˈkanu]
Amerikanerin (f)	americana (f)	[ameriˈkana]
amerikanisch	americano	[ameriˈkanu]
Kanada	Canadá (m)	[kanaˈda]
Kanadier (m)	canadense (m)	[kanaˈdẽsi]
Kanadierin (f)	canadense (f)	[kanaˈdẽsi]
kanadisch	canadense	[kanaˈdẽsi]
Mexiko	México (m)	[ˈmɛʃiku]
Mexikaner (m)	mexicano (m)	[meʃiˈkanu]
Mexikanerin (f)	mexicana (f)	[meʃiˈkana]
mexikanisch	mexicano	[meʃiˈkanu]

239. Mittel- und Südamerika

Argentinien	Argentina (f)	[arʒẽˈtʃina]
Argentinier (m)	argentino (m)	[arʒẽˈtʃinu]
Argentinierin (f)	argentina (f)	[arʒẽˈtʃina]
argentinisch	argentino	[arʒẽˈtʃinu]
Brasilien	Brasil (m)	[braˈziw]
Brasilianer (m)	brasileiro (m)	[braziˈlejru]
Brasilianerin (f)	brasileira (f)	[braziˈlejra]
brasilianisch	brasileiro	[braziˈlejru]
Kolumbien	Colômbia (f)	[koˈlõbja]
Kolumbianer (m)	colombiano (m)	[kolõˈbjanu]
Kolumbianerin (f)	colombiana (f)	[kolõˈbjana]
kolumbianisch	colombiano	[kolõˈbjanu]
Kuba	Cuba (f)	[ˈkuba]

Kubaner (m)	cubano (m)	[kuˈbanu]
Kubanerin (f)	cubana (f)	[kuˈbana]
kubanisch	cubano	[kuˈbanu]

Chile	Chile (m)	[ˈʃili]
Chilene (m)	chileno (m)	[ʃiˈlɛnu]
Chilenin (f)	chilena (f)	[ʃiˈlɛna]
chilenisch	chileno	[ʃiˈlɛnu]

Bolivien	Bolívia (f)	[boˈlivja]
Venezuela	Venezuela (f)	[veneˈzwɛla]
Paraguay	Paraguai (m)	[paraˈgwaj]
Peru	Peru (m)	[peˈru]
Suriname	Suriname (m)	[suriˈnami]
Uruguay	Uruguai (m)	[uruˈgwaj]
Ecuador	Equador (m)	[ekwaˈdor]

Die Bahamas	Bahamas (f pl)	[baˈamas]
Haiti	Haiti (m)	[ajˈtʃi]
Dominikanische Republik	República (f) Dominicana	[heˈpublika dominiˈkana]
Panama	Panamá (m)	[panaˈma]
Jamaika	Jamaica (f)	[ʒaˈmajka]

240. Afrika

Ägypten	Egito (m)	[eˈʒitu]
Ägypter (m)	egípcio (m)	[eˈʒipsju]
Ägypterin (f)	egípcia (f)	[eˈʒipsja]
ägyptisch	egípcio	[eˈʒipsju]

Marokko	Marrocos	[maˈhɔkus]
Marokkaner (m)	marroquino (m)	[mahoˈkinu]
Marokkanerin (f)	marroquina (f)	[mahoˈkina]
marokkanisch	marroquino	[mahoˈkinu]

Tunesien	Tunísia (f)	[tuˈnizja]
Tunesier (m)	tunisiano (m)	[tuniziˈanu]
Tunesierin (f)	tunisiana (f)	[tuniziˈana]
tunesisch	tunisiano	[tuniziˈanu]

Ghana	Gana (f)	[ˈgana]
Sansibar	Zanzibar (m)	[zãziˈbar]
Kenia	Quênia (f)	[ˈkenja]
Libyen	Líbia (f)	[ˈlibja]
Madagaskar	Madagascar (m)	[madaˈgaskar]

Namibia	Namíbia (f)	[naˈmibja]
Senegal	Senegal (m)	[seneˈgaw]
Tansania	Tanzânia (f)	[tãˈzanja]
Republik Südafrika	África (f) do Sul	[ˈafrika du suw]

Afrikaner (m)	africano (m)	[afriˈkanu]
Afrikanerin (f)	africana (f)	[afriˈkana]
afrikanisch	africano	[afriˈkanu]

241. Australien. Ozeanien

Australien	**Austrália** (f)	[aws'tralja]
Australier (m)	**australiano** (m)	[awstra'ljanu]
Australierin (f)	**australiana** (f)	[awstra'ljana]
australisch	**australiano**	[awstra'ljanu]
Neuseeland	**Nova Zelândia** (f)	['nɔva zi'lãdʒa]
Neuseeländer (m)	**neozelandês** (m)	[neozelã'des]
Neuseeländerin (f)	**neozelandesa** (f)	[neozelã'deza]
neuseeländisch	**neozelandês**	[neozelã'des]
Tasmanien	**Tasmânia** (f)	[taz'manja]
Französisch-Polynesien	**Polinésia** (f) **Francesa**	[poli'nɛzja frã'seza]

242. Städte

Amsterdam	**Amsterdã**	[amister'dã]
Ankara	**Ancara**	[ã'kara]
Athen	**Atenas**	[a'tenas]
Bagdad	**Bagdá**	[bagi'da]
Bangkok	**Bancoque**	[bã'kɔk]
Barcelona	**Barcelona**	[barse'lona]
Beirut	**Beirute**	[bej'rutʃi]
Berlin	**Berlim**	[ber'lĩ]
Bombay	**Mumbai**	[mũ'baj]
Bonn	**Bonn**	[bɔn]
Bordeaux	**Bordéus**	[bor'dɛus]
Bratislava	**Bratislava**	[brati'slava]
Brüssel	**Bruxelas**	[bru'ʃɛlas]
Budapest	**Budapeste**	[buda'pɛstʃi]
Bukarest	**Bucareste**	[buka'rɛstʃi]
Chicago	**Chicago**	[ʃi'kagu]
Daressalam	**Dar es Salaam**	[dar es sa'lãm]
Delhi	**Deli**	['dɛli]
Den Haag	**Haia**	['aja]
Dubai	**Dubai**	[du'baj]
Dublin	**Dublim**	[dub'lĩ]
Düsseldorf	**Düsseldorf**	[duseldɔrf]
Florenz	**Florença**	[flo'rẽsa]
Frankfurt	**Frankfurt**	['frãkfurt]
Genf	**Genebra**	[ʒe'nɛbra]
Hamburg	**Hamburgo**	[ã'burgu]
Hanoi	**Hanói**	[ha'nɔj]
Havanna	**Havana**	[a'vana]
Helsinki	**Helsinque**	[ew'sĩki]
Hiroshima	**Hiroshima**	[irɔ'ʃima]
Hongkong	**Hong Kong**	[oŋ'kon]

| Istanbul | Istambul | [istã'buw] |
| Jerusalem | Jerusalém | [ʒeruza'lẽ] |

Kairo	Cairo	['kajru]
Kalkutta	Calcutá	[kawku'ta]
Kiew	Kiev, Quieve	[ki'ɛv], [ki'eve]
Kopenhagen	Copenhague	[kope'ɲagi]
Kuala Lumpur	Kuala Lumpur	['kwala lũ'pur]
Lissabon	Lisboa	[liz'boa]
London	Londres	['lõdris]
Los Angeles	Los Angeles	[loz 'ãʒeles]
Lyon	Lion	[li'ɔŋ]

Madrid	Madrid	[ma'drid]
Marseille	Marselha	[mar'sɛʎa]
Mexiko-Stadt	Cidade do México	[si'dadʒi du 'mɛʃiku]
Miami	Miami	[ma'jami]
Montreal	Montreal	[mõtri'al]
Moskau	Moscou	[mos'kow]
München	Munique	[mu'niki]

Nairobi	Nairóbi	[naj'rɔbi]
Neapel	Nápoles	['napolis]
New York	Nova York	['nɔva 'jɔrk]
Nizza	Nice	['nisi]
Oslo	Oslo	['ɔzlow]
Ottawa	Ottawa	[ɔ'tawa]

Paris	Paris	[pa'ris]
Peking	Pequim	[pe'kĩ]
Prag	Praga	['praga]
Rio de Janeiro	Rio de Janeiro	['hiu de ʒa'nejru]
Rom	Roma	['homa]

Sankt Petersburg	São Petersburgo	['sãw peters'burgu]
Schanghai	Xangai	[ʃã'gaj]
Seoul	Seul	[se'uw]
Singapur	Cingapura (f)	[sĩga'pura]
Stockholm	Estocolmo	[isto'kowmu]
Sydney	Sydney	['sidnej]

Taipeh	Taipé	[taj'pɛ]
Tokio	Tóquio	['tɔkju]
Toronto	Toronto	[to'rõtu]

Venedig	Veneza	[ve'neza]
Warschau	Varsóvia	[var'sɔvja]
Washington	Washington	['waʃĩgtɔn]
Wien	Viena	['vjɛna]

243. Politik. Regierung. Teil 1

| Politik (f) | política (f) | [po'litʃika] |
| politisch | político | [po'litʃiku] |

Politiker (m)	político (m)	[po'litʃiku]
Staat (m)	estado (m)	[i'stadu]
Bürger (m)	cidadão (m)	[sida'dãw]
Staatsbürgerschaft (f)	cidadania (f)	[sidada'nia]
Staatswappen (n)	brasão (m) de armas	[bra'zãw de 'armas]
Nationalhymne (f)	hino (m) nacional	['inu nasjo'naw]
Regierung (f)	governo (m)	[go'vernu]
Staatschef (m)	Chefe (m) de Estado	['ʃɛfi de i'stadu]
Parlament (n)	parlamento (m)	[parla'mẽtu]
Partei (f)	partido (m)	[par'tʃidu]
Kapitalismus (m)	capitalismo (m)	[kapita'lizmu]
kapitalistisch	capitalista	[kapita'lista]
Sozialismus (m)	socialismo (m)	[sosja'lizmu]
sozialistisch	socialista	[sosja'lista]
Kommunismus (m)	comunismo (m)	[komu'nizmu]
kommunistisch	comunista	[komu'nista]
Kommunist (m)	comunista (m)	[komu'nista]
Demokratie (f)	democracia (f)	[demokra'sia]
Demokrat (m)	democrata (m)	[demo'krata]
demokratisch	democrático	[demo'kratʃiku]
demokratische Partei (f)	Partido (m) Democrático	[par'tʃidu demo'kratʃiku]
Liberale (m)	liberal (m)	[libe'raw]
liberal	liberal	[libe'raw]
Konservative (m)	conservador (m)	[kõserva'dor]
konservativ	conservador	[kõserva'dor]
Republik (f)	república (f)	[he'publika]
Republikaner (m)	republicano (m)	hepubli'kanu]
Republikanische Partei (f)	Partido (m) Republicano	[par'tʃidu hepubli'kanu]
Wahlen (pl)	eleições (f pl)	[elej'sõjs]
wählen (vt)	eleger (vt)	[ele'ʒer]
Wähler (m)	eleitor (m)	[elej'tor]
Wahlkampagne (f)	campanha (f) eleitoral	[kã'paɲa elejto'raw]
Abstimmung (f)	votação (f)	[vota'sãw]
abstimmen (vi)	votar (vi)	[vo'tar]
Abstimmungsrecht (n)	sufrágio (m)	[su'fraʒu]
Kandidat (m)	candidato (m)	[kãdʒi'datu]
kandidieren (vi)	candidatar-se (vi)	[kãdʒida'tarsi]
Kampagne (f)	campanha (f)	[kã'paɲa]
Oppositions-	da oposição	[da opozi'sãw]
Opposition (f)	oposição (f)	[opozi'sãw]
Besuch (m)	visita (f)	[vi'zita]
Staatsbesuch (m)	visita (f) oficial	[vi'zita ofi'sjaw]

217

international	internacional	[ĩternasjo'naw]
Verhandlungen (pl)	negociações (f pl)	[negosja'sõjs]
verhandeln (vi)	negociar (vi)	[nego'sjar]

244. Politik. Regierung. Teil 2

Gesellschaft (f)	sociedade (f)	[sosje'dadʒi]
Verfassung (f)	constituição (f)	[kõstʃitwi'sãw]
Macht (f)	poder (m)	[po'der]
Korruption (f)	corrupção (f)	[kohup'sãw]

| Gesetz (n) | lei (f) | [lej] |
| gesetzlich (Adj) | legal | [le'gaw] |

| Gerechtigkeit (f) | justeza (f) | [ʒus'teza] |
| gerecht | justo | ['ʒustu] |

Komitee (n)	comitê (m)	[komi'te]
Gesetzentwurf (m)	projeto-lei (m)	[pro'ʒɛtu-'lej]
Budget (n)	orçamento (m)	[orsa'mẽtu]
Politik (f)	política (f)	[po'litʃika]
Reform (f)	reforma (f)	[he'fɔrma]
radikal	radical	[hadʒi'kaw]

Macht (f)	força (f)	['fɔrsa]
mächtig (Adj)	poderoso	[pode'rozu]
Anhänger (m)	partidário (m)	[partʃi'darju]
Einfluss (m)	influência (f)	[ĩ'flwẽsja]

Regime (n)	regime (m)	[he'ʒimi]
Konflikt (m)	conflito (m)	[kõ'flitu]
Verschwörung (f)	conspiração (f)	[kõspira'sãw]
Provokation (f)	provocação (f)	[provoka'sãw]

stürzen (vt)	derrubar (vt)	[dehu'bar]
Sturz (m)	derrube (m), queda (f)	[de'rube], ['kɛda]
Revolution (f)	revolução (f)	[hevolu'sãw]

| Staatsstreich (m) | golpe (m) de Estado | ['gɔwpi de i'stadu] |
| Militärputsch (m) | golpe (m) militar | ['gɔwpi mili'tar] |

Krise (f)	crise (f)	['krizi]
Rezession (f)	recessão (f) econômica	[hesep'sãw eko'nomika]
Demonstrant (m)	manifestante (m)	[manifes'tãtʃi]
Demonstration (f)	manifestação (f)	[manifesta'sãw]
Ausnahmezustand (m)	lei (f) marcial	[lej mar'sjaw]
Militärbasis (f)	base (f) militar	['bazi mili'tar]

| Stabilität (f) | estabilidade (f) | [istabili'dadʒi] |
| stabil | estável | [is'tavew] |

Ausbeutung (f)	exploração (f)	[isplora'sãw]
ausbeuten (vt)	explorar (vt)	[isplo'rar]
Rassismus (m)	racismo (m)	[ha'sizmu]

Rassist (m)	racista (m)	[ha'sista]
Faschismus (m)	fascismo (m)	[fa'sizmu]
Faschist (m)	fascista (m)	[fa'sista]

245. Länder. Verschiedenes

Ausländer (m)	estrangeiro (m)	[istrã'ʒejru]
ausländisch	estrangeiro	[istrã'ʒejru]
im Ausland	no estrangeiro	[no istrã'ʒejru]

Auswanderer (m)	emigrante (m)	[emi'grãtʃi]
Auswanderung (f)	emigração (f)	[emigra'sãw]
auswandern (vi)	emigrar (vi)	[emi'grar]

Westen (m)	Ocidente (m)	[osi'dẽtʃi]
Osten (m)	Oriente (m)	[o'rjẽtʃi]
Ferner Osten (m)	Extremo Oriente (m)	[is'trɛmu o'rjẽtʃi]
Zivilisation (f)	civilização (f)	[siviliza'sãw]
Menschheit (f)	humanidade (f)	[umani'dadʒi]
Welt (f)	mundo (m)	['mũdu]
Frieden (m)	paz (f)	[pajz]
Welt-	mundial	[mũ'dʒjaw]

Heimat (f)	pátria (f)	['patrja]
Volk (n)	povo (m)	['povu]
Bevölkerung (f)	população (f)	[popula'sãw]
Leute (pl)	gente (f)	['ʒẽtʃi]
Nation (f)	nação (f)	[na'sãw]
Generation (f)	geração (f)	[ʒera'sãw]
Territorium (n)	território (m)	[tehi'tɔrju]
Region (f)	região (f)	[he'ʒjãw]
Staat (z.B. ~ Alaska)	estado (m)	[i'stadu]

Tradition (f)	tradição (f)	[tradʒi'sãw]
Brauch (m)	costume (m)	[kos'tumi]
Ökologie (f)	ecologia (f)	[ekolo'ʒia]

Indianer (m)	índio (m)	['ĩdʒju]
Zigeuner (m)	cigano (m)	[si'ganu]
Zigeunerin (f)	cigana (f)	[si'gana]
Zigeuner-	cigano	[si'ganu]

Reich (n)	império (m)	['ĩpɛrju]
Kolonie (f)	colônia (f)	[ko'lonja]
Sklaverei (f)	escravidão (f)	[iskravi'dãw]
Einfall (m)	invasão (f)	[ĩva'zãw]
Hunger (m)	fome (f)	['fomi]

246. Wichtige Religionsgruppen. Konfessionen

| Religion (f) | religião (f) | [heli'ʒãw] |
| religiös | religioso | [heli'ʒozu] |

Glaube (m)	crença (f)	['krẽsa]
glauben (vt)	crer (vt)	[krer]
Gläubige (m)	crente (m)	['krẽtʃi]
Atheismus (m)	ateísmo (m)	[ate'izmu]
Atheist (m)	ateu (m)	[a'tew]
Christentum (n)	cristianismo (m)	[kristʃja'nizmu]
Christ (m)	cristão (m)	[kris'tãw]
christlich	cristão	[kris'tãw]
Katholizismus (m)	catolicismo (m)	[katoli'sizmu]
Katholik (m)	católico (m)	[ka'tɔliku]
katholisch	católico	[ka'tɔliku]
Protestantismus (m)	protestantismo (m)	[protestã'tʃizmu]
Protestantische Kirche (f)	Igreja (f) Protestante	[i'grɛʒa protes'tãtʃi]
Protestant (m)	protestante (m)	[protes'tãtʃi]
Orthodoxes Christentum (n)	ortodoxia (f)	[ortodok'sia]
Orthodoxe Kirche (f)	Igreja (f) Ortodoxa	[i'grɛʒa orto'dɔksa]
orthodoxer Christ (m)	ortodoxo (m)	[orto'dɔksu]
Presbyterianismus (m)	presbiterianismo (m)	[prezbiterja'nizmu]
Presbyterianische Kirche (f)	Igreja (f) Presbiteriana	[i'grɛʒa prezbite'rjana]
Presbyterianer (m)	presbiteriano (m)	[prezbite'rjanu]
Lutherische Kirche (f)	luteranismo (m)	[lutera'nizmu]
Lutheraner (m)	luterano (m)	[lute'ranu]
Baptismus (m)	Igreja (f) Batista	[i'grɛʒa ba'tʃista]
Baptist (m)	batista (m)	[ba'tʃista]
Anglikanische Kirche (f)	Igreja (f) Anglicana	[i'grɛʒa ãgli'kana]
Anglikaner (m)	anglicano (m)	[ãgli'kanu]
Mormonismus (m)	mormonismo (m)	[mormo'nizmu]
Mormone (m)	mórmon (m)	['mɔrmõ]
Judentum (n)	Judaísmo (m)	[ʒuda'izmu]
Jude (m)	judeu (m)	[ʒu'dew]
Buddhismus (m)	budismo (m)	[bu'dʒizmu]
Buddhist (m)	budista (m)	[bu'dʒista]
Hinduismus (m)	hinduísmo (m)	[ĩ'dwizmu]
Hindu (m)	hindu (m)	[ĩ'du]
Islam (m)	Islã (m)	[iz'lã]
Moslem (m)	muçulmano (m)	[musuw'manu]
moslemisch	muçulmano	[musuw'manu]
Schiismus (m)	xiismo (m)	[ʃi'iʒmu]
Schiit (m)	xiita (m)	[ʃi'ita]
Sunnismus (m)	sunismo (m)	[su'nismu]
Sunnit (m)	sunita (m)	[su'nita]

247. Religionen. Priester

Priester (m)	padre (m)	['padri]
Papst (m)	Papa (m)	['papa]

Mönch (m)	monge (m)	['mõʒi]
Nonne (f)	freira (f)	['frejra]
Pfarrer (m)	pastor (m)	[pas'tor]

Abt (m)	abade (m)	[a'badʒi]
Vikar (m)	vigário (m)	[vi'garju]
Bischof (m)	bispo (m)	['bispu]
Kardinal (m)	cardeal (m)	[kar'dʒjaw]

Prediger (m)	pregador (m)	[prega'dor]
Predigt (f)	sermão (m)	[ser'mãw]
Gemeinde (f)	paroquianos (pl)	[paro'kjanus]

Gläubige (m)	crente (m)	['krẽtʃi]
Atheist (m)	ateu (m)	[a'tew]

248. Glauben. Christentum. Islam

Adam	Adão	[a'dãw]
Eva	Eva	['εva]

Gott (m)	Deus (m)	['dews]
Herr (m)	Senhor (m)	[se'ɲor]
Der Allmächtige	Todo Poderoso (m)	['todu pode'rozu]

Sünde (f)	pecado (m)	[pe'kadu]
sündigen (vi)	pecar (vi)	[pe'kar]
Sünder (m)	pecador (m)	[peka'dor]
Sünderin (f)	pecadora (f)	[peka'dora]

Hölle (f)	inferno (m)	[ĩ'fεrnu]
Paradies (n)	paraíso (m)	[para'izu]

Jesus	Jesus	[ʒe'zus]
Jesus Christus	Jesus Cristo	[ʒe'zus 'kristu]

der Heiliger Geist	Espírito (m) Santo	[is'piritu 'sãtu]
der Erlöser	Salvador (m)	[sawva'dor]
die Jungfrau Maria	Virgem Maria (f)	['virʒẽ ma'ria]

Teufel (m)	Diabo (m)	['dʒjabu]
teuflisch	diabólico	[dʒja'bɔliku]
Satan (m)	Satanás (m)	[sata'nas]
satanisch	satânico	[sa'taniku]

Engel (m)	anjo (m)	['ãʒu]
Schutzengel (m)	anjo (m) da guarda	['ãʒu da 'gwarda]
Engel(s)-	angelical	[ãʒeli'kaw]

Apostel (m)	apóstolo (m)	[a'pɔstolu]
Erzengel (m)	arcanjo (m)	[ar'kɐ̃ʒu]
Antichrist (m)	anticristo (m)	[ãtʃi'kristu]

Kirche (f)	Igreja (f)	[i'greʒa]
Bibel (f)	Bíblia (f)	['biblja]
biblisch	bíblico	['bibliku]

Altes Testament (n)	Velho Testamento (m)	['vɛʎu testa'mẽtu]
Neues Testament (n)	Novo Testamento (m)	['novu testa'mẽtu]
Evangelium (n)	Evangelho (m)	[evã'ʒɛʎu]
Heilige Schrift (f)	Sagradas Escrituras (f pl)	[sa'gradas iskri'turas]
Himmelreich (n)	Céu (m)	[sɛw]

Gebot (n)	mandamento (m)	[mãda'mẽtu]
Prophet (m)	profeta (m)	[pro'fɛta]
Prophezeiung (f)	profecia (f)	[profe'sia]

Allah	Alá (m)	[a'la]
Mohammed	Maomé (m)	[mao'mɛ]
Koran (m)	Alcorão (m)	[awko'rãw]

Moschee (f)	mesquita (f)	[mes'kita]
Mullah (m)	mulá (m)	[mu'la]
Gebet (n)	oração (f)	[ora'sãw]
beten (vi)	rezar, orar (vi)	[he'zar], [o'rar]

Wallfahrt (f)	peregrinação (f)	[peregrina'sãw]
Pilger (m)	peregrino (m)	[pere'grinu]
Mekka (n)	Meca (f)	['mɛka]

Kirche (f)	igreja (f)	[i'greʒa]
Tempel (m)	templo (m)	['tẽplu]
Kathedrale (f)	catedral (f)	[kate'draw]
gotisch	gótico	['gɔtʃiku]
Synagoge (f)	sinagoga (f)	[sina'gɔga]
Moschee (f)	mesquita (f)	[mes'kita]

Kapelle (f)	capela (f)	[ka'pɛla]
Abtei (f)	abadia (f)	[aba'dʒia]
Nonnenkloster (n)	convento (m)	[kõ'vẽtu]
Mönchskloster (n)	mosteiro, monastério (m)	[mos'tejru], [monas'tɛrju]

Glocke (f)	sino (m)	['sinu]
Glockenturm (m)	campanário (m)	[kãpa'narju]
läuten (Glocken)	repicar (vi)	[hepi'kar]

Kreuz (n)	cruz (f)	[kruz]
Kuppel (f)	cúpula (f)	['kupula]
Ikone (f)	ícone (m)	['ikoni]

Seele (f)	alma (f)	['awma]
Schicksal (n)	destino (m)	[des'tʃinu]
das Böse	mal (m)	[maw]
Gute (n)	bem (m)	[bẽj]
Vampir (m)	vampiro (m)	[vã'piru]

Hexe (f)	bruxa (f)	['bruʃa]
Dämon (m)	demônio (m)	[de'monju]
Geist (m)	espírito (m)	[is'piritu]
Sühne (f)	redenção (f)	[hedẽ'sãw]
sühnen (vt)	redimir (vt)	[hedʒi'mir]
Gottesdienst (m)	missa (f)	['misa]
die Messe lesen	celebrar a missa	[sele'brar a 'misa]
Beichte (f)	confissão (f)	[kõfi'sãw]
beichten (vi)	confessar-se (vr)	[kõfe'sarsi]
Heilige (m)	santo (m)	['sãtu]
heilig	sagrado	[sa'gradu]
Weihwasser (n)	água (f) benta	['agwa 'bẽta]
Ritual (n)	ritual (m)	[hi'twaw]
rituell	ritual	[hi'twaw]
Opfer (n)	sacrifício (m)	[sakri'fisju]
Aberglaube (m)	superstição (f)	[superstʃi'sãw]
abergläubisch	supersticioso	[superstʃi'sjozu]
Nachleben (n)	vida (f) após a morte	['vida a'pɔjs a 'mɔrtʃi]
ewiges Leben (n)	vida (f) eterna	['vida e'terna]

VERSCHIEDENES

249. Verschiedene nützliche Wörter

Deutsch	Portugiesisch	Aussprache
Anfang (m)	começo, início (m)	[ko'mesu], [i'nisju]
Anstrengung (f)	esforço (m)	[is'forsu]
Anteil (m)	parte (f)	['partʃi]
Art (Typ, Sorte)	tipo (m)	['tʃipu]
Auswahl (f)	variedade (f)	[varje'dadʒi]
Barriere (f)	barreira (f)	[ba'hejra]
Basis (f)	base (f)	['bazi]
Beispiel (n)	exemplo (m)	[e'zẽplu]
bequem (gemütlich)	cômodo	['komodu]
Bilanz (f)	equilíbrio (m)	[eki'librju]
Ding (n)	coisa (f)	['kojza]
dringend (Adj)	urgente	[ur'ʒẽtʃi]
dringend (Adv)	urgentemente	[urʒẽte'mẽtʃi]
Effekt (m)	efeito (m)	[e'fejtu]
Eigenschaft (Werkstoff~)	propriedade (f)	[proprje'dadʒi]
Element (n)	elemento (m)	[ele'mẽtu]
Ende (n)	fim (m)	[fĩ]
Entwicklung (f)	desenvolvimento (m)	[dʒizẽvowvi'mẽtu]
Fachwort (n)	termo (m)	['termu]
Fehler (m)	erro (m)	['ehu]
Form (z.B. Kugel-)	forma (f)	['fɔrma]
Fortschritt (m)	progresso (m)	[pro'grɛsu]
Gegenstand (m)	objeto (m)	[ɔb'ʒɛtu]
Geheimnis (n)	segredo (m)	[se'gredu]
Grad (Ausmaß)	grau (m)	[graw]
Halt (m), Pause (f)	paragem (f)	[pa'raʒẽ]
häufig (Adj)	frequente	[fre'kwẽtʃi]
Hilfe (f)	ajuda (f)	[a'ʒuda]
Hindernis (n)	obstáculo (m)	[ob'stakulu]
Hintergrund (m)	fundo (m)	['fũdu]
Ideal (n)	ideal (m)	[ide'jaw]
Kategorie (f)	categoria (f)	[katego'ria]
Kompensation (f)	compensação (f)	[kõpẽsa'sãw]
Labyrinth (n)	labirinto (m)	[labi'rĩtu]
Lösung (Problem usw.)	solução (f)	[solu'sãw]
Moment (m)	momento (m)	[mo'mẽtu]
Nutzen (m)	utilidade (f)	[utʃili'dadʒi]
Original (Schriftstück)	original (m)	[oriʒi'naw]
Pause (kleine ~)	pausa (f)	['pawza]

Deutsch	Portugiesisch	Aussprache
Position (f)	posição (f)	[pozi'sãw]
Prinzip (n)	princípio (m)	[prĩ'sipju]
Problem (n)	problema (m)	[prob'lɛma]
Prozess (m)	processo (m)	[pru'sɛsu]
Reaktion (f)	reação (f)	[hea'sãw]
Reihe (Sie sind an der ~)	vez (f)	[vez]
Risiko (n)	risco (m)	['hisku]
Serie (f)	série (f)	['sɛri]
Situation (f)	situação (f)	[sitwa'sãw]
Standard-	padrão	[pa'drãw]
Standard (m)	padrão (m)	[pa'drãw]
Stil (m)	estilo (m)	[is'tʃilu]
System (n)	sistema (m)	[sis'tɛma]
Tabelle (f)	tabela (f)	[ta'bɛla]
Tatsache (f)	fato (m)	['fatu]
Teilchen (n)	partícula (f)	[par'tʃikula]
Tempo (n)	ritmo (m)	['hitʃmu]
Typ (m)	tipo (m)	['tʃipu]
Unterschied (m)	diferença (f)	[dʒife'rẽsa]
Ursache (z.B. Todes-)	causa (f)	['kawza]
Variante (f)	variante (f)	[va'rjãtʃi]
Vergleich (m)	comparação (f)	[kõpara'sãw]
Wachstum (n)	crescimento (m)	[kresi'mẽtu]
Wahrheit (f)	verdade (f)	[ver'dadʒi]
Weise (Weg, Methode)	modo (m)	['mɔdu]
Zone (f)	zona (f)	['zɔna]
Zufall (m)	coincidência (f)	[koĩsi'dẽsja]

250. Bestimmungswörter. Adjektive. Teil 1

Deutsch	Portugiesisch	Aussprache
abgemagert	muito magro	['mwĩtu 'magru]
ähnlich	similar	[simi'lar]
alt (z.B. die -en Griechen)	antigo	[ã'tʃigu]
alt, betagt	velho	['vɛʎu]
andauernd	contínuo	[kõ'tʃinwu]
angenehm	agradável	[agra'davew]
arm	pobre	['pɔbri]
ausgezeichnet	soberbo, perfeito	[so'berbu], [per'fejtu]
ausländisch, Fremd-	estrangeiro	[istrã'ʒejru]
Außen-, äußer	externo	[is'tɛrnu]
bedeutend	considerável	[kõside'ravew]
begrenzt	limitado	[limi'tadu]
beständig	permanente	[perma'nẽtʃi]
billig	barato	[ba'ratu]
bitter	amargo	[a'margu]
blind	cego	['sɛgu]

Deutsch	Portugiesisch	Aussprache
brauchbar	apropriado	[apro'prjadu]
breit (Straße usw.)	largo	['largu]
bürgerlich	civil	[si'viw]
dankbar	agradecido	[agrade'sidu]
das wichtigste	o mais importante	[u majs ĩpor'tãtʃi]
der letzte	último	['uwtʃimu]
dicht (-er Nebel)	denso	['dẽsu]
dick (-e Mauer usw.)	grosso	['grosu]
dick (-er Nebel)	cerrado	[se'hadu]
dumm	burro, estúpido	['buhu], [is'tupidu]
dunkel (Raum usw.)	escuro	[is'kuru]
dunkelhäutig	moreno	[mo'renu]
durchsichtig	transparente	[trãspa'rẽtʃi]
düster	sombrio	[sõ'briu]
einfach	simples	['sĩplis]
einfach (Problem usw.)	fácil	['fasiw]
einzigartig (einmalig)	único	['uniku]
eng, schmal (Straße usw.)	estreito	[is'trejtu]
ergänzend	suplementar	[suplemẽ'tar]
ermüdend (Arbeit usw.)	cansativo	[kãsa'tʃivu]
feindlich	hostil	[os'tʃiw]
fern (weit entfernt)	remoto, longínquo	he'mɔtu], [lõ'ʒĩkwu]
fern (weit)	distante	[dʒis'tãtʃi]
fett (-es Essen)	gordo	['gordu]
feucht	úmido	['umidu]
flüssig	líquido	['likidu]
frei (-er Eintritt)	livre	['livri]
frisch (Brot usw.)	fresco	['fresku]
froh	alegre	[a'lɛgri]
fruchtbar (-er Böden)	fértil	['fɛrtʃiw]
früher (-e Besitzer)	prévio	['prɛvju]
ganz (komplett)	inteiro	['ĩtejru]
gebraucht	usado	[u'zadu]
gebräunt (sonnen-)	bronzeado	[brõ'zjadu]
gedämpft, matt (Licht)	fraco	['fraku]
gefährlich	perigoso	[peri'gozu]
gegensätzlich	contrário	[kõ'trarju]
gegenwärtig	presente	[pre'zẽtʃi]
gemeinsam	conjunto	[kõ'ʒũtu]
genau, pünktlich	exato	[e'zatu]
gerade, direkt	reto	['hɛtu]
geräumig (Raum)	amplo	['ãplu]
geschlossen	fechado	[fe'ʃadu]
gesetzlich	legal	[le'gaw]
gewöhnlich	comum, normal	[ko'mũ], [nor'maw]
glatt (z.B. poliert)	liso	['lizu]
glatt, eben	liso	['lizu]

gleich (z.B. ~ groß)	igual	[i'gwaw]
glücklich	feliz	[fe'liz]

groß	grande	['grãdʒi]
gut (das Buch ist ~)	bom	[bõ]
gut (gütig)	bondoso	[bõ'dozu]
hart (harter Stahl)	duro	['duru]
Haupt-	principal	[prĩsi'paw]

hauptsächlich	principal	[prĩsi'paw]
Heimat-	natal	[na'taw]
heiß	quente	['kẽtʃi]
Hinter-	de trás	[de trajs]
höchst	superior	[supe'rjor]

höflich	educado	[edu'kadu]
hungrig	faminto	[fa'mĩtu]
in Armut lebend	indigente	[ĩdʒi'ʒẽtʃi]
innen-	interno	[ĩ'tɛrnu]

jung	jovem	['ʒɔvẽ]
kalt (Getränk usw.)	frio	['friu]
Kinder-	infantil	[ĩfã'tʃiw]
klar (deutlich)	claro	['klaru]
klein	pequeno	[pe'kenu]

klug, clever	inteligente	[ĩteli'ʒẽtʃi]
knapp (Kleider, zu eng)	apertado	[aper'tadu]
kompatibel	compatível	[kõpa'tʃivew]
kostenlos, gratis	gratuito, grátis	[gra'twitu], ['gratʃis]
krank	doente	[do'ẽtʃi]

kühl (-en morgen)	fresco	['fresku]
künstlich	artificial	[artʃifi'sjaw]
kurz (räumlich)	curto	['kurtu]
kurz (zeitlich)	de curta duração	[de 'kurta dura'sãw]
kurzsichtig	míope	['miopi]

251. Bestimmungswörter. Adjektive. Teil 2

lang (langwierig)	longo	['lõgu]
laut (-e Stimme)	alto	['awtu]
lecker	gostoso	[gos'tozu]
leer (kein Inhalt)	vazio	[va'ziu]
leicht (wenig Gewicht)	leve	['lɛvi]

leise (~ sprechen)	baixo	['baɪʃu]
licht (Farbe)	claro	['klaru]
link (-e Seite)	esquerdo	[is'kerdu]
mager, dünn	magro	['magru]

matt (Lack usw.)	mate	['matʃi]
möglich	possível	[po'sivew]
müde (erschöpft)	cansado	[kã'sadu]

| Nachbar- | vizinho | [vi'ziɲu] |
| nachlässig | descuidado | [dʒiskwi'dadu] |

nächst	mais próximo	[majs 'prɔsimu]
nächst (am -en Tag)	seguinte	[se'gĩtʃi]
nah	próximo	['prɔsimu]
nass (-e Kleider)	molhado	[mo'ʎadu]

negativ	negativo	[nega'tʃivu]
nervös	nervoso	[ner'vozu]
nett (freundlich)	encantador	[ẽkãta'dor]
neu	novo	['novu]
nicht groß	não muito grande	['nãw 'mwĩtu 'grãdʒi]

nicht schwierig	não difícil	['nãw dʒi'fisiw]
normal	normal	[nor'maw]
nötig	necessário	[nese'sarju]
notwendig	indispensável	[ĩdʒispẽ'savew]

obligatorisch, Pflicht-	obrigatório	[obriga'tɔrju]
offen	aberto	[a'bɛrtu]
öffentlich	público	['publiku]
original (außergewöhnlich)	original	[oriʒi'naw]

persönlich	pessoal	[pe'swaw]
platt (flach)	plano	['planu]
privat (in Privatbesitz)	privado	[pri'vadu]
pünktlich (Ich bin gerne ~)	pontual	[põ'twaw]
rätselhaft	enigmático	[enigi'matʃiku]

recht (-e Hand)	direito	[dʒi'rejtu]
reif (Frucht usw.)	maduro	[ma'duro]
richtig	correto	[ko'hɛtu]
riesig	enorme	[e'nɔrmi]
riskant	arriscado	[ahis'kadu]

roh (nicht gekocht)	cru	[kru]
ruhig	calmo	['kawmu]
salzig	salgado	[saw'gadu]
sauber (rein)	limpo	['lĩpu]
sauer	azedo	[a'zedu]

scharf (-e Messer usw.)	afiado	[a'fjadu]
schlecht	mau	[maw]
schmutzig	sujo	['suʒu]
schnell	rápido	['hapidu]
schön (-es Mädchen)	bonito	[bo'nitu]

schön (-es Schloß usw.)	belo	['bɛlu]
schwer (~ an Gewicht)	pesado	[pe'zadu]
schwierig	difícil	[dʒi'fisiw]
schwierig (-es Problem)	difícil, complexo	[dʒi'fisiw], [kõ'plɛksu]
seicht (nicht tief)	pouco fundo	['poku 'fũdu]

| selten | raro | ['haru] |
| sicher (nicht gefährlich) | seguro | [se'guru] |

sonnig	de sol, ensolarado	[de sɔw], [ẽsola'radu]
sorgfältig	meticuloso	[metʃiku'lozu]
sorgsam	carinhoso	[kari'ɲozu]
speziell, Spezial-	especial	[ispe'sjaw]
stark (-e Konstruktion)	sólido	['sɔlidu]
stark (kräftig)	forte	['fɔrtʃi]
still, ruhig	tranquilo	[trã'kwilu]
süß	doce	['dosi]
Süß- (Wasser)	doce	['dosi]
teuer	caro	['karu]
tiefgekühlt	congelado	[kõʒe'ladu]
tot	morto	['mɔrtu]
traurig	triste	['tristʃi]
traurig, unglücklich	triste	['tristʃi]
trocken (Klima)	seco	['seku]
übermäßig	excessivo	[ese'sivu]
unbedeutend	insignificante	[ĩsignifi'kãtʃi]
unbeweglich	imóvel	[i'mɔvew]
undeutlich	não é clara	['nãw ɛ 'klara]
unerfahren	inexperiente	[inespe'rjẽtʃi]
unmöglich	impossível	[ĩpo'sivew]
Untergrund- (geheim)	clandestino	[klãdes'tʃinu]
unterschiedlich	diferente	[dʒife'rẽtʃi]
ununterbrochen	ininterrupto	[inĩte'huptu]
unverständlich	incompreensível	[ĩkõprjẽ'sivew]
vergangen	mais recente	[majs he'sẽtʃi]
verschieden	diverso	[dʒi'vɛrsu]
voll (gefüllt)	cheio	['ʃeju]
vorig (in der -en Woche)	passado	[pa'sadu]
vorzüglich	excelente	[ese'lẽtʃi]
wahrscheinlich	provável	[pro'vavew]
warm (mäßig heiß)	quente	['kẽtʃi]
weich (-e Wolle)	mole	['mɔli]
wichtig	importante	[ĩpor'tãtʃi]
wolkenlos	desanuviado	[dʒizanu'vjadu]
zärtlich	afetuoso	[afe'twozu]
zentral (in der Mitte)	central	[sẽ'traw]
zerbrechlich (Porzellan usw.)	frágil	['fraʒiw]
zufrieden	contente	[kõ'tẽtʃi]
zufrieden (glücklich und ~)	satisfeito	[satʃis'fejtu]

500 WICHTIGE VERBEN

252. Verben A-D

abbiegen (vi)	virar (vi)	[vi'rar]
abhacken (vt)	cortar (vt)	[kor'tar]
abhängen von ...	depender de ...	[depẽ'der de]
ablegen (Schiff)	desatracar (vi)	[dʒizatra'kar]
abnehmen (vt)	tirar (vt)	[tʃi'rar]
abreißen (vt)	arrancar (vt)	[ahã'kar]
absagen (vt)	recusar (vt)	[heku'zar]
abschicken (vt)	enviar (vt)	[ẽ'vjar]
abschneiden (vt)	cortar (vt)	[kor'tar]
adressieren (an ...)	dirigir-se (vr)	[dʒiri'ʒirsi]
ähnlich sein	parecer-se (vr)	[pare'sersi]
amputieren (vt)	amputar (vt)	[ãpu'tar]
amüsieren (vt)	divertir (vt)	[dʒiver'tʃir]
anbinden (vt)	atar (vt)	[a'tar]
ändern (vt)	mudar (vt)	[mu'dar]
andeuten (vt)	insinuar (vt)	[ĩsi'nwar]
anerkennen (vt)	reconhecer (vt)	[hekoɲe'ser]
anflehen (vt)	implorar (vt)	[ĩplo'rar]
Angst haben (vor ...)	ter medo	[ter 'medu]
anklagen (vt)	acusar (vt)	[aku'zar]
anklopfen (vi)	bater (vi)	[ba'ter]
ankommen (der Zug)	chegar (vi)	[ʃe'gar]
anlegen (Schiff)	atracar (vi)	[atra'kar]
anstecken (~ mit ...)	infetar, contagiar (vt)	[ĩfe'tar], [kõta'ʒjar]
anstreben (vt)	aspirar a ...	[aspi'rar a]
antworten (vi)	responder (vt)	[hespõ'der]
anzünden (vt)	acender (vt)	[asẽ'der]
applaudieren (vi)	aplaudir (vi)	[aplaw'dʒir]
arbeiten (vi)	trabalhar (vi)	[traba'ʎar]
ärgern (vt)	zangar (vt)	[zã'gar]
assistieren (vi)	assistir (vt)	[asis'tʃir]
atmen (vi)	respirar (vi)	[hespi'rar]
attackieren (vt)	atacar (vt)	[ata'kar]
auf ... zählen	contar com ...	[kõ'tar kõ]
auf jmdn böse sein	zangar-se com ...	[zã'garsi kõ]
aufbringen (vt)	irritar (vt)	[ihi'tar]
aufräumen (vt)	arrumar, limpar (vt)	[ahu'mar], [lĩ'par]
aufschreiben (vt)	anotar (vt)	[ano'tar]

aufseufzen (vi)	suspirar (vi)	[suspi'rar]
aufstehen (vi)	levantar-se (vr)	[levã'tarsi]
auftauchen (U-Boot)	emergir (vi)	[imer'ʒir]
ausdrücken (vt)	expressar (vt)	[ispre'sar]
ausgehen (vi)	sair (vi)	[sa'ir]
aushalten (vt)	suportar (vt)	[supor'tar]
ausradieren (vt)	apagar (vt)	[apa'gar]
ausreichen (vi)	bastar (vi)	[bas'tar]
ausschalten (vt)	desligar (vt)	[dʒizli'gar]
ausschließen (vt)	expulsar (vt)	[ispuw'sar]
aussprechen (vt)	pronunciar (vt)	[pronü'sjar]
austeilen (vt)	distribuir (vt)	[dʒistri'bwir]
auswählen (vt)	selecionar (vt)	[selesjo'nar]
auszeichnen (mit Orden)	condecorar (vt)	[kõdeko'rar]
baden (vt)	dar banho, lavar (vt)	[dar 'baɲu], [la'var]
bedauern (vt)	arrepender-se (vr)	[ahepẽ'dersi]
bedeuten (bezeichnen)	significar (vt)	[signifi'kar]
bedienen (vt)	servir (vt)	[ser'vir]
beeinflussen (vt)	influenciar (vt)	[ĩflwẽ'sjar]
beenden (vt)	terminar (vt)	[termi'nar]
befehlen (vt)	ordenar (vt)	[orde'nar]
befestigen (vt)	reforçar (vt)	[hefor'sar]
befreien (vt)	libertar, liberar (vt)	[liber'tar], [libe'rar]
befriedigen (vt)	satisfazer (vt)	[satʃisfa'zer]
begießen (vt)	regar (vt)	[he'gar]
beginnen (vt)	começar (vt)	[kome'sar]
begleiten (vt)	acompanhar (vt)	[akõpa'ɲar]
begrenzen (vt)	limitar (vt)	[limi'tar]
begrüßen (vt)	saudar (vt)	[saw'dar]
behalten (alte Briefe)	guardar (vt)	[gwar'dar]
behandeln (vt)	tratar (vt)	[tra'tar]
behaupten (vt)	afirmar (vt)	[afir'mar]
bekannt machen	apresentar (vt)	[aprezẽ'tar]
belauschen (Gespräch)	escutar atrás da porta	[isku'tar a'trajs da 'pɔrta]
beleidigen (vt)	ofender (vt)	[ofẽ'der]
beleuchten (vt)	iluminar (vt)	[ilumi'nar]
bemerken (vt)	perceber (vt)	[perse'ber]
beneiden (vt)	invejar (vt)	[ĩve'ʒar]
benennen (vt)	denominar (vt)	[denomi'nar]
benutzen (vt)	utilizar (vt)	[utʃili'zar]
beobachten (vt)	observar (vt)	[obser'var]
berichten (vt)	reportar (vt)	[hepor'tar]
bersten (vi)	rachar-se (vr)	[ha'ʃarsi]
beruhen auf ...	basear-se (vr)	[ba'zjarsi]
beruhigen (vt)	acalmar (vt)	[akaw'mar]
berühren (vt)	tocar (vt)	[to'kar]

beseitigen (vt)	remover, eliminar (vt)	[hemo'ver], [elimi'nar]
besitzen (vt)	possuir (vt)	[po'swir]
besprechen (vt)	discutir (vt)	[dʒisku'tʃir]
bestehen auf	insistir (vi)	[ĩsis'tʃir]
bestellen (im Restaurant)	pedir (vt)	[pe'dʒir]
bestrafen (vt)	punir, castigar (vt)	[pu'nir], [kastʃi'gar]
beten (vi)	rezar, orar (vi)	[he'zar], [o'rar]
beunruhigen (vt)	preocupar (vt)	[preoku'par]
bewachen (vt)	proteger (vt)	[prote'ʒer]
bewahren (vt)	preservar (vt)	[prezer'var]
beweisen (vt)	provar (vt)	[pro'var]
bewundern (vt)	admirar (vt)	[adʒimi'rar]
bezeichnen (bedeuten)	significar (vt)	[signifi'kar]
bilden (vt)	formar (vt)	[for'mar]
binden (vt)	amarrar (vt)	[ama'har]
bitten (jmdn um etwas ~)	pedir (vt)	[pe'dʒir]
blenden (vt)	cegar, ofuscar (vt)	[se'gar], [ofus'kar]
brechen (vt)	quebrar (vt)	[ke'brar]
bügeln (vt)	passar a ferro	[pa'sar a 'fɛhu]

253. Verben E-H

danken (vi)	agradecer (vt)	[agrade'ser]
denken (vi, vt)	pensar (vi, vt)	[pẽ'sar]
denunzieren (vt)	denunciar (vt)	[denũ'sjar]
dividieren (vt)	dividir (vt)	[dʒivi'dʒir]
dressieren (vt)	adestrar (vt)	[ades'trar]
drohen (vi)	ameaçar (vt)	[ameaˈsar]
eindringen (vi)	penetrar (vt)	[pene'trar]
einen Fehler machen	errar (vi)	[e'har]
einen Schluss ziehen	tirar uma conclusão	[tʃi'rar 'uma kõklu'zãw]
einladen (zum Essen ~)	convidar (vt)	[kõvi'dar]
einpacken (vt)	embrulhar (vt)	[ẽbru'ʎar]
einrichten (vt)	equipar (vt)	[eki'par]
einschalten (vt)	ligar (vt)	[li'gar]
einschreiben (vt)	inscrever (vt)	[ĩskre'ver]
einsetzen (vt)	inserir (vt)	[ĩse'rir]
einstellen (Personal ~)	contratar (vt)	[kõtra'tar]
einstellen (vt)	cessar (vt)	[se'sar]
einwenden (vt)	objetar (vt)	[obʒe'tar]
empfehlen (vt)	recomendar (vt)	[hekomẽ'dar]
entdecken (Land usw.)	descobrir (vt)	[dʒisko'brir]
entfernen (Flecken ~)	remover (vt)	[hemo'ver]
entscheiden (vt)	decidir (vt)	[desi'dʒir]
entschuldigen (vt)	desculpar (vt)	[dʒiskuw'par]
entzücken (vt)	fascinar (vt)	[fasi'nar]

Deutsch	Portugiesisch	Aussprache
erben (vt)	herdar (vt)	[er'dar]
erblicken (vt)	avistar (vt)	[avis'tar]
erfinden (das Rad neu ~)	inventar (vt)	[ĩvẽ'tar]
erinnern (vt)	fazer lembrar	[fa'zer lẽ'brar]
erklären (vt)	explicar (vt)	[ispli'kar]
erlauben (jemandem etwas)	permitir (vt)	[permi'tʃir]
erlauben, gestatten (vt)	permitir (vt)	[permi'tʃir]
erleichtern (vt)	facilitar (vt)	[fasili'tar]
ermorden (vt)	matar (vt)	[ma'tar]
ermüden (vt)	fatigar (vt)	[fatʃi'gar]
ermutigen (vt)	inspirar (vt)	[ĩspi'rar]
ernennen (vt)	nomear (vt)	[no'mjar]
erörtern (vt)	examinar (vt)	[ezami'nar]
erraten (vt)	adivinhar (vt)	[adʒivi'ɲar]
erreichen (Nordpol usw.)	chegar a ...	[ʃe'gar a]
erröten (vi)	corar (vi)	[ko'rar]
erscheinen (am Horizont ~)	aparecer (vi)	[apare'ser]
erscheinen (Buch usw.)	sair (vi)	[sa'ir]
erschweren (vt)	complicar (vt)	[kõpli'kar]
erstaunen (vt)	surpreender (vt)	[surprjẽ'der]
erstellen (einer Liste ~)	fazer, elaborar (vt)	[fa'zer], [elabo'rar]
ertrinken (vi)	afogar-se (vr)	[afo'garse]
erwähnen (vt)	mencionar (vt)	[mẽsjo'nar]
erwarten (vt)	esperar (vt)	[ispe'rar]
erzählen (vt)	contar (vt)	[kõ'tar]
erzielen (Ergebnis usw.)	alcançar (vt)	[awkã'sar]
essen (vi, vt)	comer (vt)	[ko'mer]
existieren (vi)	existir (vi)	[ezis'tʃir]
fahren (mit 90 km/h ~)	ir (vi)	[ir]
fallen lassen	deixar cair (vt)	[dej'ʃar ka'ir]
fangen (vt)	pegar (vt)	[pe'gar]
finden (vt)	encontrar (vt)	[ẽkõ'trar]
fischen (vt)	pescar (vt)	[pes'kar]
fliegen (vi)	voar (vi)	[vo'ar]
folgen (vi)	seguir ...	[se'gir]
fortbringen (vt)	levar (vt)	[le'var]
fortsetzen (vt)	continuar (vt)	[kõtʃi'nwar]
fotografieren (vt)	tirar fotos	[tʃi'rar 'fɔtus]
frühstücken (vi)	tomar café da manhã	[to'mar ka'fɛ da ma'ɲã]
fühlen (vt)	sentir (vt)	[sẽ'tʃir]
führen (vt)	encabeçar (vt)	[ẽkabe'sar]
füllen (mit Wasse usw.)	encher (vt)	[ẽ'ʃer]
füttern (vt)	alimentar (vt)	[alimẽ'tar]
garantieren (vt)	garantir (vt)	[garã'tʃir]
geben (sein Bestes ~)	dar (vt)	[dar]
gebrauchen (vt)	usar (vt)	[u'zar]

gefallen (vi)	gostar (vt)	[gos'tar]
gehen (zu Fuß gehen)	ir (vi)	[ir]

gehorchen (vi)	obedecer (vt)	[obede'ser]
gehören (vi)	pertencer (vt)	[pertẽ'ser]
gelegen sein	estar	[is'tar]
genesen (vi)	recuperar-se (vr)	[hekupe'rarsi]

gereizt sein	irritar-se (vr)	[ihi'tarsi]
gernhaben (vt)	adorar (vt)	[ado'rar]
gestehen (Verbrecher)	confessar-se (vr)	[kõfe'sarsi]
gießen (Wasser ~)	encher (vt)	[ẽ'ʃer]

glänzen (vi)	brilhar (vi)	[bri'ʎar]
glauben (Er glaubt, dass ...)	achar (vt)	[a'ʃar]
graben (vt)	cavar (vt)	[ka'var]
gratulieren (vi)	felicitar (vt)	[felisi'tar]

gucken (spionieren)	espreitar (vi)	[isprej'tar]
haben (vt)	ter (vt)	[ter]
handeln (in Aktion treten)	agir (vi)	[a'ʒir]
hängen (an der Wand usw.)	pendurar (vt)	[pẽdu'rar]

heiraten (vi)	casar-se (vr)	[ka'zarsi]
helfen (vi)	ajudar (vt)	[aʒu'dar]
herabsteigen (vi)	descer (vi)	[de'ser]
hereinkommen (vi)	entrar (vi)	[ẽ'trar]
herunterlassen (vt)	baixar (vt)	[baɪ'ʃar]

hinzufügen (vt)	acrescentar (vt)	[akresẽ'tar]
hoffen (vi)	esperar (vi, vt)	[ispe'rar]
hören (Geräusch ~)	ouvir (vt)	[o'vir]
hören (jmdm zuhören)	escutar (vt)	[isku'tar]

254. Verben I-R

imitieren (vt)	imitar (vt)	[imi'tar]
impfen (vt)	vacinar (vt)	[vasi'nar]
importieren (vt)	importar (vt)	[ĩpor'tar]
in Gedanken versinken	ficar pensativo	[fi'kar pẽsa'tʃivu]

in Ordnung bringen	consertar (vt)	[kõser'tar]
informieren (vt)	informar (vt)	[ĩfor'mar]
instruieren (vt)	instruir (vt)	[ĩs'trwir]
interessieren (vt)	interessar (vt)	[ĩtere'sar]

isolieren (vt)	isolar (vt)	[izo'lar]
jagen (vi)	caçar (vi)	[ka'sar]
kämpfen (~ gegen)	lutar (vt)	[lu'tar]
kämpfen (sich schlagen)	combater (vi, vt)	[kõba'ter]
kaufen (vt)	comprar (vt)	[kõ'prar]

kennen (vt)	conhecer (vt)	[koɲe'ser]
kennenlernen (vt)	conhecer-se (vr)	[koɲe'sersi]

Deutsch	Portugiesisch	Aussprache
klagen (vi)	queixar-se (vr)	[kej'ʃarsi]
kompensieren (vt)	compensar (vt)	[kõpẽ'sar]
komponieren (vt)	compor (vt)	[kõ'por]
kompromittieren (vt)	comprometer (vt)	[kõprome'ter]
konkurrieren (vi)	competir (vi)	[kõpe'tʃir]
können (v mod)	poder (vi)	[po'der]
kontrollieren (vt)	controlar (vt)	[kõtro'lar]
koordinieren (vt)	coordenar (vt)	[koorde'nar]
korrigieren (vt)	corrigir (vt)	[kohi'ʒir]
kosten (vt)	custar (vt)	[kus'tar]
kränken (vt)	insultar (vt)	[ĩsuw'tar]
kratzen (vt)	arranhar (vt)	[aha'ɲar]
Krieg führen	guerrear (vt)	[ge'hjar]
lächeln (vi)	sorrir (vi)	[so'hir]
lachen (vi)	rir (vi)	[hir]
laden (Ein Gewehr ~)	carregar (vt)	[kahe'gar]
laden (LKW usw.)	carregar (vt)	[kahe'gar]
lancieren (starten)	lançar (vt)	[lã'sar]
laufen (vi)	correr (vi)	[ko'her]
leben (vi)	viver (vi)	[vi'ver]
lehren (vt)	ensinar (vt)	[ẽsi'nar]
leiden (vi)	sofrer (vt)	[so'frer]
leihen (Geld ~)	tomar emprestado (vt)	[to'mar ẽpres'tadu]
leiten (Betrieb usw.)	dirigir (vt)	[dʒiri'ʒir]
lenken (ein Auto ~)	dirigir (vt)	[dʒiri'ʒir]
lernen (vt)	estudar (vt)	[istu'dar]
lesen (vi, vt)	ler (vt)	[ler]
lieben (vt)	amar (vt)	[a'mar]
liegen (im Bett usw.)	estar deitado	[is'tar dej'tadu]
losbinden (vt)	desatar (vt)	[dʒiza'tar]
löschen (Feuer)	apagar (vt)	[apa'gar]
lösen (Aufgabe usw.)	resolver (vt)	[hezow'ver]
loswerden (jmdm. od etwas)	livrar-se de ...	[li'vrarsi de]
lügen (vi)	mentir (vi)	[mẽ'tʃir]
machen (vt)	fazer (vt)	[fa'zer]
markieren (vt)	marcar (vt)	[mar'kar]
meinen (glauben)	crer (vt)	[krer]
memorieren (vt)	memorizar (vt)	[memori'zar]
mieten (ein Boot ~)	alugar (vt)	[alu'gar]
mieten (Haus usw.)	alugar (vt)	[alu'gar]
mischen (vt)	misturar (vt)	[mistu'rar]
mitbringen (vt)	trazer (vt)	[tra'zer]
mitteilen (vt)	informar (vt)	[ĩfor'mar]
müde werden	ficar cansado	[fi'kar kã'sadu]
multiplizieren (vt)	multiplicar (vt)	[muwtʃipli'kar]
müssen (v mod)	dever (vi)	[de'ver]

nachgeben (vi)	ceder (vi)	[se'der]
nehmen (jmdm. etwas ~)	privar (vt)	[pri'var]
nehmen (vt)	pegar (vt)	[pe'gar]
noch einmal sagen	repetir (vt)	[hepe'tʃir]
nochmals tun (vt)	refazer (vt)	[hefa'zer]
notieren (vt)	anotar (vt)	[ano'tar]
nötig sein	ser necessário	[ser nese'sarju]
notwendig sein	ser indispensável	[ser ĩdʒispẽ'savew]
öffnen (vt)	abrir (vt)	[a'brir]
passen (Schuhe, Kleid)	servir (vi)	[ser'vir]
pflücken (Blumen)	colher (vt)	[ko'ʎer]
planen (vt)	planejar (vt)	[plane'ʒar]
prahlen (vi)	gabar-se (vr)	[ga'barsi]
projektieren (vt)	projetar, criar (vt)	[proʒɛ'tar], [krjar]
protestieren (vi)	protestar (vi)	[protes'tar]
provozieren (vt)	provocar (vt)	[provo'kar]
putzen (vt)	limpar (vt)	[lĩ'par]
raten (zu etwas ~)	aconselhar (vt)	[akõse'ʎar]
rechnen (vt)	calcular (vt)	[kawku'lar]
regeln (vt)	resolver (vt)	[hezow'ver]
reinigen (vt)	limpar (vt)	[lĩ'par]
reparieren (vt)	reparar (vt)	[hepa'rar]
reservieren (vt)	reservar (vt)	[hezer'var]
retten (vt)	salvar (vt)	[saw'var]
richten (den Weg zeigen)	direcionar (vt)	[dʒiresjo'nar]
riechen (an etwas ~)	cheirar (vi)	[ʃej'rar]
riechen (gut ~)	cheirar (vi)	[ʃej'rar]
ringen (Sport)	lutar (vi)	[lu'tar]
riskieren (vt)	arriscar (vt)	[ahis'kar]
rufen (seinen Hund ~)	chamar (vt)	[ʃa'mar]
rufen (um Hilfe ~)	chamar (vt)	[ʃa'mar]

255. Verben S-U

säen (vt)	semear (vt)	[se'mjar]
sagen (vt)	dizer (vt)	[dʒi'zer]
schaffen (Etwas Neues zu ~)	criar (vt)	[krjar]
schelten (vt)	repreender (vt)	[heprjẽ'der]
schieben (drängen)	empurrar (vt)	[ẽpu'har]
schießen (vi)	disparar, atirar (vi)	[dʒispa'rar], [atʃi'rar]
schlafen gehen	ir para a cama	[ir 'para a 'kama]
schlagen (mit ...)	bater-se (vr)	[ba'tersi]
schlagen (vt)	bater (vt)	[ba'ter]
schließen (vt)	fechar (vt)	[fe'ʃar]
schmeicheln (vi)	lisonjear (vt)	[lizõ'ʒjar]

schmücken (vt)	decorar (vt)	[deko'rar]
schreiben (vi, vt)	escrever (vt)	[iskre'ver]
schreien (vi)	gritar (vi)	[gri'tar]
schütteln (vt)	agitar, sacudir (vt)	[aʒi'tar], [saku'dʒir]
schweigen (vi)	ficar em silêncio	[fi'kar ẽ si'lẽsju]
schwimmen (vi)	nadar (vi)	[na'dar]
schwimmen gehen	ir nadar	[ir na'dar]
sehen (vt)	olhar (vt)	[ɔ'ʎar]
sein (Lehrer ~)	ser (vi)	[ser]
sein (müde ~)	estar (vi)	[is'tar]
sich abwenden	virar as costas	[vi'rar as 'kɔstas]
sich amüsieren	divertir-se (vr)	[dʒiver'tʃirsi]
sich anschließen	juntar-se a ...	[ʒũ'tarsi a]
sich anstecken	contagiar-se com ...	[kõta'ʒjarsi kõ]
sich aufregen	preocupar-se (vr)	[preoku'parsi]
sich ausruhen	descansar (vi)	[dʒiskã'sar]
sich beeilen	apressar-se (vr)	[apre'sarsi]
sich benehmen	comportar-se (vr)	[kõpor'tarsi]
sich beschmutzen	sujar-se (vr)	[su'ʒarsi]
sich datieren	datar (vi)	[da'tar]
sich einmischen	intervir (vi)	[ĩter'vir]
sich empören	indignar-se (vr)	[ĩdʒig'narsi]
sich entschuldigen	desculpar-se (vr)	[dʒiskuw'parsi]
sich erhalten	ser preservado	[ser prezer'vadu]
sich erinnern	lembrar (vt)	[lẽ'brar]
sich interessieren	interessar-se (vr)	[ĩtere'sarsi]
sich kämmen	pentear-se (vr)	[pẽ'tʃjarsi]
sich konsultieren mit ...	consultar ...	[kõsuw'tar]
sich konzentrieren	concentrar-se (vr)	[kõsẽ'trarsi]
sich langweilen	entediar-se (vr)	[ẽte'dʒjarsi]
sich nach ... erkundigen	informar-se (vt)	[ĩfor'marsi]
sich nähern	aproximar-se (vr)	[aprosi'marsi]
sich rächen	vingar (vt)	[vĩ'gar]
sich rasieren	barbear-se (vr)	[bar'bjarsi]
sich setzen	sentar-se (vr)	[sẽ'tarsi]
sich Sorgen machen	estar preocupado	[is'tar preoku'padu]
sich überzeugen	estar convencido	[is'tar kõvẽ'sidu]
sich unterscheiden	ser diferente	[ser dʒife'rẽtʃi]
sich vergrößern	aumentar (vi)	[awmẽ'tar]
sich verlieben	apaixonar-se ...	[apajʃo'narsi]
sich verteidigen	defender-se (vr)	[defẽ'dersi]
sich vorstellen	imaginar (vt)	[imaʒi'nar]
sich waschen	lavar-se (vr)	[la'varsi]
sitzen (vi)	estar sentado	[is'tar sẽ'tadu]
spielen (Ball ~)	brincar, jogar (vi, vt)	[brĩ'kar], [ʒo'gar]
spielen (eine Rolle ~)	desempenhar (vt)	[dʒizẽpe'ɲar]

spotten (vi)	zombar (vt)	[zõ'bar]
sprechen mit …	falar com …	[fa'lar kõ]

spucken (vi)	cuspir (vi)	[kus'pir]
starten (Flugzeug)	descolar (vi)	[dʒisko'lar]
stehlen (vt)	roubar (vt)	[ho'bar]

stellen (ins Regal ~)	pôr, colocar (vt)	[por], [kolo'kar]
stimmen (vi)	votar (vi)	[vo'tar]
stoppen (haltmachen)	parar (vi)	[pa'rar]
stören (nicht ~!)	perturbar (vt)	[pertur'bar]

streicheln (vt)	acariciar (vt)	[akari'sjar]
suchen (vt)	buscar (vt)	[bus'kar]
sündigen (vi)	pecar (vi)	[pe'kar]
tauchen (vi)	mergulhar (vi)	[merguʎar]

tauschen (vt)	trocar, mudar (vt)	[tro'kar], [mu'dar]
täuschen (vt)	enganar (vt)	[ẽga'nar]
teilnehmen (vi)	participar (vi)	[partʃisi'par]
trainieren (vi)	treinar-se (vr)	[trej'narsi]

trainieren (vt)	treinar (vt)	[trej'nar]
transformieren (vt)	transformar (vt)	[trãsfor'mar]
träumen (im Schlaf)	sonhar (vi)	[so'ɲar]
träumen (wünschen)	sonhar (vt)	[so'ɲar]

trinken (vt)	beber, tomar (vt)	[be'ber], [to'mar]
trocknen (vt)	secar (vt)	[se'kar]
überragen (Schloss, Berg)	elevar-se acima de …	[ele'varsi a'sima de]
überrascht sein	surpreender-se (vr)	[surprjẽ'dersi]
überschätzen (vt)	superestimar (vt)	[superestʃi'mar]

übersetzen (Buch usw.)	traduzir (vt)	[tradu'zir]
überwiegen (vi)	predominar (vi, vt)	[predomi'nar]
überzeugen (vt)	convencer (vt)	[kõvẽ'ser]
umarmen (vt)	abraçar (vt)	[abra'sar]
umdrehen (vt)	virar (vt)	[vi'rar]

unternehmen (vt)	empreender (vt)	[ẽprjẽ'der]
unterschätzen (vt)	subestimar (vt)	[subestʃi'mar]
unterschreiben (vt)	assinar (vt)	[asi'nar]
unterstreichen (vt)	sublinhar (vt)	[subli'ɲar]
unterstützen (vt)	apoiar (vt)	[apo'jar]

256. Verben V-Z

verachten (vt)	desprezar (vt)	[dʒispre'zar]
veranstalten (vt)	organizar (vt)	[organi'zar]
verbieten (vt)	proibir (vt)	[proi'bir]
verblüfft sein	estar perplexo	[is'tar per'plɛksu]

verbreiten (Broschüren usw.)	distribuir (vt)	[dʒistri'bwir]
verbreiten (Geruch)	emitir (vt)	[emi'tʃir]

verbrennen (vt)	queimar (vt)	[kej'mar]
verdächtigen (vt)	suspeitar (vt)	[suspej'tar]
verdienen (Lob ~)	merecer (vt)	[mere'ser]
verdoppeln (vt)	dobrar (vt)	[do'brar]
vereinfachen (vt)	simplificar (vt)	[sĩplifi'kar]
vereinigen (vt)	juntar, unir (vt)	[ʒũ'tar], [u'nir]
vergessen (vt)	esquecer (vt)	[iske'ser]
vergießen (vt)	derramar (vt)	[deha'mar]
vergleichen (vt)	comparar (vt)	[kõpa'rar]
vergrößern (vt)	aumentar (vt)	[awmẽ'tar]
verhandeln (vi)	negociar (vi)	[nego'sjar]
verjagen (vt)	afugentar (vt)	[afuʒẽ'tar]
verkaufen (vt)	vender (vt)	[vẽ'der]
verlangen (vt)	exigir (vt)	[ezi'ʒir]
verlassen (vt)	deixar (vt)	[dej'ʃar]
verlassen (vt)	deixar (vt)	[dej'ʃar]
verlieren (Regenschirm usw.)	perder (vt)	[per'der]
vermeiden (vt)	evitar (vt)	[evi'tar]
vermuten (vt)	supor (vt)	[su'por]
verneinen (vt)	negar (vt)	[ne'gar]
vernichten (Dokumente usw.)	destruir (vt)	[dʒis'trwir]
verringern (vt)	reduzir (vt)	[hedu'zir]
versäumen (vt)	faltar a ...	[faw'tar a]
verschieben (Möbel usw.)	mover (vt)	[mo'ver]
verschütten (vt)	derramar-se (vr)	[deha'marsi]
verschwinden (vi)	desaparecer (vi)	[dʒizapare'ser]
versprechen (vt)	prometer (vt)	[prome'ter]
verstecken (vt)	esconder (vt)	[iskõ'der]
verstehen (vt)	entender (vt)	[ẽtẽ'der]
verstummen (vi)	calar-se (vr)	[ka'larsi]
versuchen (vt)	tentar (vt)	[tẽ'tar]
verteidigen (vt)	defender (vt)	[defẽ'der]
vertrauen (vt)	confiar (vt)	[kõ'fjar]
verursachen (vt)	causar (vt)	[kaw'zar]
verurteilen (vt)	sentenciar (vt)	[sẽtẽ'sjar]
vervielfältigen (vt)	tirar cópias	[tʃi'rar 'kɔpjas]
verwechseln (vt)	confundir (vt)	[kõfũ'dʒir]
verwirklichen (vt)	realizar (vt)	[heali'zar]
verzeihen (vt)	perdoar (vt)	[per'dwar]
vorankommen	avançar (vi)	[avã'sar]
voraussehen (vt)	prever (vt)	[pre'ver]
vorbeifahren (vi)	passar (vt)	[pa'sar]
vorbereiten (vt)	preparar (vt)	[prepa'rar]
vorschlagen (vt)	propor (vt)	[pro'por]
vorstellen (vt)	apresentar (vt)	[aprezẽ'tar]
vorwerfen (vt)	censurar (vt)	[sẽsu'rar]

vorziehen (vt)	preferir (vt)	[prefe'rir]
wagen (vt)	ousar (vt)	[o'zar]
wählen (vt)	escolher (vt)	[iskoˈʎer]
wärmen (vt)	aquecer (vt)	[ake'ser]
warnen (vt)	advertir (vt)	[adʒiver'tʃir]
warten (vi)	esperar (vt)	[ispe'rar]
waschen (das Auto ~)	lavar (vt)	[la'var]
waschen (Wäsche ~)	lavar a roupa	[la'var a 'hopa]
wechseln (vt)	trocar (vt)	[tro'kar]
wecken (vt)	acordar, despertar (vt)	[akor'dar], [dʒisper'tar]
wegfahren (vi)	partir (vt)	[par'tʃir]
weglassen (Wörter usw.)	omitir (vt)	[omi'tʃir]
weglegen (vt)	guardar (vt)	[gwar'dar]
wehen (vi)	soprar (vi)	[so'prar]
weinen (vi)	chorar (vi)	[ʃo'rar]
werben (Reklame machen)	fazer propaganda	[fa'zer propa'gãda]
werden (vi)	tornar-se (vr)	[tor'narsi]
werfen (vt)	jogar, atirar (vt)	[ʒo'gar], [atʃi'rar]
widmen (vt)	dedicar (vt)	[dedʒi'kar]
wiegen (vi)	pesar (vt)	[pe'zar]
winken (mit der Hand)	acenar (vt)	[ase'nar]
wissen (vt)	saber (vt)	[sa'ber]
Witz machen	fazer piadas	[fa'zer 'pjadas]
wohnen (vi)	morar (vt)	[mo'rar]
wollen (vt)	querer (vt)	[ke'rer]
wünschen (vt)	desejar (vt)	[deze'ʒar]
zahlen (vt)	pagar (vt)	[pa'gar]
zeigen (den Weg ~)	indicar (vt)	[ĩdʒi'kar]
zeigen (jemandem etwas ~)	mostrar (vt)	[mos'trar]
zerreißen (vi)	romper-se (vr)	[hõ'persi]
zertreten (vt)	esmagar (vt)	[izma'gar]
ziehen (Seil usw.)	puxar (vt)	[pu'ʃar]
zielen auf ...	apontar para ...	[apõ'tar 'para]
zitieren (vt)	citar (vt)	[si'tar]
zittern (vi)	tremer (vi)	[tre'mer]
zu Abend essen	jantar (vi)	[ʒã'tar]
zu Mittag essen	almoçar (vi)	[awmo'sar]
zubereiten (vt)	cozinhar (vt)	[koziˈɲar]
züchten (Pflanzen)	cultivar (vt)	[kuwtʃi'var]
zugeben (eingestehen)	reconhecer (vt)	[hekoɲe'ser]
zur Eile antreiben	apressar (vt)	[apre'sar]
zurückdenken (vi)	recordar, lembrar (vt)	[hekor'dar], [lẽ'brar]
zurückhalten (vt)	refrear (vt)	[hefre'ar]
zurückkehren (vi)	voltar (vi)	[vow'tar]
zurückschicken (vt)	devolver (vt)	[devow'ver]

zurückziehen (vt)	anular, cancelar (vt)	[anu'lar], [käse'lar]
zusammenarbeiten (vi)	cooperar (vi)	[koope'rar]
zusammenzucken (vi)	estremecer (vi)	[istreme'ser]
zustimmen (vi)	concordar (vi)	[kõkor'dar]
zweifeln (vi)	duvidar (vt)	[duvi'dar]
zwingen (vt)	forçar (vt)	[for'sar]

www.ingramcontent.com/pod-product-compliance
Lightning Source LLC
Chambersburg PA
CBHW071954100426
42738CB00043B/2837